Das große Ravensburger Buch der
ERDE

Das große Ravensburger Buch der

ERDE

Ravensburger Buchverlag

Bibliografische Information Der Deutschen Bibliothek

Die Deutsche Bibliothek verzeichnet diese Publikation in der Deutschen Nationalbibliografie; detaillierte bibliografische Daten sind im Internet über **http://dnb.ddb.de** abrufbar.

3 2 1   10 09 08

© 2008 Ravensburger Buchverlag Otto Maier GmbH
für die deutsche Ausgabe
Alle Rechte, auch die des auszugsweisen Nachdrucks, der fotomechanischen Wiedergabe und der Übersetzung, vorbehalten.

Titel der Originalausgabe:
CHILDREN'S ENCYCLOPEDIA OF EARTH
Copyright © 2007 Weldon Owen Inc.
Consultant Editor: Dr. Michael Allaby
Project Editor: Jessica Cox
Zusätzliche Texte: Brian Choo, Dr. Robert Coenraards, Robert Coupe

Deutsche Ausgabe
Übersetzung: Dr. Wolfgang Hensel
Redaktionelle Leitung: Sabine Zürn
Redaktion: Claudia Fahlbusch, Ölbronn-Dürrn
Satz: Petra Kita, Stuttgart
Printed in China
ISBN 978-3-473-55212-2

www.ravensburger.de

Inhalt

Zu diesem Buch 8

Unser Platz im Weltall 10
Das Weltall 12
Das Sonnensystem 14
Der Planet Erde 16
    Die Entstehung der Erde 18
    Die Sonne 20
    Unser Mond 22

Erdgeschichte 24
Das Leben auf der Erde 26
    Die Entwicklung der Pflanzen 28
    Die Explosion des Lebens 30
    Lebendige Ozeane 32
    Die Fische 34
    Ende einer Ära 36
    Die Reptilien 38
    Die Dinosaurier 40
    Die Säugetiere 42
    Die Menschen 44

Im Inneren der Erde 46
Eine Reise ins Innere 48
Ruhelose Erde 50
Wandernde Kontinente 52
Falten und Brüche 54
Gesteine 56
    Magmatische Gesteine 58
    Sedimentgesteine 60
    Metamorphe Gesteine 62
    Gesteins-Landschaften 64
    Steine nutzen 66

Mineralien 68
    Schmucksteine und Kristalle 70
    Edelsteine und Halbedelsteine 72
    Metalle 74
Fossilien 76
    Pflanzen und Wirbellose 78
    Wirbeltiere 80
    Rekonstruktion von Fossilien 82

Aktive Erde 84
Vulkane 86
    Hot-Spot-Vulkane 88
    Kilauea 90
    Vulkane der Welt 92
    Vulkanische Landschaften 94
    Krater und Calderen 96
Erdbeben 98
    Tsunamis 100
    Erdbebenzonen der Erde 102
Geysire und heiße Quellen 104
Gletscher und Eisschilde 106
Lawinen und Erdrutsche 108
Verwitterung und Erosion 110
    Geformte Landschaften 112

Ozeane und Meere 114
Die Weltmeere 116
    Pazifischer Ozean 118
    Atlantischer Ozean 120
    Indischer Ozean 122
    Nordpolarmeer 124
    Südpolarmeer 126
Der Meeresboden 128

Meeresströmungen	130
Wellen und Gezeiten	132
Klimazonen und Lebensräume	134
Korallenriffe	136
An der Küste	138
In der Tiefe	140
Am Meeresboden	142

Die Kontinente ... 146

Karte der Erde	148
Kontinente	150
Inseln	156
Atolle	158
Ökosysteme	160
Tropische Wälder	162
Laub- und Nadelwälder	166
Grasländer	168
Tundra	170
Wüsten	172
Gebirge	176
Flüsse	180
Flussmündungen	182
Feuchtgebiete	184
Die Arktis	186
Die Antarktis	188
Landwirtschaftliche Nutzflächen	190
Städtische Siedlungen	192
Biologische Vielfalt	194
Ökosystem Erde	196

Wetter und Klima ... 198

Das Wetter	200
Klimazonen	202
Wettermotor	204
Windsysteme	206
Wasserkreislauf	208
Wolken	210
Wolkenformen	212
Winde	214
Regen, Hagel und Schnee	216
Stürme	218
Tornados	220
Hurrikane	221
Blitze	222
Eiszeiten	224
Globale Erwärmung	226
Folgen der globalen Erwärmung	228

Die Ressourcen der Erde ... 230

Schätze der Erde	232
Erdöl und Erdgas	234
Kohle	236
Sonnen- und Windenergie	238
Wasserkraft	240
Die Erde: Fakten	242
Glossar	248
Register	250
Bildnachweis	256

Zu diesem Buch

Die ersten beiden Kapitel stellen die Erde, ihre Stellung im Weltraum und ihre Geschichte vor. Im dritten und vierten Kapitel werden die Geheimnisse unter ihrer Oberfläche beleuchtet, im fünften die Ozeane und im sechsten die Kontinente. Im siebten Kapitel geht es um Wetter und Klima und ihm letzten um Ressourcen und Energiequellen. Fakten zur Erde und ein Glossar schließen das Buch ab.

ABKÜRZUNGEN			
mm	Millimeter	°N	nördliche Breitengrade
cm	Zentimeter	°S	südliche Breitengrade
m	Meter	t	Tonnen
km	Kilometer	kg	Kilogramm
qkm	Quadratkilometer	g	Gramm
Mio.	Millionen	MioJ	Millionen Jahre vor heute
Mrd.	Milliarden	MrdJ	Milliarden Jahre vor heute

Farbmarkierung
Jedes Kapitel ist durch eine Farbe gekennzeichnet.

Seitenüberschrift
Sie benennt das Thema der Seite oder des Abschnitts.

Karten
Einige Karten stellen geografische Regionen vor, andere vertiefen das Thema der Seite.

Einleitung
Dieser kurze Text führt in das Thema der Seite oder des Abschnitts ein.

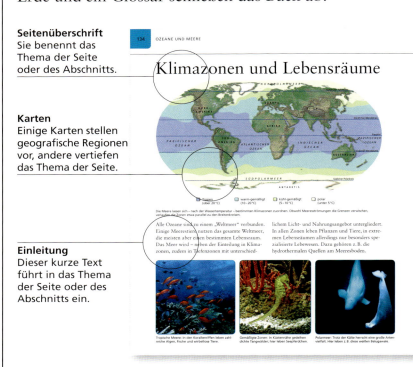

Themenseiten
Auf den Themenseiten finden sich bestimmte Aspekte des behandelten Themas in ausführlicher Form.

Kästen
Kästen mit beschrifteten Abbildungen oder Diagrammen präsentieren verwandte Themenfelder.

PAZIFISCHER OZEAN: FAKTEN	
Fläche	155,6 Mio. qkm
Durchschnittliche Tiefe	4001 m
Tiefste Stelle	11 034 m
Größte Breite	18 000 km
Größte Länge	13 900 km
Länge der Küstenlinie	135 663 km

WELTREKORDE

Kleinster Staat der Erde
Vatikanstadt: 0,44 qkm

Höchster Stalagmit
In der Krásnohorská-Höhle, Slowakei: 32 m hoch

WISSENSWERTES

Eine Reise zum Mittelpunkt der Erde ist aufgrund des Drucks und der Temperatur unmöglich. Die Voronja-Höhle in Georgien (2164 m tief) ist die tiefste erreichbare Stelle.

Geologische Zeitleiste
Einige Seiten des zweiten Kapitels sind mit einer geologischen Zeitleiste ausgestattet. Sie ist in größere (Zeitalter) und kleinere Einheiten (Perioden) untergliedert; der jeweils behandelte Zeitabschnitt ist hervorgehoben.

Fakten-Kästen
In diesem Buch tauchen drei Arten von Fakten-Kästen auf: Fakten zu den Ozeanen im fünften Kapitel, Weltrekorde im Kapitel über die Kontinente und Wissenswertes in allen Kapiteln.

PALÄOZOIKUM: ZEITALTER DER URSPRÜNGLICHEN LEBENSFORMEN				
KAMBRIUM	ORDOVIZIUM	SILUR	DEVON	KARBON
542	488	444	416	359

ZU DIESEM BUCH

Unterkapitel
Jedes Kapitel ist in Unterkapitel gegliedert; einige davon sind noch weiter unterteilt.

Pfeile
Die Pfeile weisen auf eine bestimmte Abbildung und ordnen ihr eine Detailinformation zu.

Themenkasten
Interessante Aspekte des Themas werden in solchen Kästen vorgestellt.

Kolumnentitel
Oben rechts findet sich die Bezeichnung des Unterkapitels.

Detailinformation
Eine kurze Beschreibung erläutert jedes abgebildete Objekt.

Verbreitungskarte
Dieses Element wird am Ende dieser Seite genauer erklärt.

Bild und Bildunterschrift
Fotos und Bildunterschriften erläutern typische und interessante Aspekte des behandelten Themas.

Bedrohte Lebensräume
Auch dieses Element wird unten genauer erläutert.

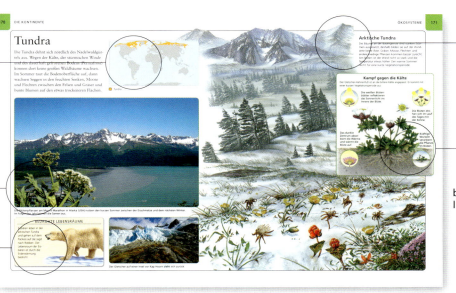

Hauptbild
Das Hauptbild stellt das Thema der Seite vor; es wird durch eine ausführliche Bildunterschrift erklärt.

Beschriftete Zeichnungen
Solche detailgetreuen, beschrifteten Zeichnungen liefern zusätzliche, interessante Informationen.

Verbreitungskarte
Eine Weltkarte zeigt die genaue Lage jedes Ökosystems, das im Kapitel über die Kontinente behandelt wird. Ein Ökosystem ist in Gelb dargestellt; ein zweites auf derselben Karte in Blau. Die grüne Farbe zeigt an, wo sich die beiden überlappen.

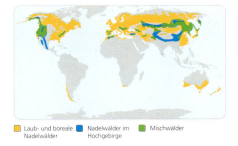

Bedrohte Lebensräume
Die meisten Lebensräume und Ökosysteme auf der Erde reagieren sehr empfindlich auf jede Umweltveränderung durch den Menschen. In diesen Kästen werden besonders gefährdete Lebensräume oder die darin lebenden Tiere vorgestellt.

BEDROHTE LEBENSRÄUME

Der Dornenkronenseestern ernährt sich von Korallenpolypen; er bedroht die Riffe weltweit. Die Umweltverschmutzung zerstört die Algen – die Korallen bleichen aus und sterben mit ihnen.

	MESOZOIKUM: ZEITALTER DER REPTILIEN			KÄNOZOIKUM: ZEITALTER DER SÄUGETIERE	
ERM	TRIAS	JURA	KREIDE	PALÄOGEN	NEOGEN
251	200		146	65	23 0

Unser Platz im Weltall

Das Weltall

Planeten, Sterne, Galaxien und alles, was zwischen ihnen liegt, bilden in ihrer Gesamtheit das Weltall oder Universum. Vor rund 14 Mrd. Jahren war es vermutlich in einem einzigen Punkt konzentriert. Mit einer unvorstellbaren Explosion, dem Urknall (Big Bang), entstanden dann die Bausteine des Universums: Wasserstoff und Helium. Sie ballten sich zu Galaxien zusammen, in denen sich Sterne bildeten. Alte Sterne explodierten und weitere Elemente entstanden – auch der Kohlenstoff, der das Leben auf der Erde möglich machte.

Die Erde und das Sonnensystem entstanden vor 4,6 Mrd. Jahren aus einer riesigen Gaswolke. Möglicherweise stürzt eines Tages auch der Orion-Nebel zu einem solchen Sonnensystem zusammen.

Leben im Weltall
Unser Wissen über das Weltall stammt zum größten Teil von unbemannten Satelliten und Raumsonden. Sie reisen seit den 1960er-Jahren durch das Sonnensystem – bis heute haben sie aber keine Anzeichen für fremdes Leben gefunden.

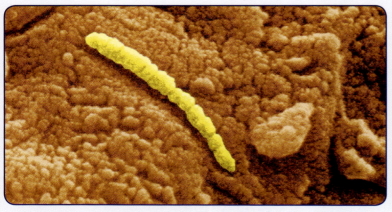

Ein Meteorit vom Mars unter dem Mikroskop: Zeigt das stäbchenförmige Gebilde möglicherweise ein Fossil vom Mars?

Fremdes Leben
Auf der Erde entstanden zunächst einfache Zellen. Vielleicht ist fremdes Leben ähnlich einfach aufgebaut.

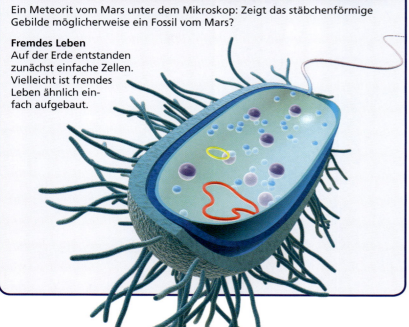

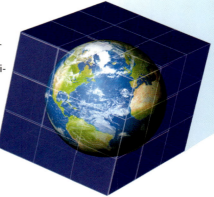

1 Die Erde
Wir leben auf einem kleinen, blauen, wasserreichen Planeten, der einen gelben, heißen Stern umkreist: die Sonne. Soweit wir wissen, ist die Erde der einzige Planet, auf dem Leben existiert.

Unser Planet im Raum

Die Erde ist einer von acht Planeten im Sonnensystem. Das Sonnensystem gehört zur Milchstraßen-Galaxie, die zusammen mit anderen Galaxien die sogenannte Lokale Gruppe bildet. Darin sind Milliarden von Galaxien vereinigt.

Der blaue Planet
So sahen die ersten Astronauten, die vom Mond zur Erde blickten, unseren blauen Planeten. Im Vordergrund ist die graue, unbelebte Oberfläche des Mondes zu sehen.

DAS WELTALL 13

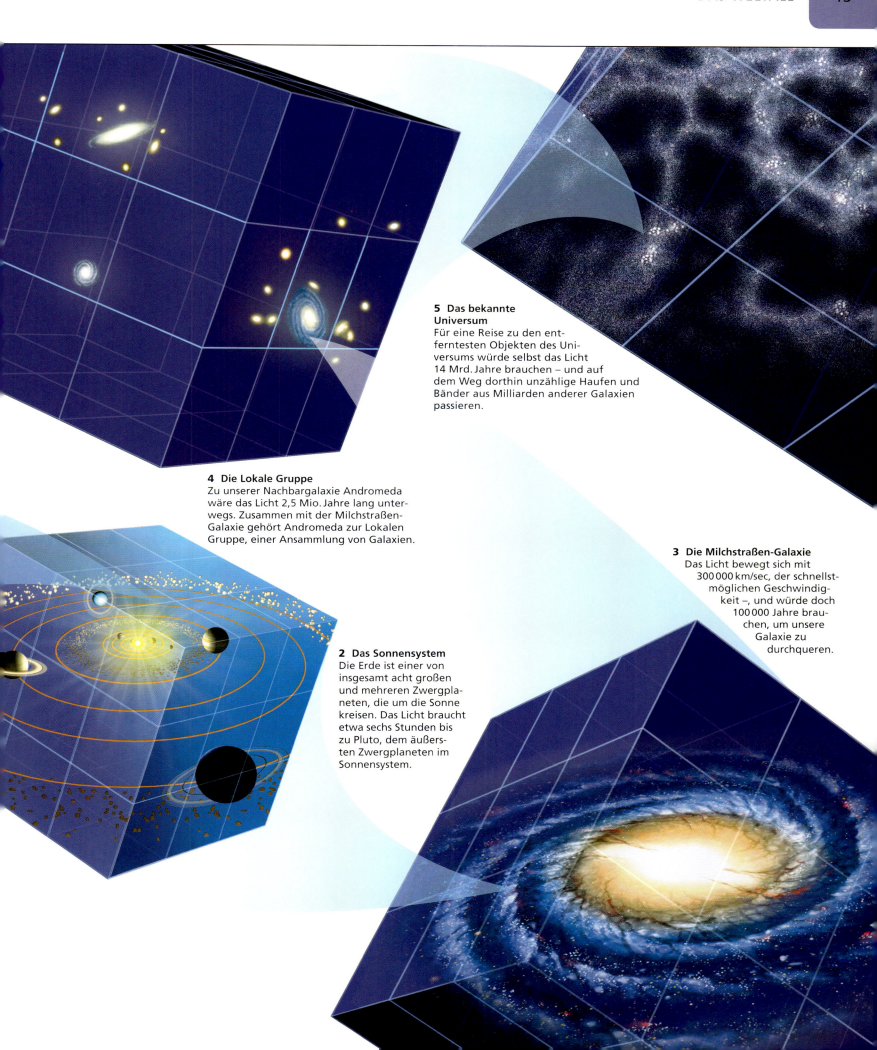

5 Das bekannte Universum
Für eine Reise zu den entferntesten Objekten des Universums würde selbst das Licht 14 Mrd. Jahre brauchen – und auf dem Weg dorthin unzählige Haufen und Bänder aus Milliarden anderer Galaxien passieren.

4 Die Lokale Gruppe
Zu unserer Nachbargalaxie Andromeda wäre das Licht 2,5 Mio. Jahre lang unterwegs. Zusammen mit der Milchstraßen-Galaxie gehört Andromeda zur Lokalen Gruppe, einer Ansammlung von Galaxien.

3 Die Milchstraßen-Galaxie
Das Licht bewegt sich mit 300 000 km/sec, der schnellstmöglichen Geschwindigkeit –, und würde doch 100 000 Jahre brauchen, um unsere Galaxie zu durchqueren.

2 Das Sonnensystem
Die Erde ist einer von insgesamt acht großen und mehreren Zwergplaneten, die um die Sonne kreisen. Das Licht braucht etwa sechs Stunden bis zu Pluto, dem äußersten Zwergplaneten im Sonnensystem.

Das Sonnensystem

Die Planeten kreisen auf Umlaufbahnen (Orbits) um die Sonne.

Die Erde ist ein Teil des Sonnensystems. Acht große Planeten, Dutzende von Monden und zahllose Asteroiden und Kometen kreisen um einen zentralen Stern: die Sonne. Die vier inneren Planeten – Merkur, Venus, Erde und Mars – bestehen aus Gestein, die vier äußeren – Jupiter, Saturn, Uranus und Neptun – aus Gas. Früher zählte man auch Pluto zu den Planeten, seit 2006 gilt er, wie Ceres und Eris, als Zwergplanet. Er gehört zum Kuiper-Gürtel, einer Ansammlung von kleinen, mit Eis bedeckten Felsbrocken am Rande des Sonnensystems.

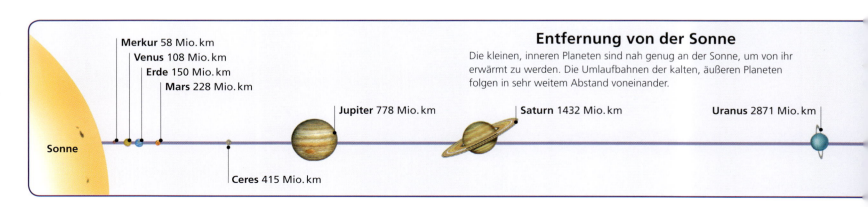

Entfernung von der Sonne

Die kleinen, inneren Planeten sind nah genug an der Sonne, um von ihr erwärmt zu werden. Die Umlaufbahnen der kalten, äußeren Planeten folgen in sehr weitem Abstand voneinander.

Merkur 58 Mio. km
Venus 108 Mio. km
Erde 150 Mio. km
Mars 228 Mio. km
Ceres 415 Mio. km
Jupiter 778 Mio. km
Saturn 1432 Mio. km
Uranus 2871 Mio. km

DAS SONNENSYSTEM 15

Die inneren Planeten
Die vier Planeten in der Nähe der Sonne bilden das innere Sonnensystem. Sie bestehen zum großen Teil aus Gestein und sind viel kleiner als die vier Gasriesen.

Die äußeren Planeten
Die vier Planeten des äußeren Sonnensystems sind Riesen aus Gas, vor allem aus Wasserstoff und Helium.

Asteroidengürtel Im Asteroidengürtel zwischen Mars und Jupiter kreisen Tausende Asteroiden um die Sonne.

Komet Hale-Bopp Kometen bestehen aus Staub und Eis, das in Sonnennähe schmilzt und einen Schweif hinterlässt.

Die Planeten
Die acht großen Planeten des Sonnensystems unterscheiden sich sehr in ihrer Größe und in ihrem Aufbau.

 Merkur
Oberfläche von Kratern und Becken bedeckt; großer Kern
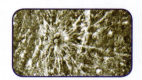

 **Venus**
Oberfläche von dichten Wolken verdeckt; darunter Vulkane und Berge

 Erde
Fester, innerer Kern aus Eisen und Nickel, flüssiger äußerer Kern, Mantel und Kruste

 Mars
Oberfläche mit Kratern und Vulkanen übersät; eisig kalt; an den Polen gefrorenes Wasser

 Jupiter
Gewaltige Gaskugel (vor allem aus Wasserstoff und Helium); keine feste Oberfläche

 Saturn
Gaskugel, über der Wolken und Wirbelstürme aus Eiskristallen und Ammoniak kreisen

 Uranus
Gasförmige Oberfläche, darunter eine Mischung aus Gas und geschmolzenem Eis; Kern aus Gestein

 Neptun
Methangas auf der Oberfläche erzeugt blaue Farbe; darunter geschmolzenes Eis und felsiger Kern

| **Neptun** 4498 Mio. km | **Pluto** 5914 Mio. km | **Eris** 10 122 Mio. km |

Der Planet Erde

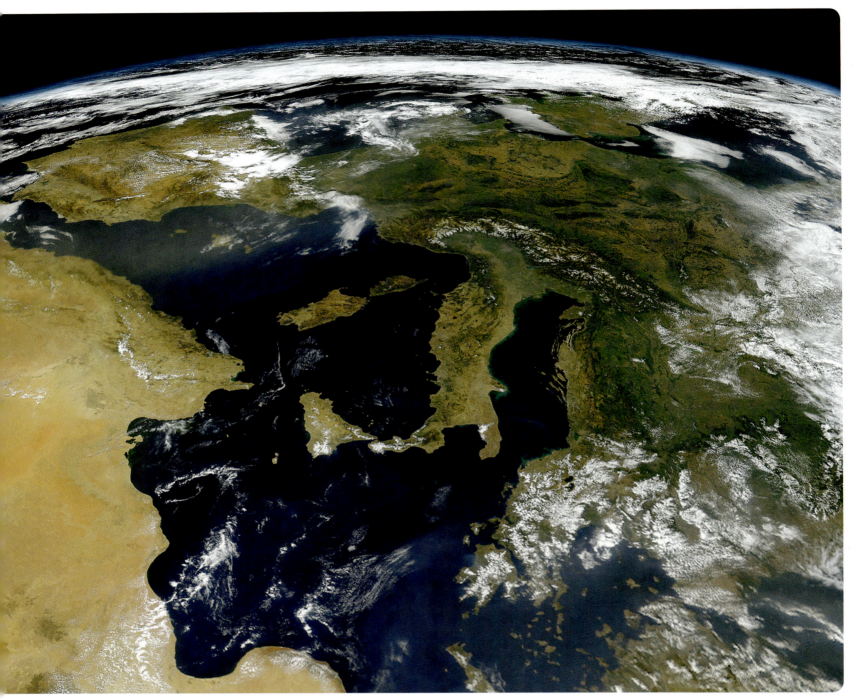

Satelliten liefern Bilder von der Erdoberfläche. Dieses zeigt Nordafrika (links) und Teile von Europa.

Soweit wir wissen, ist die Erde der einzige Planet im Universum, auf dem Leben existiert. Sie hat genau den richtigen Abstand zur Sonne: Läge sie näher, würde das lebensnotwendige flüssige Wasser vollständig verdampfen. Läge sie weiter entfernt, würde das gesamte Wasser gefrieren.

Unter der Erdkruste aus festem Gestein liegt ein flüssiger, zäher Mantel. Wenn flüssiges Gestein aus Vulkanen und Spalten bis in die Erdkruste vordringt, entstehen neue Oberflächen: Gebirge türmen sich auf und Minerale gelangen aus der Tiefe nach oben.

DER PLANET ERDE 17

Unsere Atmosphäre

Die Erdatmosphäre legt sich wie eine Hülle aus Gas um unseren Planeten. Sie hat mehrere Schichten: Die Troposphäre enthält das meiste Wasser in Form von Wolken. Darüber liegt die Stratosphäre mit der Ozonschicht, die uns vor schädlicher Strahlung schützt. Jenseits der Atmosphäre folgt die kalte Dunkelheit des Weltalls.

Exosphäre Über 500 km

Thermosphäre 80–500 km

Mesosphäre 50–80 km

Stratosphäre 15–50 km

Troposphäre Meereshöhe – 15 km

Dünne Schicht Angesichts der Größe der Erde erscheint die Atmosphäre wie ein dünner Anstrich.

Planet der Extreme

Auf der Erde herrschen teilweise extreme Bedingungen. Dennoch findet man fast überall Formen von Leben.

Polargebiete Wenig Sonnenwärme

Wüsten Kaum Regen

Tropen Feucht-heiß, viel Regen

Gebirge Je höher, umso kälter

Aktive Erde

Die Erde ist sehr aktiv – unter und über der Oberfläche. Ständig entstehen neue Gebirge und Gräben, die vom Wasser der Flüsse, von Regen, Eis und von den Wellen des Ozeans langsam wieder abgetragen werden. Auf unseren direkten Nachbarn, dem Mars und der Venus, gibt es kein flüssiges Wasser. Da ihre Gebirge und Gräben nicht so stark abgetragen werden, behalten sie ihre Form und Größe.

Olympus Mons (Mars) 26 km hoch

Maxwell Montes (Venus) 10,8 km hoch

Mount Everest (Erde) 8,85 km hoch

Marianengraben (Erde) 11 km tief

Die Entstehung der Erde

Vor etwa 4,6 Mrd. Jahren entstand aus einer Gas- und Staubmasse das Sonnensystem. Zunächst kreisten Klumpen aus Staub – die Vorgänger der Planeten – um die junge Sonne. Vermutlich formten sich in 150 Mio. km Entfernung von der Sonne die junge Erde und der kleine Planet Theia. Sie stürzten aufeinander zu und verschmolzen zur Erde; aus den Trümmern entstand der Mond.

Felsbrocken aus dem All

Viele Millionen Felsbrocken – die Asteroiden und Meteoriten – umkreisen zwischen Mars und Jupiter die Sonne. Einige sind so groß wie Kieselsteine, andere riesig wie Berge. Die meisten Meteoriten verdampfen in der Atmosphäre, manche können aber auch auf die Erdoberfläche stürzen.

Der Meteorit, der diesen Krater in Arizona (USA) verursachte, stürzte vor etwa 50 000 Jahren auf die Erde.

DIE ENTSTEHUNG DES MONDES

Anziehen
Aus Staub und Trümmern, die um die junge Sonne kreisen, ballten sich die Vorläufer der Planeten zusammen. Aufgrund der Anziehungskraft wurden sie größer und dichter – und wurden schließlich zu den Planeten.

Aufheizen
Die Erde wird getroffen. Aus dem herausgeschleuderten Material bildete sich allmählich der Mond. Weitere Einschläge und die Hitze aus dem Erdinneren verwandelten die Erde in einen flüssigen Planeten: Schwere Elemente sanken ein, leichte stiegen nach oben.

Abkühlen
Die Erde kühlte ab und eine feste, äußere Erdkruste bildete sich. Die Atmosphäre reicherte sich mit Gasen aus Vulkanausbrüchen und aus anderen Quellen an und wurde immer dichter.

Zur Ruhe kommen
Die Einschläge ließen nach. Schließlich gliederte sich das Innere der Erde in Kern und Mantel. Der Wasserdampf in der Atmosphäre bildete Wolken und fiel als Regen zur Erde. In den neuen Ozeanen konnte jetzt Leben entstehen.

DER PLANET ERDE

Jeder Einschlag in der frühen Geschichte der Erde führte zu einer Zunahme ihrer Masse.

Das Sonnensystem entsteht

1 Eine gigantische Wolke aus Gas und Staub stürzt in sich zusammen. Sie beginnt zu rotieren und verwandelt sich in eine Scheibe.

2 Nach Millionen von Jahren ist das meiste Material im Zentrum der Scheibe versammelt: Hier entsteht die Sonne. Am äußeren Rand ballt sich das Material zu Ringen.

3 Körper aus Staub werden zum Kern der späteren Planeten. Weiteres Material lagert sich an.

4 Schließlich kreisen acht Planeten auf Umlaufbahnen um die Sonne.

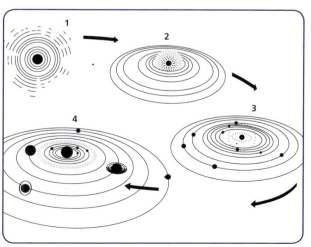

UNSER PLATZ IM WELTALL

Die Sonne

Die Sonne versorgt die Erde mit dem Licht und der Wärme, ohne die kein Leben möglich wäre. Wissenschaftler vermuten, dass sie entstand, als ein anderer Stern eine gewaltige Gas- und Staubwolke ins All schleuderte. Das Material stürzte in sich zusammen und die heißen, innersten Teile der Wolke wurden zur Sonne. Aus dem restlichen Material formten sich die Planeten. Das Licht der Sonne benötigt acht Minuten bis zur Erde.

DIE SONNE: FAKTEN

Herkunft des Namens
althochdeutsch *sunna*, mittelhochdeutsch *sunne*

Alter
etwa 4,6 Mrd. Jahre

Anziehungskraft
28-mal größer als der der Erde

Volumen
1 304 000-mal größer als die Erde

Durchmesser
1 392 530 km

Temperatur des Kerns
etwa 15 Mio. °C

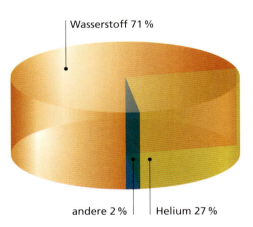

Im Inneren der Sonne
Die Sonne besteht aus Gasen; den größten Anteil hat der Wasserstoff. Die Sonne produziert Energie durch Kernfusion im Inneren des Sterns.

Wie groß ist die Sonne?

Die Sonne ist 900-mal größer als der größte Planet Jupiter. Jupiter ist 1112-mal größer als die Erde.

DER PLANET ERDE

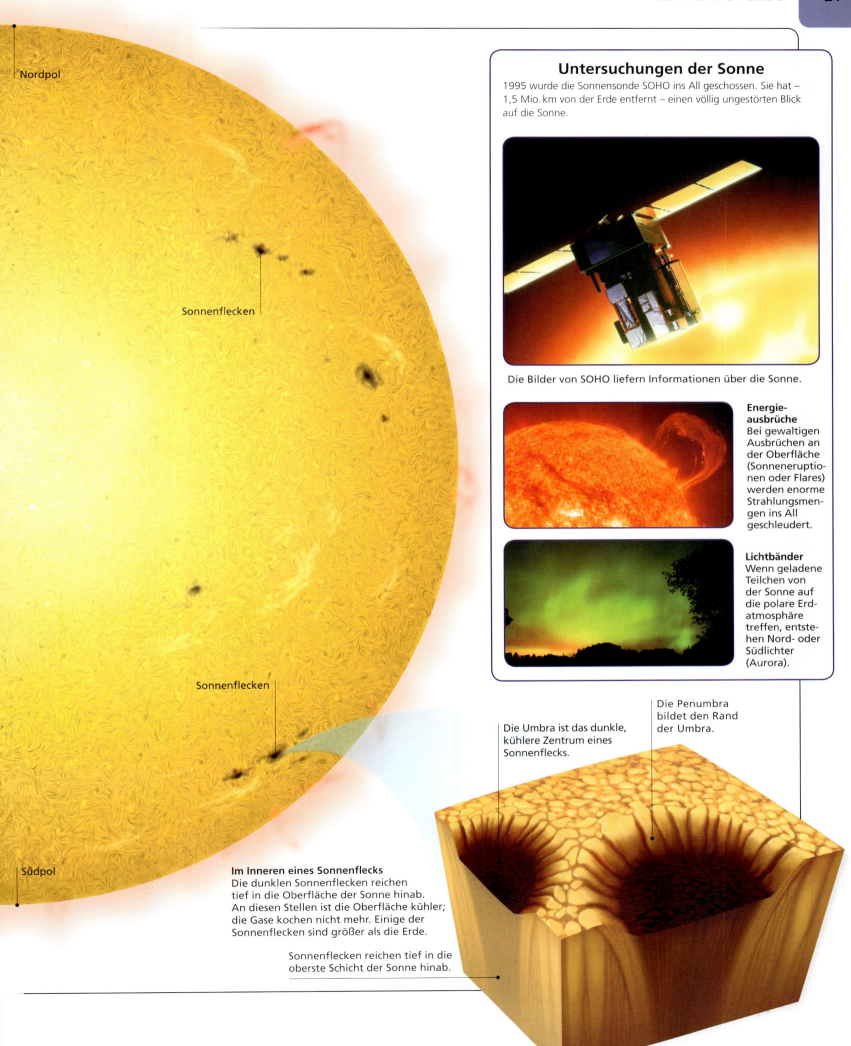

Nordpol

Sonnenflecken

Sonnenflecken

Südpol

Untersuchungen der Sonne

1995 wurde die Sonnensonde SOHO ins All geschossen. Sie hat – 1,5 Mio. km von der Erde entfernt – einen völlig ungestörten Blick auf die Sonne.

Die Bilder von SOHO liefern Informationen über die Sonne.

Energieausbrüche
Bei gewaltigen Ausbrüchen an der Oberfläche (Sonneneruptionen oder Flares) werden enorme Strahlungsmengen ins All geschleudert.

Lichtbänder
Wenn geladene Teilchen von der Sonne auf die polare Erdatmosphäre treffen, entstehen Nord- oder Südlichter (Aurora).

Die Umbra ist das dunkle, kühlere Zentrum eines Sonnenflecks.

Die Penumbra bildet den Rand der Umbra.

Im Inneren eines Sonnenflecks
Die dunklen Sonnenflecken reichen tief in die Oberfläche der Sonne hinab. An diesen Stellen ist die Oberfläche kühler; die Gase kochen nicht mehr. Einige der Sonnenflecken sind größer als die Erde.

Sonnenflecken reichen tief in die oberste Schicht der Sonne hinab.

Unser Mond

Der Mond ist der einzige natürliche Satellit der Erde. Er formte sich aus den Trümmern eines Einschlags auf die Erde, kurz nach der Entstehung unseres Planeten. Immer wieder schlugen Meteoriten auf den Mond ein. Sie rissen Krater und riesige Becken in seine Oberfläche, die sich mit dunkler Lava aus seinem Inneren füllten. Früher hielt man die Becken für ausgetrocknete Ozeane, daher werden sie noch immer „Meere" (Mare) genannt. Der erste Mensch auf dem Mond war 1969 der Astronaut Neil Armstrong.

DER MOND: FAKTEN

Herkunft des Namens
althochdeutsch *mano*, mittelhochdeutsch *mane*
Entfernung von der Erde
384 401 km
Durchmesser
3476 km
Masse
1,2 % der Erdmasse
Atmosphäre
keine
Tageslänge (in Erdentagen)
Umdrehung und Sonnentag: je 29,5

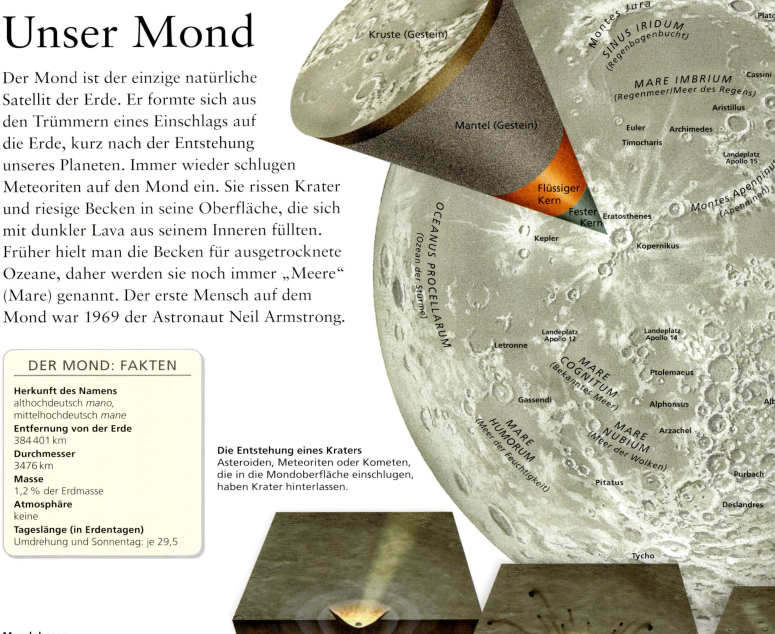

Die Entstehung eines Kraters
Asteroiden, Meteoriten oder Kometen, die in die Mondoberfläche einschlugen, haben Krater hinterlassen.

Mondphasen
Während der Mond um die Erde kreist, wird seine Oberfläche von der Sonne bestrahlt. Steht der Mond genau zwischen Erde und Sonne, liegt die uns zugewandte Seite im Schatten – es ist Neumond. Auf der Gegenposition wird er voll angestrahlt – es ist Vollmond.

Der Einschlag reißt ein tiefes Loch in die Oberfläche.

Ausgeschleudertes Material kann beim Zurückstürzen neue, kleinere Krater erzeugen.

Neumond

Zunehmender Mond

Zunehmender Mond (Halbmond)

Kurz vor Vollmond

Vollmond

DER PLANET ERDE

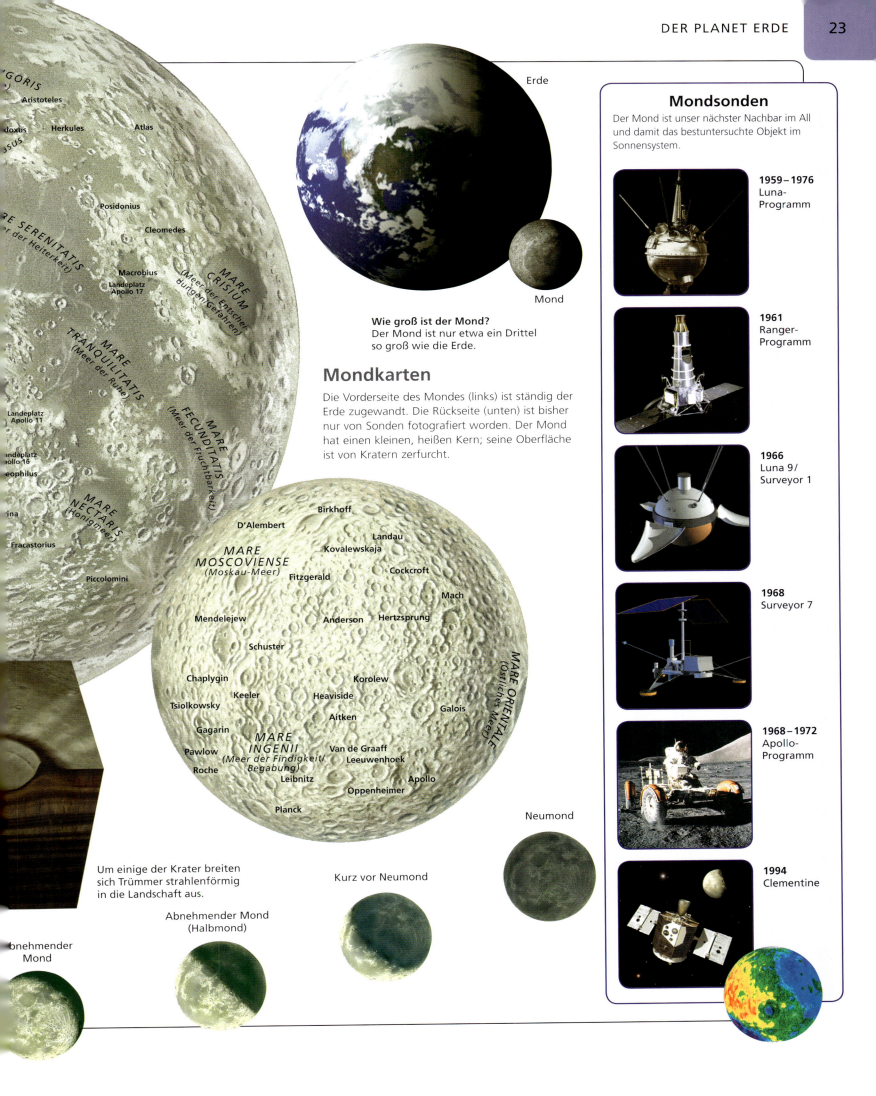

Erde
Mond

Wie groß ist der Mond?
Der Mond ist nur etwa ein Drittel so groß wie die Erde.

Mondkarten

Die Vorderseite des Mondes (links) ist ständig der Erde zugewandt. Die Rückseite (unten) ist bisher nur von Sonden fotografiert worden. Der Mond hat einen kleinen, heißen Kern; seine Oberfläche ist von Kratern zerfurcht.

Um einige der Krater breiten sich Trümmer strahlenförmig in die Landschaft aus.

Abnehmender Mond (Halbmond)

Kurz vor Neumond

Neumond

Mondsonden

Der Mond ist unser nächster Nachbar im All und damit das bestuntersuchte Objekt im Sonnensystem.

1959–1976 Luna-Programm

1961 Ranger-Programm

1966 Luna 9/ Surveyor 1

1968 Surveyor 7

1968–1972 Apollo-Programm

1994 Clementine

Erdgeschichte

Das Leben auf der Erde

Vor etwa 3,8 Mrd. Jahren entstanden die ersten primitiven Bakterien, denen in den nächsten Milliarden Jahren nur einfache Formen folgten, z.B. Quallen und Algen. Doch vor rund 550 Mio. Jahren nahmen Zahl und Vielfalt der Tiere dramatisch zu – in der sogenannten „kambrischen Explosion". Ab diesem Zeitpunkt wird die Geschichte der Erde in drei große Abschnitte mit elf kürzeren Perioden eingeteilt. Sie markieren jeweils einschneidende Veränderungen in der Umwelt, Tier- und Pflanzenwelt.

Die Geschichte des Lebens
In den vergangenen 3,8 Mrd. Jahren lebten die unterschiedlichsten Pflanzen und Tiere auf der Erde. Sie tauchten auf, erreichten ihre größte Arten- und Formenvielfalt und starben wieder aus, wenn sich die Bedingungen änderten. Im Lauf der Erdgeschichte kam es fünfmal zu einem großen Artensterben. Der Mensch ist übrigens ein echter Nachzügler in der Erdgeschichte.

Legende
- Archaikum
- Proterozoikum
- Paläozoikum
- Mesozoikum
- Känozoikum
- Massensterben

MrdJ Milliarden Jahre vor heute
MioJ Millionen Jahre vor heute

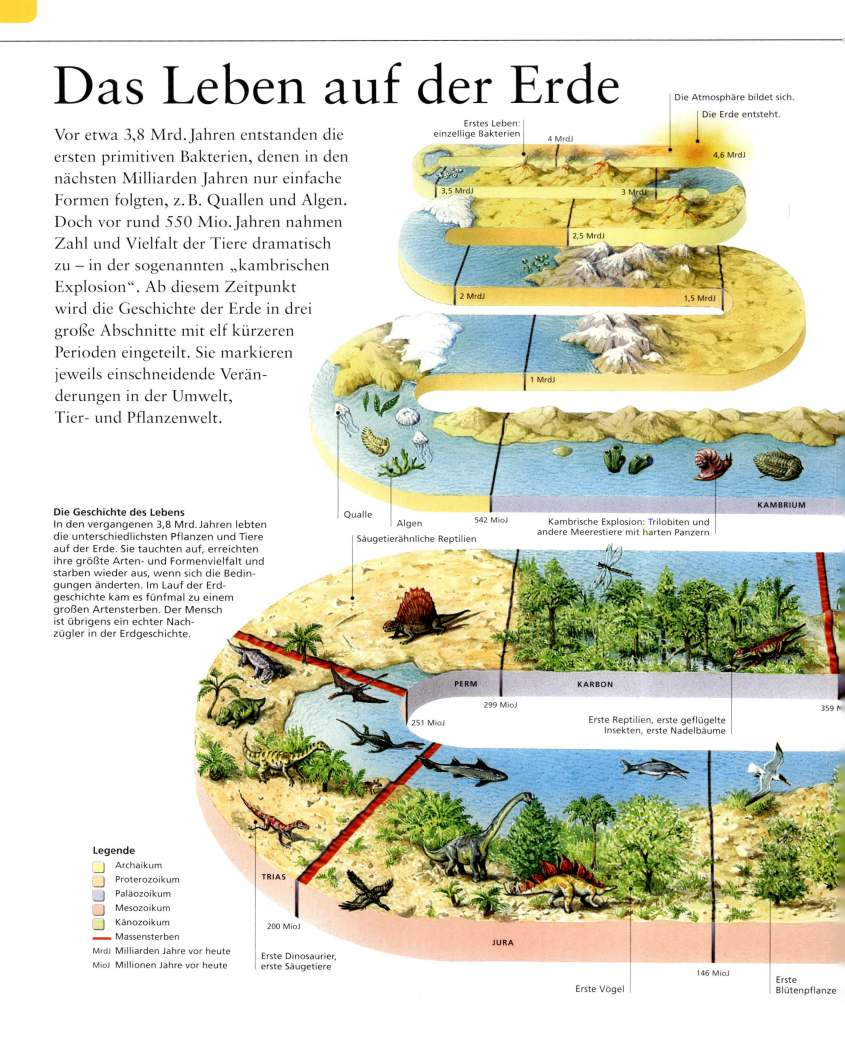

DAS LEBEN AUF DER ERDE

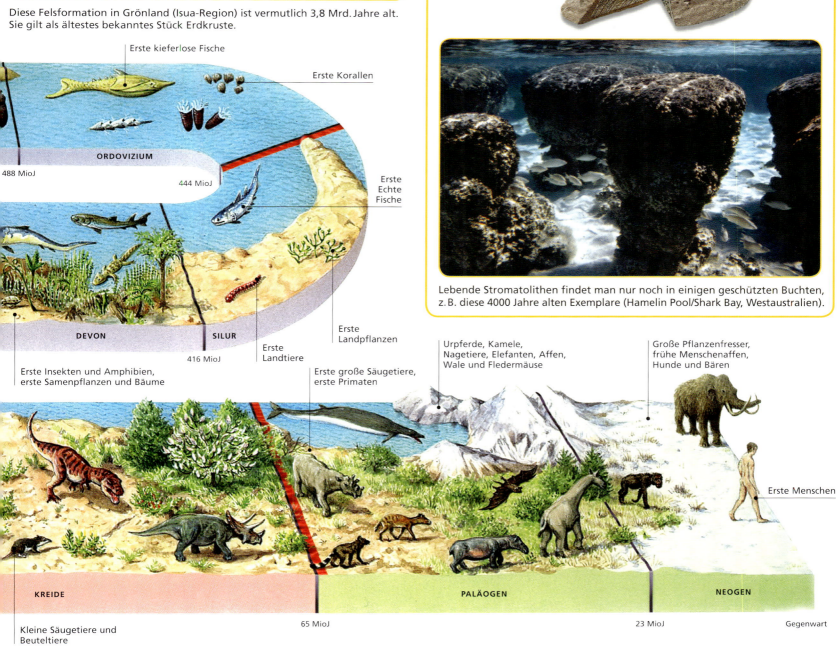

Diese Felsformation in Grönland (Isua-Region) ist vermutlich 3,8 Mrd. Jahre alt. Sie gilt als ältestes bekanntes Stück Erdkruste.

LEBENDE FOSSILIEN

Stromatolithen sind kalkartige Gebilde, die unter der Mitwirkung von Cyanobakterien entstehen. Sie wachsen Schicht um Schicht von unten nach oben und von innen nach außen. Bis sie ihre blumenkohlähnliche Form erreicht haben, vergehen Jahrhunderte. 3,5 Mrd. Jahre alte fossile Stromatolithen gehören zu den ältesten Spuren von Leben auf der Erde.

- Wachstumszone
- Alte, abgestorbene Schichten
- Basis

Lebende Stromatolithen findet man nur noch in einigen geschützten Buchten, z. B. diese 4000 Jahre alten Exemplare (Hamelin Pool/Shark Bay, Westaustralien).

Erste kieferlose Fische
Erste Korallen
ORDOVIZIUM
488 MioJ
444 MioJ
Erste Echte Fische
DEVON
SILUR
416 MioJ
Erste Landtiere
Erste Landpflanzen
Erste Insekten und Amphibien, erste Samenpflanzen und Bäume
Erste große Säugetiere, erste Primaten
Urpferde, Kamele, Nagetiere, Elefanten, Affen, Wale und Fledermäuse
Große Pflanzenfresser, frühe Menschenaffen, Hunde und Bären
Erste Menschen

KREIDE
PALÄOGEN
NEOGEN

Kleine Säugetiere und Beuteltiere
65 MioJ
23 MioJ
Gegenwart

Die Entwicklung der Pflanzen

Karbon: 359–299 Mio. Jahre vor heute (MioJ)
Riesenschachtelhalme, Bärlappe und Farne

Perm: 299–251 MioJ
Ginkgos und Nadelbäume breiten sich aus.

Trias: 251–200 MioJ
Palmfarne bedecken die Erde.

Die Erde entstand zwar schon vor 4,6 Mrd. Jahren, über 1 Mrd. Jahre lang – bis zur Entstehung erster primitiver Lebensformen – war sie jedoch ein lebensfeindlicher Ort. Es herrschte eine glühende Hitze und giftige Gase verpesteten die Atmosphäre. Die ersten Pflanzen entstanden vor etwa 550 Mio. Jahren im Meer, die ersten Landpflanzen vor etwa 400 Mio. Jahren in der Nähe von Seen.

Perm
Der Ginkgo ist der einzige bis heute überlebende Vertreter einer Pflanzenart aus dem Perm.

Trias
Palmfarn

Karbon
Schachtelhalme aus dem Karbon sahen im Wesentlichen so aus wie die heute vorkommenden Arten.

Baumfarne
Farne sind Landpflanzen mit verholzten Stängeln, die sich über Sporen vermehren. Im Karbon entwickelten sich hohe Baumfarne, die sich schnell ausbreiteten. Heute wachsen sie nur noch in feuchten Wäldern.

DAS LEBEN AUF DER ERDE

ERDGESCHICHTE

Die Explosion des Lebens

Vor der „kambrischen Explosion" – vor etwa 550 Mio. Jahren – gab es blinde, skelett- und panzerlose Lebewesen. Danach bevölkerten komplizierter gebaute Tiere mit Augen, Körperpanzern und Stacheln das Meer. Primitive Schwämme bauten die ersten Riffe auf. Während es im Wasser bereits von Leben wimmelte, blieb das Land noch unbewohnt.

Trilobiten

Viele Tiere des Kambriums zählten zu den Gliederfüßern (Arthropoden), deren Körper durch feste, bewegliche Panzer geschützt waren. Noch heute lebende Arthropoden sind z. B. Insekten, Spinnen und Krebse. Die Trilobiten, eine sehr erfolgreiche Gruppe von Arthropoden, gehörten zu den ersten Tieren mit Augen. Sie lebten im Meer und besiedelten es rund 300 Mio. Jahre lang, bis sie gegen Ende des Perms ausstarben.

Trilobit-Fossilien werden sehr häufig gefunden. Man kennt über 15 000 Arten.

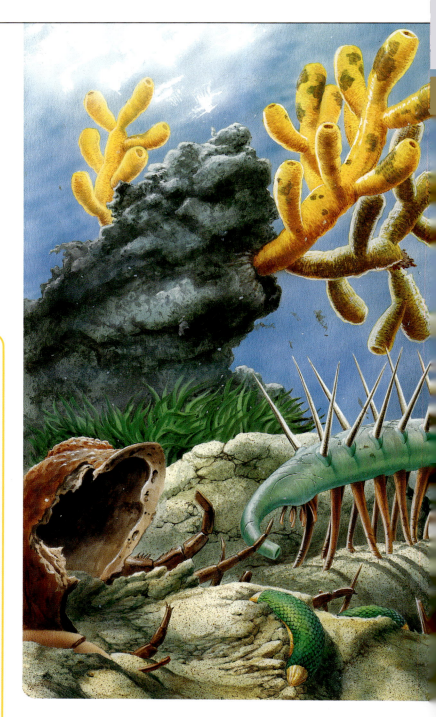

Die Meere des Kambriums

Die kambrischen Meere wurden von merkwürdigen Kreaturen bevölkert: Der schreckliche *Anomalocaris* fraß kleinere Tiere. Trilobiten, gepanzerte *Wiwaxia* und die stachelige *Hallucigenia* krabbelten über den Boden. Schwämme filterten auf der Suche nach Essbarem das Wasser. Ein besonderes Tier war auch *Pikaia*, das erste Wirbeltier. Als gegen Ende des Kambriums eine Eiszeit herrschte, sank die Wassertemperatur, der Sauerstoffgehalt nahm ab und viele Tiere starben aus.

PALÄOZOIKUM: ZEITALTER DER URSPRÜNGLICHEN LEBENSFORMEN				
KAMBRIUM	**ORDOVIZIUM**	**SILUR**	**DEVON**	**KARBON**
542	488	444	416	359

DAS LEBEN AUF DER ERDE 31

Lebewesen des Kambriums

1 *Vauxia*, ein verzweigter, weicher Schwamm
2 *Anomalocaris*, ein Verwandter der Arthropoden
3 *Marella*, ein ursprüngliches Schalentier
4 *Pikaia*, der älteste Vorfahre der Wirbeltiere
5 *Archaeocyathid*, ein Riffe bildender Verwandter der Schwämme
6 *Wiwaxia*, ein früher Verwandter der Schnecken
7 Trilobit, ein auf dem Boden lebender Arthropode
8 *Hallucigenia*, ein 14-beiniges Lebewesen
9 *Halkieria*, Tier mit schützenden Platten
10 Grünalgen, frühe Vorfahren der Landpflanzen

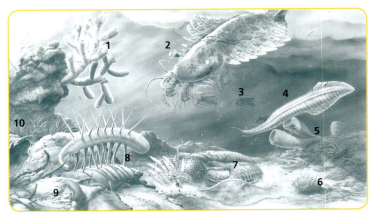

	MESOZOIKUM: ZEITALTER DER REPTILIEN			KÄNOZOIKUM: ZEITALTER DER SÄUGETIERE	
ERM	TRIAS	JURA	KREIDE	PALÄOGEN	NEOGEN
251	200		146	65	23 0

Lebendige Ozeane

Am Ende des Kambriums veränderte sich das Klima und einige Tiergruppen starben aus. Im Ordovizium füllten sich die Meere wieder mit Leben. In den neu entstandenen Korallenriffen wimmelte es von Schnecken, Trilobiten, Seelilien und anderen Tieren. Die Zahl der Cephalopoden (Kopffüßer) nahm zu und einige Arten entwickelten sich zu riesigen Meeresraubtieren. Zum Schutz vor Angriffen bildeten die kleinen, kieferlosen Fische Panzer aus Knochenplatten. Vor etwa 450 Mio. Jahren änderte sich das Klima erneut und wieder starben zahlreiche Tierarten aus, darunter auch die meisten Trilobiten.

Die ersten Korallen

Korallenpolypen sind weichhäutige Tiere mit Tentakeln; sie sind mit den Quallen verwandt. Viele Arten scheiden eine feste Schale aus Kalk aus. Im Verlauf von vielen Generationen entstanden daraus Korallenriffe. Im Ordovizium gab es rugose und tabulate Korallen.

Nahrungssuche Die Tentakel transportieren Nahrung aus dem Wasser zur Mundöffnung. Im Inneren der Korallen leben Algen, die mit Sonnenlicht Nährstoffe erzeugen.

Tentakel
Mundöffnung
Hartes Außenskelett

Rugose Korallen Sie bildeten ein hornartiges Kalkskelett. Viele Arten lebten allein.

Tabulate Korallen Sie lebten in Kolonien und bauten wabenartige Skelette.

Jäger der Tiefsee

Im Ordovizium entstanden viele neue Lebensformen. Am Ende der Nahrungskette standen Raubtiere wie der Cephalopode *Cameroceras*. Sein kegelförmiges Gehäuse konnte bis zu 9 m lang werden. Die Beutetiere versuchten davonzuschwimmen, gruben sich ein oder rollten sich zu Kugeln zusammen. Auf dem Meeresboden wuchsen bewegliche Seelilien (Crinoiden), tabulate und rugose Korallen. Als die Temperatur gegen Ende des Ordoviziums an Land und im Wasser sank, starben diese frühen Riffbewohner aus.

PALÄOZOIKUM: ZEITALTER DER URSPRÜNGLICHEN LEBENSFORMEN					
KAMBRIUM	ORDOVIZIUM	SILUR	DEVON	KARBON
542	488	444	416	359

DAS LEBEN AUF DER ERDE 33

Lebewesen des Ordoviziums

1 *Orthograptus*, ein Graptolith (wurmförmiger Verwandter der Seesterne)
2 *Opipeuter*, ein schwimmender Trilobit mit großen Augen
3 *Climacograptus*, ein Graptolith
4 *Sphaeragnostus*, ein spiralig aufgerollter Trilobit
5 *Tentaculites*, ein Verwandter der Weichtiere
6 *Cameroceras*, ein Kopffüßer mit gerader Hülle
7 *Grewingkia*, eine rugose Koralle
8 *Cyclonema bilix*, ein am Boden lebender Verwandter der Schnecken
9 *Calapoecia*, eine tabulate Koralle
10 *Sowerbyella*, ein Brachiopode
11 *Ectenocrinus*, eine Seelilie
12 *Xenocrinus*, eine Seelilie
13 *Nemograptus gracilius*, ein Graptolith

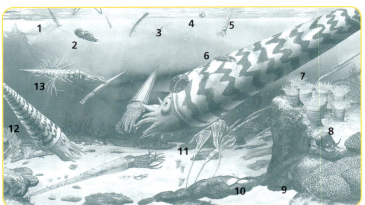

	MESOZOIKUM: ZEITALTER DER REPTILIEN			KÄNOZOIKUM: ZEITALTER DER SÄUGETIERE	
RM	TRIAS	JURA	KREIDE	PALÄOGEN	NEOGEN
	251	200	146	65	23	0

Die Fische

Im Silur streiften gewaltige Skorpione durch die Meere, auf dem Land wuchsen die ersten Pflanzen. Meeresskorpione und andere Arthropoden verließen das Wasser und suchten an Stränden und Flussufern nach Beute. Im Devon, dem Zeitalter der Fische, gingen die ersten Vorfahren der Haie auf die Jagd und Fische mit Panzerplatten – die Placodermata – wuchsen zu enormer Größe heran. Einige Arten aus der Gruppe der Fleischflosser konnten bereits Luft atmen und auf Flossenbeinen den Schritt an Land wagen.

Fische mit Beinen
Alle vierbeinigen Wirbeltiere entstammen einer Gruppe von Fischen, die zu den Fleischflossern gehörten. Im Devon wandelten sich die Flossen in Arme und Beine um, sodass sie sich an Land bewegen konnten. Andere blieben im Wasser und wurden zu den Vorfahren der heutigen Lungenfische.

Ein Fisch lernt laufen Der devonische Fisch *Gogonasus* ist eng mit unseren vierbeinigen Vorfahren verwandt.

Schädel Durch große Löcher in seinem Schädel konnte er Luft atmen. Er blieb aber wahrscheinlich noch im Wasser.

Eusthenopteron Die Schulter- und Hüftgelenke dieses Fleischflossers ähnelten denen heutiger Frösche.

Die Herrschaft der Fische

Der 9 m lange *Dunkleosteus* – ein von Knochenplatten geschützter Riese – war der mächtigste Fleischfresser der devonischen Meere und einer der ersten Fische mit einem Kiefer (Kiefermünder). Der ursprüngliche Hai *Stethacanthus* hatte eine ungewöhnlich geformte Rückenflosse und einen flachen Kopf mit zahnförmigen Schuppen. Auf dem Meeresboden suchten die Trilobiten *Huntonia* zusammen mit Brachiopoden, Schwämmen und Korallen nach Beute. Am Ende des Devons starben die meisten dieser Arten aus.

PALÄOZOIKUM: ZEITALTER DER URSPRÜNGLICHEN LEBENSFORMEN					
KAMBRIUM	ORDOVIZIUM		SILUR	DEVON	KARBON
542	488		444	416	359

DAS LEBEN AUF DER ERDE 35

Lebewesen des Devons

1 *Dunkleosteus*, ein durch Knochenplatten geschützter Kiefermünder

2 *Stethacanthus*, ein ursprünglicher Hai

3 *Cladoselache*, ein ursprünglicher Hai mit dreispitzigen Zähnen (eine Haupt- und zwei kleinere Nebenspitzen)

4 *Huntonia*, ein Trilobit

5 Kolonien und Riffe bildende rugose Koralle

6 Einzeln lebende rugose Koralle; riesige röhrenförmige Koralle

7 *Ctenacanthus*, ein ursprünglicher Hai mit zwei Rückenflossen

	MESOZOIKUM: ZEITALTER DER REPTILIEN			KÄNOZOIKUM: ZEITALTER DER SÄUGETIERE	
RM	TRIAS	JURA	KREIDE	PALÄOGEN	NEOGEN
	251	200	146	65	23 0

ERDGEISCHICHTE

Ende einer Ära

In den sumpfigen Wäldern des Karbons wuchsen riesige Bärlappe und Schachtelhalme. Im Wasser gingen räuberische Amphibien auf die Jagd, im Unterwuchs der Wälder streiften riesige Tausendfüßer umher und die Insekten hatten die Luft erobert. Im Perm wurde das Land trockener und damit verbesserten sich die Entwicklungschancen für die Reptilien. Am Ende des Perms starben jedoch 90 % aller Meerestiere und 75 % aller Wirbeltiere auf dem Land aus.

Artensterben

Vor rund 250 Mio. Jahren fand das größte Massenaussterben der Erdgeschichte statt. Vermutlich schleuderten gewaltige Vulkanausbrüche giftige Gase in die Atmosphäre; vielleicht änderte sich auch das Klima drastisch und es fiel kaum noch Regen. Erst 150 Mio. Jahre später erreichte das Leben wieder ähnlich vielfältige Formen wie im Perm.

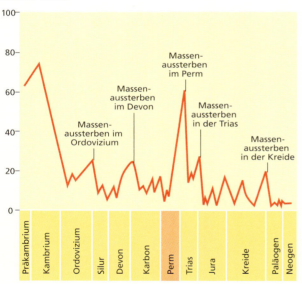

— Aussterberate (Anteil der ausgestorbenen Familien in Prozent)

Für immer weg
Selbst große Raubtiere, wie z. B. *Dinogorgon rubidgei*, überlebten das Massenaussterben im Perm nicht. Zum Glück schafften es einige kleinere, säugetierähnliche Reptilien – unsere frühesten Vorfahren.

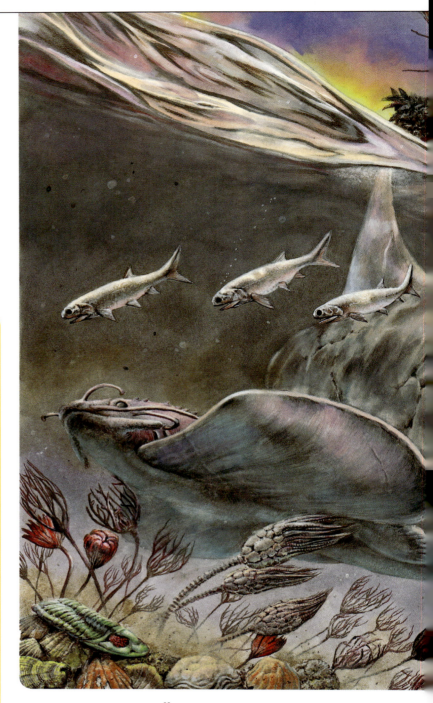

Der Kampf ums Überleben

In den Meeren des Perm jagte der Hai *Helicoprion* mit seiner „Kreissäge" aus Zähnen Rochen und kleinere Fische. Auf dem Meeresgrund ernährten sich die letzten Trilobiten von Brachiopoden. In den trockenen Wüsten jagten säugetierähnliche Therapsiden mit Säbelzähnen Reptilien, die sich mit Knochenplatten schützten. Gegen die Katastrophe am Ende des Perm hatten jedoch alle trotz ihrer Größe und Kraft keine Chance und starben aus.

PALÄOZOIKUM: ZEITALTER DER URSPRÜNGLICHEN LEBENSFORMEN				
KAMBRIUM	ORDOVIZIUM	SILUR	DEVON	KARBON
542	488	444	416	359

DAS LEBEN AUF DER ERDE 37

Lebewesen des Perm

1 *Palaeoniscum*, ein Strahlenflosser
2 *Menapsis armata*, ein haiähnlicher Rochen
3 *Helicoprion*, ein Hai mit spiraligem Gebiss
4 *Inostrancevia*, ein fleischfressender Therapside
5 *Araucaria*, ein Baum (Nadelholzgewächs)
6 *Scutosaurus*, ein Reptil mit Knochenplatten
7 *Crinoide*, eine Seelilie
8 *Phillipsia*, der letzte Trilobit

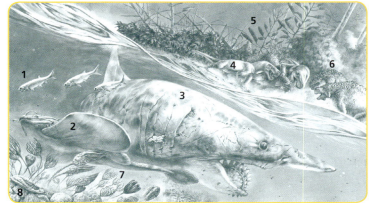

	MESOZOIKUM: ZEITALTER DER REPTILIEN			KÄNOZOIKUM: ZEITALTER DER SÄUGETIERE	
RM	TRIAS	JURA	KREIDE	PALÄOGEN	NEOGEN
251	200		146	65	23 0

Die Reptilien

Zu Beginn der Trias waren alle Landmassen der Erde in einem einzigen Superkontinent vereinigt. In seinem heißen, trockenen Klima entstanden neue Formen von Reptilien: Sie eroberten das Land, das Wasser und die Luft. Eine Gruppe dieser Reptilien entwickelte Hinterbeine, auf denen sie aufrecht gehen konnte: die ersten Dinosaurier. Zur gleichen Zeit entstanden aus kleinen Therapsiden die ersten Säugetiere. Als am Ende der Trias viele der Landreptilien ausstarben, übernahmen Dinosaurier die Herrschaft auf der Erde.

Der Superkontinent Pangäa

Im Perm vereinigten sich alle Landmassen der Erde zu einem Superkontinent: Pangäa. Im Jura zerbrach er und die Landmassen driftiten langsam wieder auseinander. Die Kontinente wandern auch heute noch – und vielleicht vereinen sie sich in ferner Zukunft zu einem neuen Superkontinent.

Pflanzen der Trias
Palmfarne, Farne, Nadelbäume und andere Pflanzen der Trias waren an die extremen Bedingungen angepasst.

Trias
Der Superkontinent Pangäa

Jura
Pangäa zerbricht in zwei Groß-Kontinente.

Kreide
Die beiden Groß-Kontinente zerfallen in kleinere Kontinente.

Die Dinosaurier kommen

Die üppig bewachsenen Ufer der Triasgewässer bildeten einen Gegensatz zum ansonsten trocken-heißen Klima Pangäas. Der durch Platten geschützte Pflanzenfresser *Desmatosuchus* und der furchterregende *Postosuchus* waren Verwandte der modernen Krokodile. *Paracyclotosaurus*, eine der letzten Riesenamphibien, wärmte sich in der Sonne auf und regelte so seine Körpertemperatur. Die ersten kleinen, leicht gebauten Dinosaurier – wie etwa der schnelle *Coelophysis* – gingen in Rudeln auf die Jagd.

PALÄOZOIKUM: ZEITALTER DER URSPRÜNGLICHEN LEBENSFORMEN					
KAMBRIUM	ORDOVIZIUM	SILUR	DEVON	KARBON
542	488	444	416	359

DAS LEBEN AUF DER ERDE 39

Lebewesen der Trias

1 *Ornithosuchus*, ein ursprünglicher Vorfahr der Krokodile
2 *Eudimorphodon*, ein fliegendes Reptil (Pterosaurier)
3 *Auracarioxylon arazonicum*, ein Nadelbaum
4 *Postosuchus*, ein gepanzertes, fleischfressendes Reptil
5 *Coelophysis*, ein früher, fleischfressender Dinosaurier
6 *Placerias*, ein säugetierähnliches Reptil mit Stoßzähnen
7 *Desmatosuchus*, ein pflanzenfressendes Reptil mit Hörnern
8 *Lariosaurus*, ein im Wasser lebendes Reptil (Nothosaurier)
9 *Palaeocycas*, ein ursprünglicher Palmfarn
10 *Paracyclotosaurus*, eine Riesenamphibie

	MESOZOIKUM: ZEITALTER DER REPTILIEN			KÄNOZOIKUM: ZEITALTER DER SÄUGETIERE	
RM	TRIAS	JURA	KREIDE	PALÄOGEN	NEOGEN
	251	200	146	65	23	0

Die Dinosaurier

Im Jura und in der Kreide beherrschen die Dinosaurier die Erde. In ihrem Schatten lebten kleine, Fell tragende Säugetiere. Riesige Meeresreptilien durchpflügten das Wasser und die Pterosaurier bevölkerten die Lüfte. Zu Beginn der Kreide entstanden die ersten Blütenpflanzen und mit ihnen bestäubende Insekten. Vor 65 Mio. Jahren kam es dann zu einem weiteren Massenaussterben, bei dem auch die meisten Dinosaurier und alle Meeresreptilien ausstarben.

Vom Dinosaurier zum Vogel

Viele Eigenschaften unserer modernen Vögel, z. B. Federn und Gabelbein, tauchten zum ersten Mal bei kleinen, fleischfressenden Dinosauriern auf. Der älteste bekannte Vogel *Archaeopteryx* hatte gefiederte Flügel und konnte vermutlich gleiten.

Ein vogelähnlicher Dinosaurier

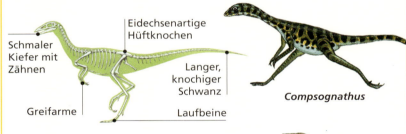

Compsognathus

Der erste Vogel

Archaeopteryx

Ein moderner Vogel

Kalifornische Wachtel

Das Zeitalter der Dinosaurier

In der Kreide erlebten die Dinosaurier ihre größte Vielfalt. Besonders furchterregend war der fleischfressende *Tyrannosaurus*. Auf der Suche nach Beuteresten folgte ihm *Troodon* wie ein Schatten. *Styracosaurus* und andere Pflanzenfresser schützten sich mit Hörnern oder Panzern. Im Meer herrschten u. a. *Elasmosaurus* mit seinem langen Hals und der fischfressende *Plotosaurus*. Flugsaurier wie *Quetzalcoatlus* – das größte fliegende Tier aller Zeiten – und der kleinere *Pteranodon* regierten die Lüfte.

PALÄOZOIKUM: ZEITALTER DER URSPRÜNGLICHEN LEBENSFORMEN				
KAMBRIUM	ORDOVIZIUM	SILUR	DEVON	KARBON
542	488	444	416	359

DAS LEBEN AUF DER ERDE 41

Lebewesen der Kreide

1 *Pteranodon*, ein Flugsaurier (Pterosaurier)
2 *Tyrannosaurus*, ein großer fleischfressender Dinosaurier
3 *Quetzalcoatlus*, der größte Pterosaurier
4 *Parasaurolophus*, ein „Entenschnabel"-Dinosaurier
5 *Carnotaurus*, ein fleischfressender Dinosaurier
6 *Nodosaurus*, ein gepanzerter, pflanzenfressender Dinosaurier
7 *Belemnites*, ein großer, spiralig gewundener Ammonit
8 *Plotosaurus*, ein fischfressender Mosasaurier (Meeresreptil)
9 *Elasmosaurus*, ein Plesiosaurier mit langem Hals (Meeresreptil)
10 *Hesperornis*, ein flugunfähiger Wasservogel
11 *Styracosaurus*, ein gehörnter, pflanzenfressender Dinosaurier
12 *Troodon*, ein kleiner, intelligenter und fleischfressender Dinosaurier

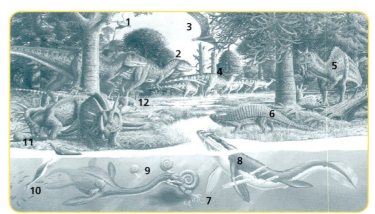

	MESOZOIKUM: ZEITALTER DER REPTILIEN			KÄNOZOIKUM: ZEITALTER DER SÄUGETIERE	
RM	TRIAS	JURA	KREIDE	PALÄOGEN	NEOGEN
251	200		146	65	23 0

ERDGESCHICHTE

Die Säugetiere

Nachdem die riesigen Dinosaurier ausgestorben waren, übernahmen die Säugetiere die Herrschaft auf der Erde. Im Paläogen erschienen immer größere Arten, die nach und nach alle Lebensräume eroberten. Wale besiedelten die Meere, Fledermäuse erhoben sich in die Lüfte und eine neue Gruppe machte sich auf dem Land breit: die Primaten. Die ersten Arten – kleine Tiere mit großen Gehirnen, geschickten Greifhänden und komplexem Sozialverhalten – lebten auf Bäumen. Von ihnen stammen die modernen Affen, Menschenaffen und der Mensch ab.

Frühe Säugetiere

Die frühesten Reptilienvorfahren der Säugetiere hatten lang gestreckte Körper, die mit heutigen Säugetieren nicht viel gemein haben. Dann erschienen kompakte, mit Fell bedeckte Arten, deren Zähne an spezielle Nahrung angepasst waren. Am Ende der Trias traten die ersten echten Säugetiere auf. Sie konnten aufgrund spezieller Knochen im Ohr sehr gut hören.

Dimetrodon
Dieses frühe, säugetierähnliche Reptil aus dem Perm hatte eine Art „Segel" auf dem Rücken.

Cynognathus
Dieses fortschrittliche säugetierähnliche Reptil lebte in der Trias.

Glyptodon
Dieses gepanzerte Säugetier war so groß wie ein Kleinwagen.

Megazostrodon
Dieses winzige Tier aus dem Jura gehört vermutlich zu den ersten echten Säugetieren.

Angriff und Verteidigung

Eine *Arsinoitherium*-Mutter versucht, ihr Baby gegen den Angriff eines *Hyaenodon*-Rudels zu verteidigen. Der Pflanzenfresser *Arsinoitherium* hatte mächtige Hörner und lebte vor etwa 35 Mio. Jahren in den nordafrikanischen Ebenen. Das entfernt mit den heutigen Elefanten verwandte Tier sah aus wie ein Nashorn. *Hyaenodon* war ein Raubtier mit scharfen Zähnen und Hufen.

PALÄOZOIKUM: ZEITALTER DER URSPRÜNGLICHEN LEBENSFORMEN				
KAMBRIUM	**ORDOVIZIUM**	**SILUR**	**DEVON**	**KARBON**
542	488	444	416	359

DAS LEBEN AUF DER ERDE 43

Ginkgo
Nur eine Ginkgoart hat bis heute überlebt. Man bezeichnet sie häufig als „lebendes Fossil", weil sie uns zeigt, wie die Pflanzen vor Millionen von Jahren aussahen.

Dieses fossile Ginkgoblatt wurde in Gestein aus dem Paläogen in North Dakota (USA) gefunden.

	MESOZOIKUM: ZEITALTER DER REPTILIEN			KÄNOZOIKUM: ZEITALTER DER SÄUGETIERE	
RM	TRIAS	JURA	KREIDE	PALÄOGEN	NEOGEN
251	200		146	65	23	0

Die Menschen

Zwischen 23 und 1 Mio. Jahren vor heute wurde das Klima kühler und trockener. Weite Flächen des üppigen, afrikanischen Tropenwalds verwandelten sich in Savannen und riesige Herden von pflanzenfressenden Säugetieren streiften über das Grasland. Menschenaffenähnliche Baumbewohner suchten auf dem Boden nach Nahrung und entwickelten den aufrechten Gang. Vor etwa 2 Mio. Jahren tauchten dann die ersten Menschen auf. Sie stellten Werkzeuge aus Stein her und lernten, Feuer zu machen. Verschiedene Hominidenarten entwickelten sich und starben aus, bevor der Siegeszug des modernen Menschen (Homo sapiens) vor etwa 200 000 Jahren begann.

Lucy
Der moderne Mensch stammt vermutlich von den Australopithecinen ab, die vor ca. 4 Mio. Jahren lebten. Lucy ist der Spitzname für ein weibliches Australopithecus-Skelett, das 1974 in Äthiopien gefunden wurde.

Menschen der Steinzeit
Das Grab dieser beiden Steinzeitmenschen wurde in Ligurien (Italien) entdeckt.

PALÄOZOIKUM: ZEITALTER DER URSPRÜNGLICHEN LEBENSFORMEN				
KAMBRIUM	ORDOVIZIUM	SILUR	DEVON	KARBON
542	488	444	416	359

DAS LEBEN AUF DER ERDE

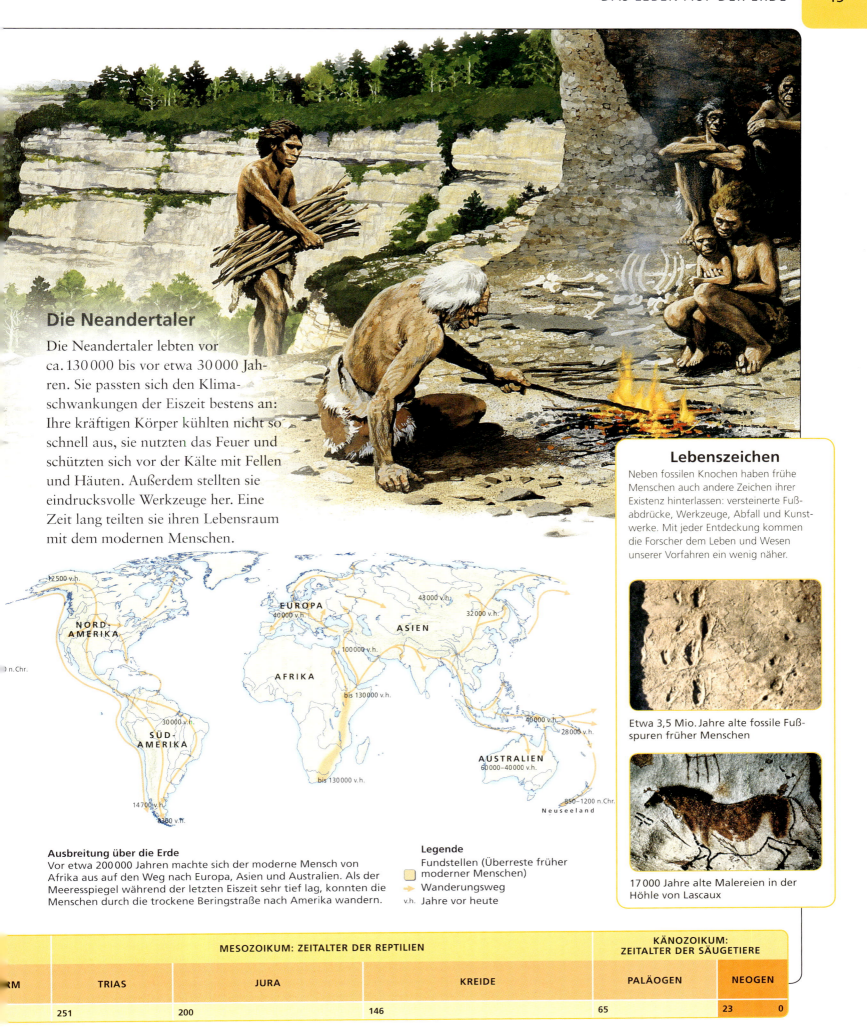

Die Neandertaler

Die Neandertaler lebten vor ca. 130 000 bis vor etwa 30 000 Jahren. Sie passten sich den Klimaschwankungen der Eiszeit bestens an: Ihre kräftigen Körper kühlten nicht so schnell aus, sie nutzten das Feuer und schützten sich vor der Kälte mit Fellen und Häuten. Außerdem stellten sie eindrucksvolle Werkzeuge her. Eine Zeit lang teilten sie ihren Lebensraum mit dem modernen Menschen.

Ausbreitung über die Erde
Vor etwa 200 000 Jahren machte sich der moderne Mensch von Afrika aus auf den Weg nach Europa, Asien und Australien. Als der Meeresspiegel während der letzten Eiszeit sehr tief lag, konnten die Menschen durch die trockene Beringstraße nach Amerika wandern.

Legende
Fundstellen (Überreste früher moderner Menschen)
→ Wanderungsweg
v.h. Jahre vor heute

Lebenszeichen
Neben fossilen Knochen haben frühe Menschen auch andere Zeichen ihrer Existenz hinterlassen: versteinerte Fußabdrücke, Werkzeuge, Abfall und Kunstwerke. Mit jeder Entdeckung kommen die Forscher dem Leben und Wesen unserer Vorfahren ein wenig näher.

Etwa 3,5 Mio. Jahre alte fossile Fußspuren früher Menschen

17 000 Jahre alte Malereien in der Höhle von Lascaux

MESOZOIKUM: ZEITALTER DER REPTILIEN			KÄNOZOIKUM: ZEITALTER DER SÄUGETIERE	
TRIAS	JURA	KREIDE	PALÄOGEN	NEOGEN
251	200	146	65	23 0

Im Inneren der Erde

IM INNEREN DER ERDE

Eine Reise ins Innere

Bei einem Vulkanausbruch dringt heißes, zähflüssiges Gestein aus dem Erdmantel als Lava an die Oberfläche.

Vor etwa 4,6 Mrd. Jahren war die Erde ein Feuerball aus geschmolzenem Gestein. Als sie langsam abkühlte, sanken schwere Elemente in die flüssige Masse ein und leichtere stiegen an die Oberfläche. Schließlich bildeten sich vier Schichten: Der Erdkern besteht vorwiegend aus Eisen – innen fest, außen flüssig. Um diesen Kern legt sich ein leichterer Mantel aus halb geschmolzenem Gestein. Die Erdkruste aus festem Gestein bildet die äußerste Schicht. Man unterscheidet die kontinentale Kruste (Kontinente) und die ozeanische Erdkruste (Meeresboden).

EINE REISE INS INNERE 49

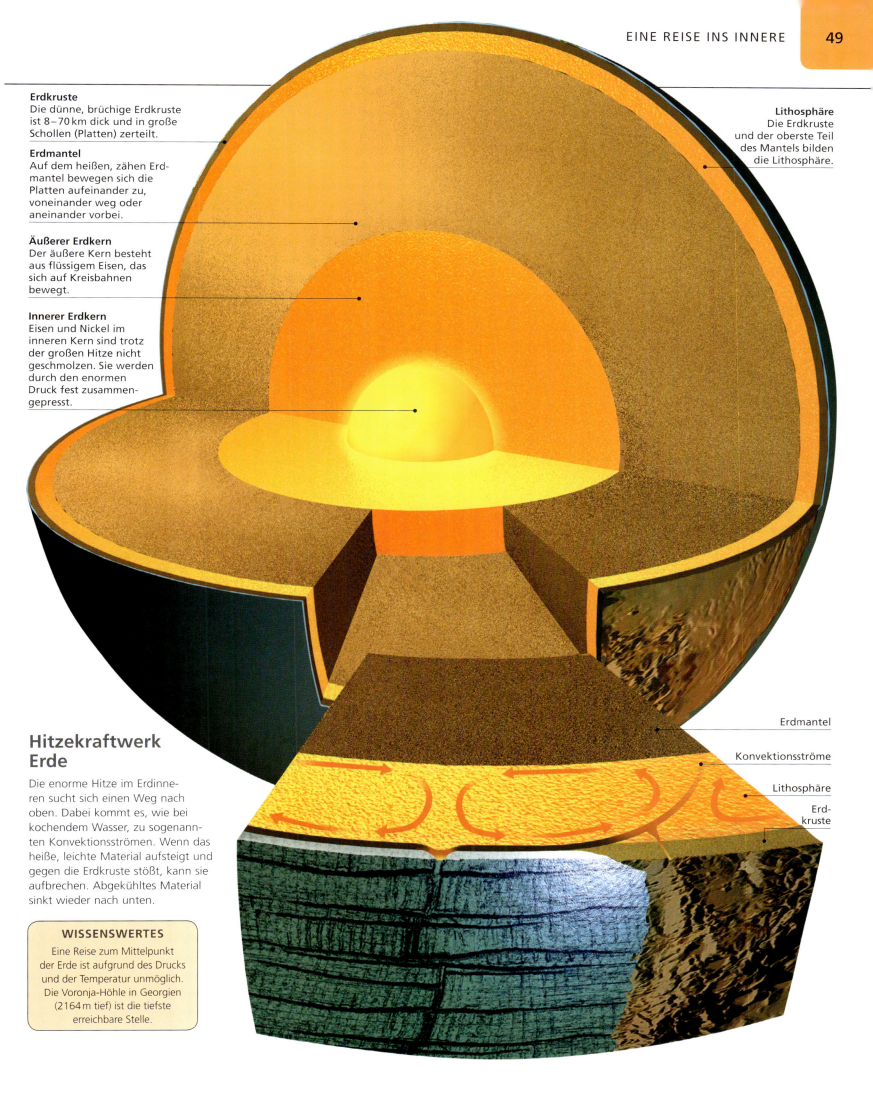

Erdkruste
Die dünne, brüchige Erdkruste ist 8–70 km dick und in große Schollen (Platten) zerteilt.

Erdmantel
Auf dem heißen, zähen Erdmantel bewegen sich die Platten aufeinander zu, voneinander weg oder aneinander vorbei.

Äußerer Erdkern
Der äußere Kern besteht aus flüssigem Eisen, das sich auf Kreisbahnen bewegt.

Innerer Erdkern
Eisen und Nickel im inneren Kern sind trotz der großen Hitze nicht geschmolzen. Sie werden durch den enormen Druck fest zusammengepresst.

Lithosphäre
Die Erdkruste und der oberste Teil des Mantels bilden die Lithosphäre.

Erdmantel
Konvektionsströme
Lithosphäre
Erdkruste

Hitzekraftwerk Erde

Die enorme Hitze im Erdinneren sucht sich einen Weg nach oben. Dabei kommt es, wie bei kochendem Wasser, zu sogenannten Konvektionsströmen. Wenn das heiße, leichte Material aufsteigt und gegen die Erdkruste stößt, kann sie aufbrechen. Abgekühltes Material sinkt wieder nach unten.

WISSENSWERTES
Eine Reise zum Mittelpunkt der Erde ist aufgrund des Drucks und der Temperatur unmöglich. Die Voronja-Höhle in Georgien (2164 m tief) ist die tiefste erreichbare Stelle.

Ruhelose Erde

Der glühend heiße Kern der Erde wirkt wie ein enormes Kraftwerk. Die Hitze schmilzt das Gestein des direkt darüber liegenden Erdmantels. Aus dem kochenden Mantel steigt flüssiges Gestein, Magma, auf, wie die Blasen in einem Kochtopf. Oben kühlt das Magma ab, sinkt wieder in Richtung Kern und wird erneut erhitzt. Diese Konvektionsströme im Erdmantel drücken gegen die dünne Erdkruste, ließen sie im Lauf der Erdgeschichte zerreißen und riesige Puzzleteile entstehen: Diese „tektonischen Platten" tragen die Meere und die Landmassen. Magma, das zwischen zwei Platten nach außen dringt, drückt sie auseinander. Da die Kugeloberfläche der Erde begrenzt ist, reiben und drücken die Platten gegeneinander: Es kommt zu Erdbeben und Vulkanausbrüchen.

Wasserfälle und Flüsse kämpfen ständig gegen die Kräfte des Erdinneren: Sie tragen die neu entstandenen Gebirge immer wieder ab.

Aus einem Geysir dringt extrem heißes Wasser aus Spalten in der Erde explosionsartig ins Freie.

Unter der Oberfläche

Die Konvektionsströme (rote Pfeile) dehnen und quetschen die Erdkruste. Wo Platten auseinanderweichen, bilden sich ozeanische Gräben und Grabenbrüche, wo sie gegeneinanderdrücken, entstehen Gebirge, Vulkane und Tiefseegräben.

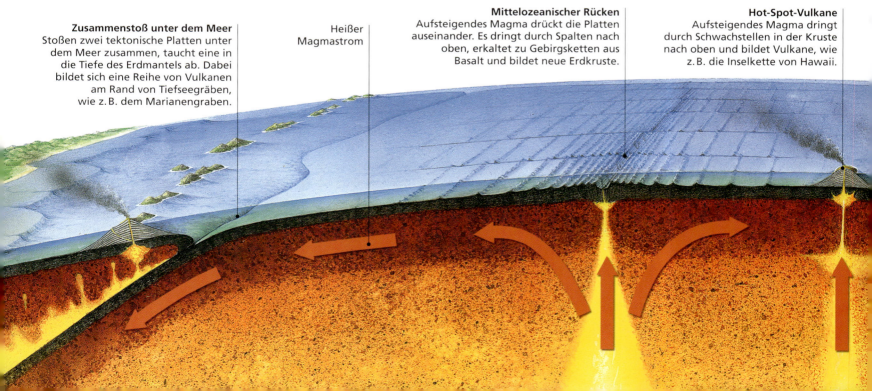

Zusammenstoß unter dem Meer
Stoßen zwei tektonische Platten unter dem Meer zusammen, taucht eine in die Tiefe des Erdmantels ab. Dabei bildet sich eine Reihe von Vulkanen am Rand von Tiefseegräben, wie z. B. dem Marianengraben.

Heißer Magmastrom

Mittelozeanischer Rücken
Aufsteigendes Magma drückt die Platten auseinander. Es dringt durch Spalten nach oben, erkaltet zu Gebirgsketten aus Basalt und bildet neue Erdkruste.

Hot-Spot-Vulkane
Aufsteigendes Magma dringt durch Schwachstellen in der Kruste nach oben und bildet Vulkane, wie z. B. die Inselkette von Hawaii.

RUHELOSE ERDE

An schwachen Stellen der Erdkruste bilden sich tiefe Risse, durch die Lava ausfließen kann. Dabei entstehen mächtige Vulkane.

Am Rand von tektonischen Platten bilden sich häufig heiße Quellen. Unterirdisches heißes Gestein erhitzt das Grundwasser.

Unter der Erdkruste

Die dünne Erdkruste schwimmt auf dem Erdmantel. Die ozeanische Kruste besteht aus schwerem Basaltgestein. Die dickeren Kontinentalplatten sind leichter, weil sie vorwiegend aus Granit bestehen. Daher liegen die Landmassen der Erde über dem Meeresspiegel, während sich das Wasser in den tiefen Ozeanbecken sammelt.

Ozeanische Kruste
Die ozeanischen Platten (Kruste) bestehen aus Basalt. Dieses vulkanische Gestein bildet sich, wenn Magma an den Mittelozeanischen Rücken erstarrt.

Kontinentale Kruste
Die kontinentalen Platten (Kruste) bestehen aus älteren, leichteren Gesteinen wie Granit, Gneis und Sandstein.

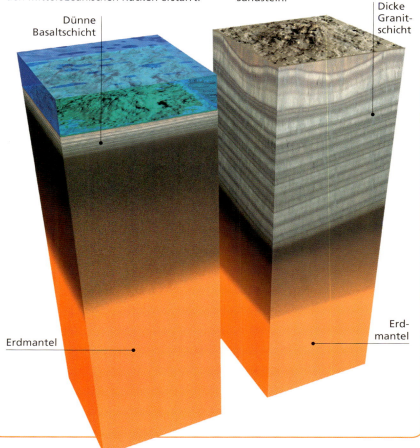

Dünne Basaltschicht · Dicke Granitschicht · Erdmantel

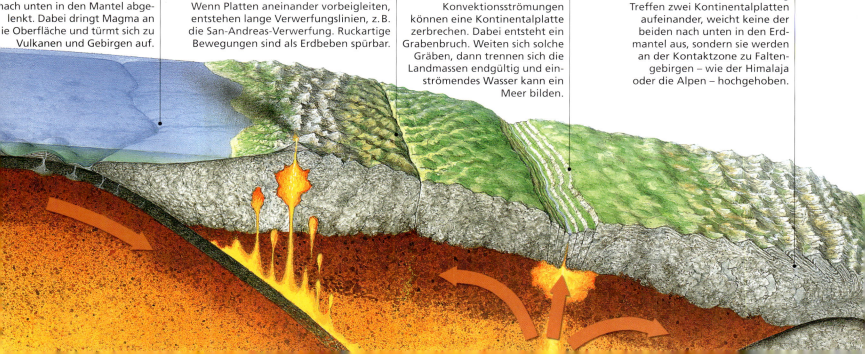

Zusammenstoß an der Küste
Wenn eine schwere ozeanische Platte gegen eine leichtere kontinentale Platte drückt, wird sie nach unten in den Mantel abgelenkt. Dabei dringt Magma an die Oberfläche und türmt sich zu Vulkanen und Gebirgen auf.

Seitliche Verschiebung
Wenn Platten aneinander vorbeigleiten, entstehen lange Verwerfungslinien, z.B. die San-Andreas-Verwerfung. Ruckartige Bewegungen sind als Erdbeben spürbar.

Grabenbruch
Konvektionsströmungen können eine Kontinentalplatte zerbrechen. Dabei entsteht ein Grabenbruch. Weiten sich solche Gräben, dann trennen sich die Landmassen endgültig und einströmendes Wasser kann ein Meer bilden.

Faltung
Treffen zwei Kontinentalplatten aufeinander, weicht keine der beiden nach unten in den Erdmantel aus, sondern sie werden an der Kontaktzone zu Faltengebirgen – wie der Himalaja oder die Alpen – hochgehoben.

Wandernde Kontinente

Die Erdkruste ist ständig in Bewegung. Erste Ideen einer „Kontinentalverschiebung" stießen aber lange auf taube Ohren. Schon 1910 fiel dem deutschen Wissenschaftler Alfred Wegener auf, dass sich die Kontinente wie Puzzleteile ineinander setzen ließen und wahrscheinlich einmal in einem einzigen Urkontinent miteinander verbunden waren. Doch erst in den 1960er-Jahren fanden Forscher bei Untersuchungen des Meeresbodens den Beweis: In langen Rücken dringt Material aus dem Erdmantel nach oben und drückt die Kontinente auseinander. Seither wird die Theorie der Kontinentalverschiebung (Plattentektonik) weitgehend akzeptiert.

Bewegte Geschichte
Die Plattentektonik hat über Millionen von Jahren immer neue Kontinente und Meere entstehen und wieder verschwinden lassen.

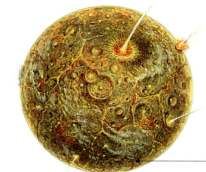

Vor 4,6–4,2 Mrd. Jahren
Kometen- und Meteoriteneinschläge erhöhen die Masse der Erde. Das schwere Material sinkt in den Erdkern.

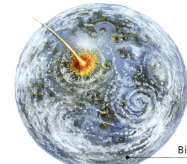

Vor 4,2–3,8 Mrd. Jahren
Die Einschläge lassen nach, die Erde kühlt ab und eine feste Kruste bildet sich. Wasserdampf aus Vulkanen und Kometen führt zur Bildung von Ozeanen.

Getrennt!
In den 1950er-Jahren erforschte Alfred Wallace die Tiere Indonesiens. Dabei stellte er fest, dass in Java, Sumatra und Borneo andere Arten als in Neuguinea und Australien leben. Damit hatte Wallace, ohne es zu wissen, die Grenze zwischen Eurasischer und Australischer Platte entdeckt. Sie waren nie durch eine Landbrücke verbunden – die Tiere konnten also nicht wandern und entwickelten sich getrennt voneinander.

Die Küsten des Roten Meeres und die des Golfs von Aden driften seit etwa 25 Mio. Jahren auseinander.

WANDERNDE KONTINENTE 53

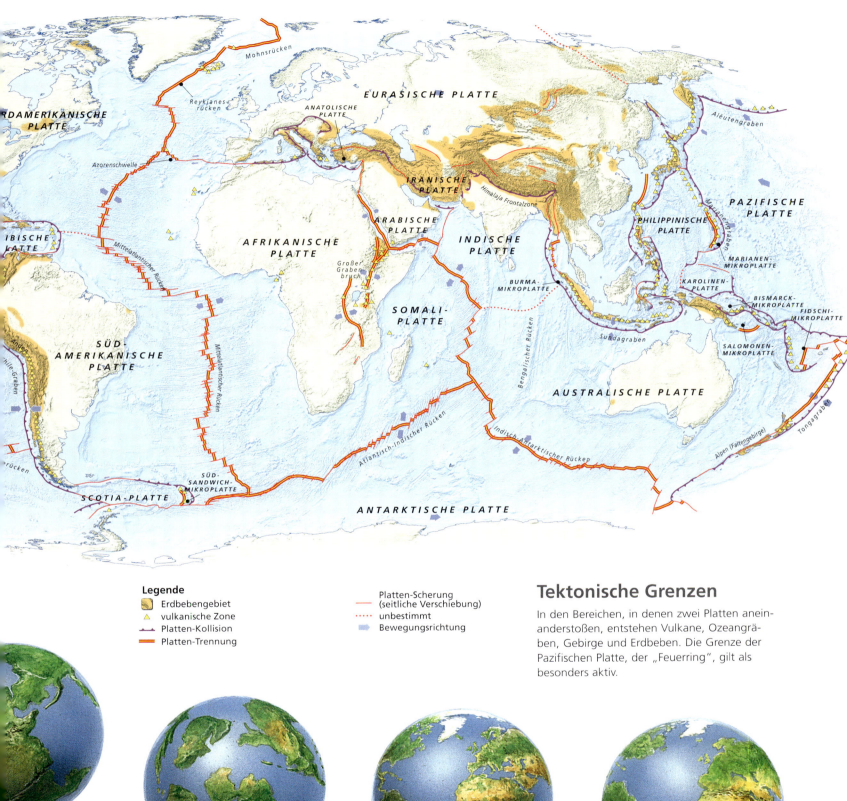

Legende
- Erdbebengebiet
- vulkanische Zone
- Platten-Kollision
- Platten-Trennung
- Platten-Scherung (seitliche Verschiebung)
- unbestimmt
- Bewegungsrichtung

Tektonische Grenzen

In den Bereichen, in denen zwei Platten aneinanderstoßen, entstehen Vulkane, Ozeangräben, Gebirge und Erdbeben. Die Grenze der Pazifischen Platte, der „Feuerring", gilt als besonders aktiv.

Vor 270 Mio. Jahren
Alle Landmassen sind in einem Superkontinent (Pangäa) vereint, umgeben von einem einzigen Ozean.

Vor 200 Mio. Jahren
Pangäa bricht auseinander, langsam entstehen die heutigen Kontinente und der Atlantische und Pazifische Ozean.

Heute
Der Atlantische Ozean breitet sich immer weiter aus. Nord- und Südamerika entfernen sich von Europa und Afrika.

In 50 Mio. Jahren
Der Atlantische verdrängt den Pazifischen Ozean, Afrika drückt auf Europa, das Mittelmeer ist verschwunden und Australien stößt mit Asien zusammen.

Falten und Brüche

Der ungeheure Druck der Plattenbewegungen unter der Oberfläche zerbricht selbst den härtesten Fels: Es entstehen Bruchlinien oder Verwerfungen. Kleine Bruchlinien sieht man als Risse im Fels oder in der Straße. Große Verwerfungen können Hunderte von Kilometern lang sein.

Dabei entstehen unterschiedliche Geländeformen: Weichen die Platten auseinander, bricht ein Graben ein. Stoßen sie aufeinander, türmt sich Gestein auf. Schließlich können zwei Platten aneinander entlanggleiten und an großen Verwerfungslinien kommen auch Kombinationen vor.

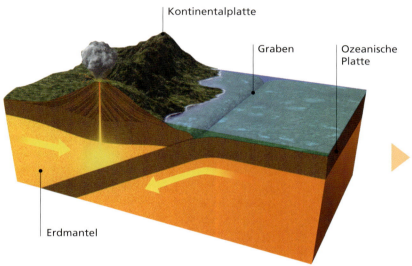

Ozean trifft Kontinent

Stößt eine ozeanische auf eine Kontinentalplatte, gleitet sie nach unten und schmilzt im heißen Erdmantel. Aufsteigendes flüssiges Gestein dringt durch die Kontinentalplatte an die Oberfläche und bildet Vulkane.

Die Anden (hier: Torres del Paine, Chile) entstanden, als sich die Pazifische unter die Südamerikanische Platte schob.

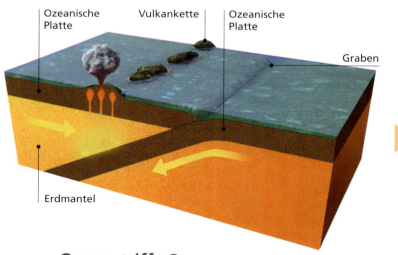

Ozean trifft Ozean

Die kühlere der beiden ozeanischen Platten wird nach unten abgelenkt. Das Gestein schmilzt im heißen Mantel und das aufsteigende flüssige Gestein kann eine Kette von Vulkaninseln bilden.

Auf den Indonesischen Inseln entstanden Hunderte von Vulkanen, als sich die Australische unter die Pazifische Platte schob und schmolz. Der Gunung Semeru ist einer von ihnen.

FALTEN UND BRÜCHE | 55

An der San-Andreas-Verwerfung in Kalifornien driftet die Pazifische Platte (links) langsam nach Nordwesten, die Nordamerikanische Platte (rechts) nach Südosten.

Verwerfungen

Beim Aufeinandertreffen tektonischer Platten entstehen je nach Art der Bewegung und der Gesteine unterschiedliche Geländeformen.

Himalaja Stoßen zwei Kontinentalplatten aufeinander, falten sich an ihren Rändern Gebirge auf.

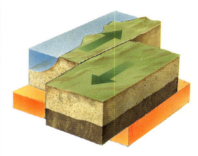

San-Andreas-Verwerfung Bei der seitlichen Verschiebung von Platten kommt es immer wieder zu ruckartigen Bewegungen – zu spüren als Erdbeben.

Ostafrikanischer Grabenbruch Weichen tektonische Platten auseinander, entstehen riesige Risse. In solchen Grabenbrüchen sammelt sich Wasser.

Mittelatlantischer Rücken Driften Platten unter dem Meer auseinander, steigt Basaltlava durch Risse nach oben, erstarrt und bildet lang gestreckte Rücken.

Gesteine

Gesteine sind keineswegs für die Ewigkeit gemacht. Geologische Kräfte türmen sie zu Gebirgen auf, werfen sie als geschmolzene Lava nach oben, zerbrechen sie in kleine Stücke und lassen sie wieder im Untergrund verschwinden. In diesem Kreislauf treten die Gesteine in drei Formen auf: Eruptiv- oder magmatische Gesteine entstehen aus abgekühltem, geschmolzenem Gestein. Gesteine, die von Wasser oder Eis zerkleinert und in Schichten abgelagert wurden, können sich wieder verfestigen und werden zu Sedimentgesteinen. Hoher Druck und große Temperaturen können Gesteine zerquetschen und umwandeln: Sie werden zu metamorphen Gesteinen.

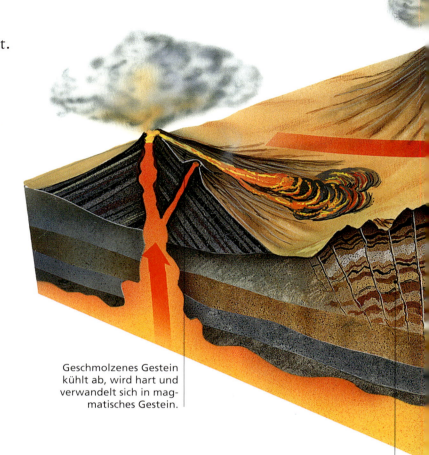

Geschmolzenes Gestein kühlt ab, wird hart und verwandelt sich in magmatisches Gestein.

Metamorphe Gesteine entstehen durch hohen Druck und Hitze tief in der Kruste.

Der Kreislauf der Gesteine

Gesteine entstehen, werden zerstört und wandeln sich in einem Kreislauf immer wieder um. Die Erosion trägt Berge und Vulkane ab, die Flüsse tragen die Bruchstücke (Sedimente) ins Meer. Das Sediment kann mit einer ozeanischen Platte abtauchen, im Mantel schmelzen und als Lava wieder an die Oberfläche gelangen.

Erkennst du das Gestein?

Große oder kleine Kristalle? Liegen sie in flachen Schichten oder Falten? Jede Eigenschaft eines Gesteins kann dazu beitragen, seine Herkunft zu ermitteln.

Konglomerat — Milchquarz

Granit

Quarz — Glimmer — Feldspat

Bändergneis

Quarz — Biotit — Feldspat

Sedimentgesteine
Sie bestehen aus Mineralien oder Gesteinspartikeln, die abgetragen, transportiert, in Schichten abgelagert und durch Druck verfestigt wurden.

Magmatische Gesteine
Kühlt ein Gestein langsam unter der Erde ab, wachsen große mineralische Kristalle. Kühlt es an der Oberfläche rasch ab, bleiben die Kristalle mikroskopisch klein.

Metamorphe Gesteine
Unter großem Druck und hohen Temperaturen bildeten sich gefaltete und wellige Bänder aus Mineralien aus.

GESTEINE

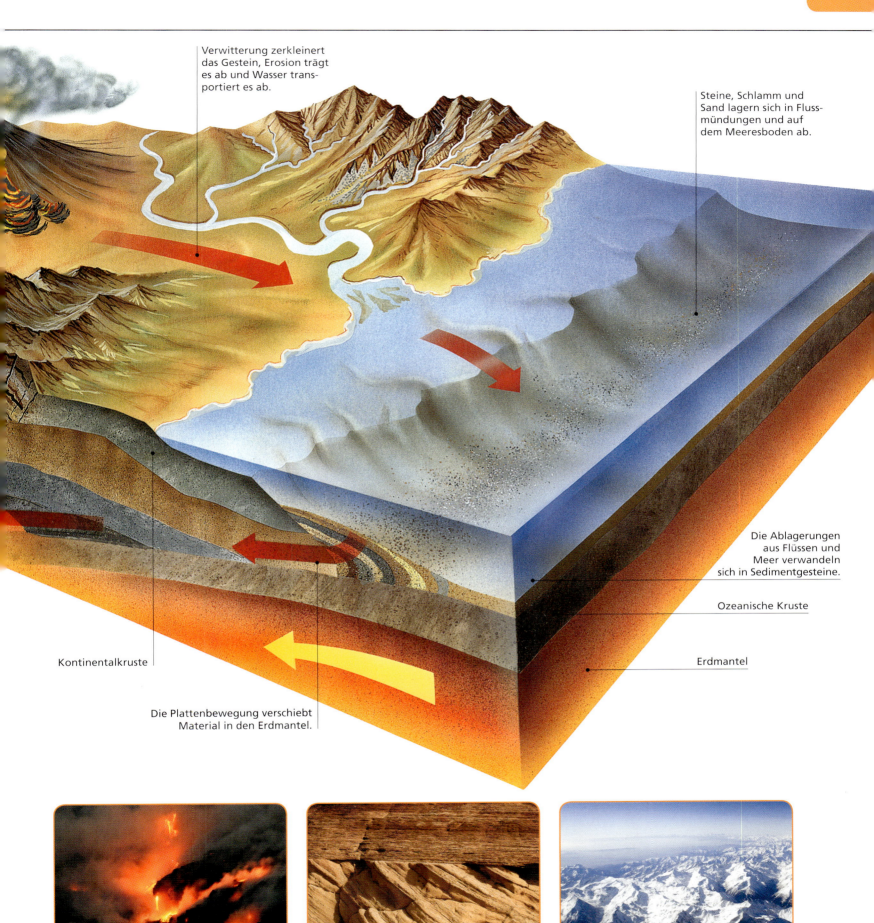

Verwitterung zerkleinert das Gestein, Erosion trägt es ab und Wasser transportiert es ab.

Steine, Schlamm und Sand lagern sich in Flussmündungen und auf dem Meeresboden ab.

Die Ablagerungen aus Flüssen und Meer verwandeln sich in Sedimentgesteine.

Ozeanische Kruste

Erdmantel

Kontinentalkruste

Die Plattenbewegung verschiebt Material in den Erdmantel.

Neues, magmatisches Gestein fließt aus dem Kilauea-Vulkan (Hawaii) ins Meer und kühlt ab.

Sedimentgesteine in Arizona (USA): Die unteren wurden schräg, die oberen waagerecht abgelagert.

Die Alpen türmten sich auf, als die Platte des Tethys-Meeres gegen die Eurasische Platte drückte; der Druck veränderte das Gestein.

Magmatische Gesteine

Magmatisches Gestein entsteht aus Magma, das beim Abkühlen erstarrt. Wenn es unter der Oberfläche langsam abkühlt, wachsen große Kristalle. Gelangt es als Lava bei Vulkanausbrüchen an die Erdoberfläche, kühlt es rasch ab und die Kristalle bleiben sehr klein.

▲ **Gabbro**

▼ **Gebänderter Obsidian**
Wenn Lava beim Erkalten fließt, bilden sich Bänder im Obsidian.

▲ **Bimsstein**

▲ **Ignimbrit**

▲ **Andesit**

▲ **Obsidian**
Frühe Menschen stellten aus dem glänzenden, brüchigen Obsidian scharfe Werkzeuge her. Er hat rasiermesserscharfe Kanten.

▶ **Vulkanischer Tuff**
Er besteht aus vulkanischer Asche, die zusammengepresst und verfestigt wurde.

▲ **Kimberlit**
Kimberlite können Lagerstätten für Diamanten sein.

▶ **Rhyolit**
Rhyolit oder Quarzporphyr besteht aus demselben Material wie Granit. Weil er rascher abkühlt, bildet er kleinere Kristalle.

▶ **Basaltmandelstein**
Ein feinkörniges, graues Gestein aus abgekühlter Lava; in den Hohlräumen saßen Gasblasen.

◀ **Obsidian-Lava**
Obsidian weist einen hohen Anteil Silizium auf. Damit fließt die Lava langsam wie dicke Suppe.

Mikroskopische Einblicke

Basalt Kurze und lange, in feinkörniges Material eingebettete Kristalle

Gabbro Aufgebaut wie Basalt, aber größere Kristalle durch langsames unterirdisches Abkühlen

GESTEINE 59

Pegmatit Pegmatit kühlt sehr langsam ab. Es bilden sich große Kristalle und wertvolle Schmucksteine.

Serpentin Grünes Gestein, das an den Rändern von kollidierenden Kontinenten zusammengepresst wurde.

Lavapfropfen

Pfropfen und Dykes (Gesteinsgänge) sind Überreste von erstarrter Lava. Im Inneren eines alten Vulkankegels ist sie härter als die außen liegende Schicht. Das Äußere wird abgetragen, das Innere bleibt stehen.

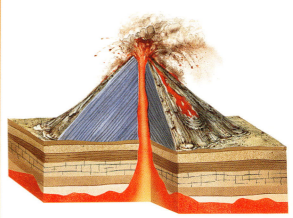

Vulkanausbruch Magma steigt zur Erdoberfläche und bricht durch den Schlund des Vulkans ins Freie. Ein Kegel aus Asche und Lava türmt sich auf.

Gabbro Dieses dunkel gefleckte Gestein besteht aus groben Kristallen.

Granit Granit besteht aus großen Kristallen, die durch langsames Erkalten unter der Erde entstanden.

Erloschener Vulkan Wenn der Vulkan erlischt und Magma in seinem Inneren von oben nach unten erstarrt, bildet sich ein Pfropf aus hartem, magmatischem Gestein.

Andesit Andesit entsteht aus zäher Lava – ausgestoßen von Vulkanen am Rand tektonischer Platten.

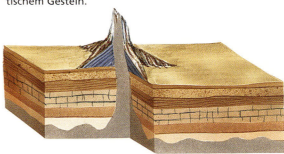

Erosion Flüsse und Regenwasser tragen die weicheren Ascheschichten auf dem Vulkankegel ab. Dabei wird die härtere Lava als Pfropfen und Dykes an der Oberfläche freigelegt.

Granit Dieser enthält – im Unterschied zum üblichen hellen Granit – rötliche Feldspatkristalle.

Pallasit-Meteorit Dieses Meteoritengestein enthält sehr viel Nickel und Eisen. Es stammt aus dem Kern eines explodierten Himmelskörpers.

Sedimentgesteine

Sedimentgesteine enthalten Fels- oder Mineralienkörnchen aus älterem Gestein, das der Verwitterung und Abtragung ausgesetzt war. Ausgangsmaterial ist das lockere Sediment. Die Gesteinsbröckchen werden von Wasser, Wind und Eis transportiert, in Flüssen rund geschliffen und in Seen und am Meeresboden abgelagert. Mit der Zeit stapeln sich viele Schichten übereinander – das Gewicht drückt die untersten zu Sedimentgestein zusammen.

Gebänderter Eisenstein
Dieses alte Gestein besteht aus Schichten von rotem Hornstein und grauem Hämatit (Eisenglanz).

Eisenerz mit Pisolith

Speerspitzen aus Feuerstein
Menschen in der Steinzeit schlugen die Kanten von Feuersteinen sorgfältig ab, bis sie messerscharf waren. Dann wurden die Spitzen an einen Holzschaft gebunden.

Konglomerat
Konglomerate entstehen, wenn gerundete Körner zu Festgestein verkitten.

Chert
Ein hartes, feinkörniges Mischgestein mit Quarz; es besteht aus Ablagerungen vom Meeresgrund.

Mikroskopische Einblicke

Dieser Sandstein – dünn geschliffen und von hinten mit polarisiertem Licht bestrahlt – besteht aus teilweise abgerundeten Quarz- und Sandteilchen.

Brekzie
Brekzien enthalten scharfe Steinsplitter von Vulkanausbrüchen. Sie wurden später zu Gestein verbacken.

Schieferton
In Schieferton-Schichten finden sich manchmal braune Bänder; sie entstanden durch eindringendes rosthaltiges Meerwasser.

GESTEINE 61

▼ **Gebänderter Jaspis**
Jaspis ist ein Halbedelstein; er gehört zur Gruppe quarzhaltiger Chalzedone.

Wie entsteht ein Canyon?
In Canyons – wie dem Grand Canyon in Colorado (USA) – kann man die abgelagerten Schichten von Sedimentgestein sehr gut erkennen. Das harte Gestein bildet steile Stufen, das weichere wurde zu sanften Hängen abgetragen.

Einschnitte Durch tektonische Aktivität wird das Land über den Meeresspiegel gehoben. Die zum Meer fließenden Flüsse schneiden sich ins Land ein.

Brekzienkiesel
Solche abgerundeten Flusskiesel können sich in Jahrmillionen in ein Konglomerat verwandeln.

▼ **Werkzeuge aus Feuerstein**
Die Menschen der Steinzeit stellten aus Feuerstein auch Messer und andere Werkzeuge her.

▲ **Kalkstein**
Die Schalen winziger Meerestiere, aus denen dieses Gestein sich zusammensetzt, sind hier gut zu erkennen.

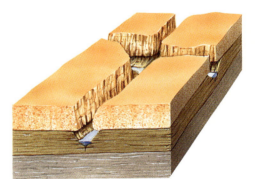

Vertiefung Der Fluss schneidet sich immer weiter in die Schichten aus Sedimentgestein ein. Ein tiefes Tal mit steilen Wänden bildet sich – der Canyon.

▲ **Evaporit**
Mineralien wie Salz oder Gips sammeln sich auf dem Boden von Seen und Meeren; wenn das Wasser verdunstet, liegen sie als Evaporite frei.

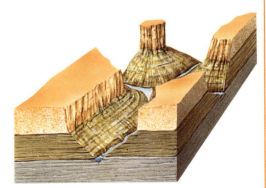

Verbreiterung Weicheres Gestein wird abgetragen und vom Fluss abtransportiert; der Canyon verbreitert sich. Hartes Gestein von oben stürzt ab.

▼ **Hornstein**

▼ **Schieferton**

▲ **Brekzie**
Die scharfen Kanten der Teilchen lassen erkennen, dass sie nicht weit transportiert wurden.

◄ **Sandstein**
Dieses häufige Gestein besteht aus zusammengepressten Sandkörnchen (meist aus Quarz).

Metamorphe Gesteine

Durch Druck und hohe Temperaturen wandeln sich Gesteine unter der Erdoberfläche um. Metamorphe Gesteine wie Quarz oder Marmor sind härter und stabiler als die Gesteine, aus denen sie entstanden sind. Flache Mineralien wie Glimmer bilden unter Druck dünne Schichten und wandeln sich in Schiefer, Phyllit und Glimmerschiefer um. Bei sehr hohen Temperaturen und sehr großem Druck bilden sich neue Mineralien, z. B. Granate.

Quarzit
Dieses Gestein ist härter als der Sandstein, aus dem es gebildet wurde, da die Quarzkörnchen durch Hitze verschmolzen sind.

Amphibolit
Dieser besteht aus vulkanischem Basalt mit schwarzen Amphibol-Einschlüssen, der erhitzt und gepresst wurde.

Blauer Marmor
Die blaugrüne Farbe des Marmors beruht auf Einschlüssen von Serpentin im Sandstein.

Bändergneis
Man erkennt ihn an breiten, stark gefalteten Bändern aus schwarzem Glimmer und weißem Feldspat.

Skarn
Die strahlenartigen Kristalle bildeten sich, als das Kalksilikat stark erhitzt wurde.

Glimmerhaltiger Quarzit
In diesem Quarz-Sandstein waren Glimmerkristalle enthalten, die durch den Druck zu Plättchen wuchsen.

Mikroskopische Einblicke

Gneis Man erkennt weiße, schwarze und graue Quarzteilchen und braunen Glimmer.

Mylonit Die Bänder entstanden durch eine gleitende Bewegung während der Bildung.

GESTEINE 63

▶ **Anthrazitkohle**
Anthrazit ist eine Steinkohle von höchster Qualität. Sie wurde erhitzt und stark gepresst.

▼ **Phyllit**
Die ursprünglich flach lagernden Schichten wurden durch den Druck zu engen Phyllitbändern gepresst.

▶ **Skarn**
Skarn enthält neben Kalksilikat oft seltene und wertvolle Mineralien.

▲ **Marmor mit Rubinkristallen**

▶ **Weißer Marmor**
Er entsteht, wenn Kalkstein sehr stark erhitzt wird. Marmor ist ein wichtiges Baumaterial und Rohstoff für Skulpturen.

▶ **Granat-Glimmerschiefer**
Zwischen die schwarzen und weißen Glimmerplättchen des Glimmerschiefers sind große, rote Granatkristalle eingestreut.

▶ **Granulit**
Die großen, körnigen Kristalle entstanden, als die Mineralien gepresst und fast bis zum Schmelzpunkt erhitzt wurden.

▶ **Biotit**
Biotit ist ein Glimmer, dessen dunkle Kristallplättchen unter Druck gleichmäßig ausgerichtet wurden.

Metamorphose

Gestein kann sich durch zwei Prozesse verändern: durch starken Druck, wie in einer gigantischen Presse, oder durch enorme Hitze, wie mit einem Schweißbrenner.

DRUCK
Manche Gesteine verändern sich unter Druck, wenn sie von den inneren Kräften der Erde zu Gebirgen aufgetürmt werden.

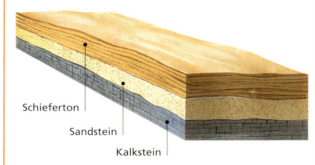

Flache Schichten Die Sedimente liegen in flachen, parallel ausgerichteten Schichten.

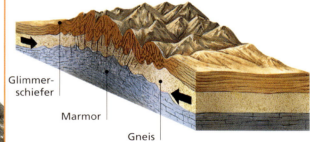

Faltung Durch starken Druck werden die flachen Schichten wie ein Teppich gefaltet.

VERBACKEN
Magma steigt bis zur Oberfläche und erhitzt dabei die benachbarten Gesteine. Sie werden härter; neue Mineralien bilden sich.

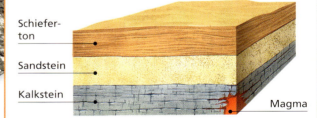

Erhitzen Heißes Magma steigt durch die Sedimentgesteine nach oben.

Backen Die Hitze des Magmas verbackt die Gesteine und verändert ihre Eigenschaften.

Gesteins-Landschaften

Die flachen Schichten von Sedimentgesteinen in den Steilwänden von Tälern (Canyons) unterscheiden sich deutlich von kegelförmigen Vulkanen oder gefalteten, metamorphen Gesteinen in einem Gebirge. Wasser, Wind und Eis verändern die Landschaft: Sie tragen die weicheren Gesteine ab, die härteren bleiben stehen. Granit wird zu glatten, runden Hügeln, während vulkanische Kegel und Lavaströme zu schroffen, steilen Klippen oder Säulen werden.

Der Grand Canyon

Der Grand Canyon (USA) ist der größte Wüsten-Canyon der Erde – eingeschnitten vom Colorado-Fluss. Die geschichteten Wände können als 2 Mrd. Jahre altes geologisches Lehrbuch benutzt werden. Um die Entstehungsgeschichte zu verstehen, folgt man den „Seiten" der Sedimentgesteine von unten nach oben.

Granit verwittert zu glatten, abgerundeten Formen – sie sehen aus wie riesige Murmeln.

Flüssige Basaltlava, die abkühlt, erstarrt zu herrlichen, sechsseitigen Säulen.

Diese steilen Granitwände im Yosemite-Nationalpark (USA) wurden von Gletschern abgeschabt.

GESTEINE 65

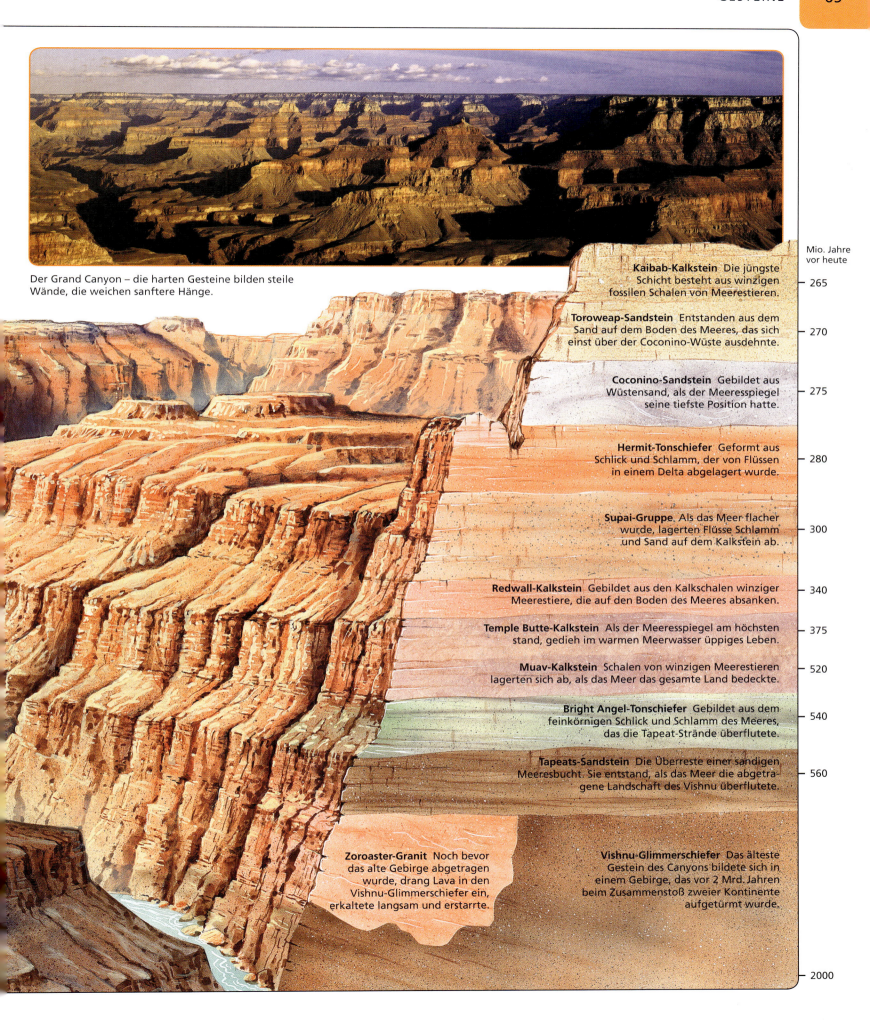

Der Grand Canyon – die harten Gesteine bilden steile Wände, die weichen sanftere Hänge.

Mio. Jahre vor heute

Kaibab-Kalkstein Die jüngste Schicht besteht aus winzigen fossilen Schalen von Meerestieren. — 265

Toroweap-Sandstein Entstanden aus dem Sand auf dem Boden des Meeres, das sich einst über der Coconino-Wüste ausdehnte. — 270

Coconino-Sandstein Gebildet aus Wüstensand, als der Meeresspiegel seine tiefste Position hatte. — 275

Hermit-Tonschiefer Geformt aus Schlick und Schlamm, der von Flüssen in einem Delta abgelagert wurde. — 280

Supai-Gruppe Als das Meer flacher wurde, lagerten Flüsse Schlamm und Sand auf dem Kalkstein ab. — 300

Redwall-Kalkstein Gebildet aus den Kalkschalen winziger Meerestiere, die auf den Boden des Meeres absanken. — 340

Temple Butte-Kalkstein Als der Meeresspiegel am höchsten stand, gedieh im warmen Meerwasser üppiges Leben. — 375

Muav-Kalkstein Schalen von winzigen Meerestieren lagerten sich ab, als das Meer das gesamte Land bedeckte. — 520

Bright Angel-Tonschiefer Gebildet aus dem feinkörnigen Schlick und Schlamm des Meeres, das die Tapeat-Strände überflutete. — 540

Tapeats-Sandstein Die Überreste einer sandigen Meeresbucht. Sie entstand, als das Meer die abgetragene Landschaft des Vishnu überflutete. — 560

Zoroaster-Granit Noch bevor das alte Gebirge abgetragen wurde, drang Lava in den Vishnu-Glimmerschiefer ein, erkaltete langsam und erstarrte.

Vishnu-Glimmerschiefer Das älteste Gestein des Canyons bildete sich in einem Gebirge, das vor 2 Mrd. Jahren beim Zusammenstoß zweier Kontinente aufgetürmt wurde.

— 2000

Steine nutzen

Schon seit Urzeiten nutzen die Menschen Steine. Feuerstein und Vulkangesteine etwa zerbrechen mit scharfen Kanten – sie eigneten sich also gut für Werkzeuge. Aus Granit, Marmor, Schiefer, Sandstein und Kalkstein wurden eindrucksvolle Bauten wie Pyramiden, Paläste und Tempel errichtet. Dächer werden seit alters mit Schiefer gedeckt, der sich zu dünnen Platten spalten lässt, und Ton und Schieferton können zu harten Ziegeln gebrannt werden.

Feuerstein-Werkzeuge

Vor etwa 2,5 Mio. Jahren begannen die frühen Menschen damit, Steinwerkzeuge herzustellen, z. B. Messer, Speerspitzen und Beile für die Jagd. Vor etwa 50 000 Jahren verbesserten sie die Werkzeugherstellung, indem sie die Steine mit Feuer bearbeiteten.

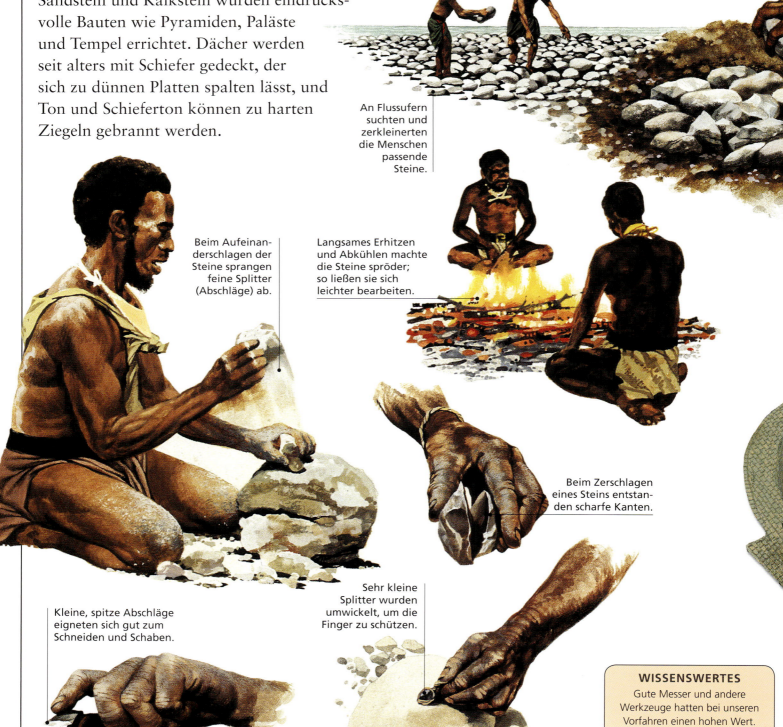

Die Steine wurden im Sand vergraben und darüber wurde ein Feuer entzündet.

An Flussufern suchten und zerkleinerten die Menschen passende Steine.

Beim Aufeinanderschlagen der Steine sprangen feine Splitter (Abschläge) ab.

Langsames Erhitzen und Abkühlen machte die Steine spröder; so ließen sie sich leichter bearbeiten.

Beim Zerschlagen eines Steins entstanden scharfe Kanten.

Kleine, spitze Abschläge eigneten sich gut zum Schneiden und Schaben.

Sehr kleine Splitter wurden umwickelt, um die Finger zu schützen.

WISSENSWERTES
Gute Messer und andere Werkzeuge hatten bei unseren Vorfahren einen hohen Wert. Die Kanten eines gelungenen Abschlags waren für einige Zeit scharf wie Stahl.

GESTEINE

Stonehenge
Vor etwa 5000 Jahren errichteten Englands frühe Bewohner die Steinringe von Stonehenge. Die ersten Säulen und Decksteine meißelten sie aus dem harten Sandstein der Gegend aus, spätere entstanden aus Dolerit, das aus Wales stammte.

Die Säulen wurden mit Hebelarmen in vorbereitete Löcher gestemmt.

Mit Seilen zog man sie in eine genau senkrechte Position.

Auf hölzernen Plattformen wurden die Decksteine nach und nach höher gehoben.

Schließlich wuchtete man sie von der letzten Plattform aus auf die Säulen.

Die Pyramide des Zauberers
Vor rund 1400 Jahren begannen die Maya in Uxmal (Mexiko) mit dem Bau einer Pyramide. Sie benötigten über 300 Jahre – und vermutlich fünf Bauphasen –, bis die Pyramide errichtet war. Jedes Mal bauten sie eine neue und größere Pyramide über die alte.

Mitte des 17. Jahrhunderts ließ der indische Fürst Shah Jahan das Taj Mahal als Grabdenkmal für seine Frau erbauen – aus weißem Marmor und mit Edelsteinen verziert.

Die Pyramide hat eine ungewöhnliche ovale Form und steile Seitenwände. Auf der Spitze befinden sich zwei Tempel.

Mineralien

Wenn man genau hinschaut, erkennt man, dass alle Gesteine aus unzähligen Mineralkörnchen bestehen. Mineralien sind chemische Elemente, die sich zu Molekülen verbinden und als feste Bestandteile in der Erdkruste vorkommen. Nur wenige („reine") Mineralien bestehen aus einem einzigen chemischen Element, die meisten sind aus mehreren Elementen zusammengesetzt. Viele metallische Mineralien, z. B. Gold und Silber, oder Edelsteine, wie etwa Diamanten, sind besonders wertvoll. Je nach Zusammensetzung verbinden sich Mineralien zu regelmäßigen Kristallen mit glatten Seiten und unterschiedliche Kristalle zu Gesteinen.

FARBE
Einige Mineralien verraten sich durch ihre eindeutige Farbe, andere – wie Fluorit – treten in verschiedenen Farben auf. In Verbindung mit anderen Elementen ändert sich die Farbe eines Minerals.

Rhodochrosit
Rosarot

Malachit
Dunkelgrün

Schwefel
Leuchtend gelb

Fluorit
Grün

Fluorit
Gelb

Fluorit
Purpurn

GLANZ
Die Oberfläche eines Kristalls kann leuchtend, gläsern, wachsartig oder matt erscheinen. Diamanten haben den intensivsten Glanz.

Kaolinit
Matt

Asbest
Seidig

Bleiglanz
Metallisch

KRISTALLFORM
Mineralische Elemente schließen sich zu Kristallen mit charakteristischer Form zusammen. Es gibt kurze und dicke, große und dünne Kristalle – und auch viele Zwischenformen.

Kupfer
Bäumchenartig

Labradorit
Felsartig

Granat
Gleichseitig

Kalzit
Gläsern

Türkis
Wachsartig

Amazonit
Triklin

MINERALIEN

Fluoreszierende Mineralien

Fluorit, Opal und wenige andere Mineralien können herrlich leuchten, wenn sie mit unsichtbarem ultraviolettem Licht bestrahlt werden.

ERDKRUSTE
Etwa 90 % der Mineralien in der Erdkruste enthalten Silikate – die Bausteine der meisten Gesteine.

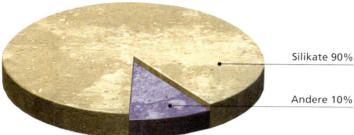

Silikate 90%
Andere 10%

KRISTALLSYSTEME
Je nach Form ihrer Kristalle werden die Mineralien in sechs Systeme untergliedert. Die Form der Kristalle bestimmt auch die Form der Mineralien.

Vesuvianit Tetragonal **Pyrit** Kubisch

Amazonit Triklin **Selenit** Monoklin **Beryllium** Hexagonal **Baryt** Rhombisch

LICHTDURCHLÄSSIGKEIT
Die Lichtdurchlässigkeit gibt an, wie viel Licht ein Mineral durchlässt. Einige reine Mineralien sind völlig durchlässig (transparent), die opaken Mineralien lassen keinerlei Licht durch.

Quarz Transparent **Mondstein** Halb-transparent **Chrysopras** Durchscheinend **Malachit** Opak

Mohs'sche Härteskala

Die Härteskala nach F. Mohs umfasst 10 Mineralien von weich bis hart. Mit dem jeweils härteren Mineral lassen sich alle weicheren einritzen. Hinterlässt Quarz einen Kratzer auf einem unbekannten Mineral, muss dieses weicher sein als Quarz. Rechts sind Vergleichshärten angegeben.

 1 Talk

 2 Gips

 2,5 Fingernagel

 3 Kalzit

3,5 Kupfermünze

 4 Fluorit

 5 Apatit

 5,5 Glas

 6 Orthoklas

6,5 Stahlmesser

 7 Quarz

 8 Topas

 8,5 Nagelfeile (Schmirgel)

 9 Korund

 10 Diamant

Schmucksteine und Kristalle

Schmucksteine sind Mineralien, die zu häufig vorkommen, um „Edelstein" zu sein. Mineralien wie Achate, Chalzedone und Lapislazuli werden beispielsweise zu Schmuck verarbeitet. Erze sind Mineralien, aus denen Metalle gewonnen werden. Es gibt Sammler, die sich auf besonders schöne, aber häufige Mineralien spezialisiert haben (Quarz und seine Verbindungen), andere suchen nach seltenen Mineralien (Rhodochrosit) und wieder andere sind nur an winzigen Mineralien interessiert, die sich unter dem Mikroskop betrachten lassen.

Kyanit
Ein Schmuckstein aus langen, hellblauen Kristallen. Man findet ihn in metamorphen Gesteinen.

Zinnober
Cinnabarit oder Zinnober enthält Quecksilber; daraus wurde die Farbe Zinnoberrot hergestellt.

Selenit
Selenit ist Gips von besonderer Reinheit.

Wüstenrose
Wüsten- oder Sandrosen bestehen aus Gipskristallen, die sich in trockenen Wüstenseen bilden.

Aragonit
Eine Form von Kalziumkarbonat; auch zu finden in den Schalen von Weichtieren und Korallen.

Schwefel
Aus diesem Mineral wird Schwefelsäure hergestellt; es ist zu weich für Schmucksteine.

Lapislazuli
Seine intensive blaue Farbe macht ihn sehr beliebt.

Rhodochrosit
Sammler schätzen diese seltenen roten Kristalle.

Amazonit

Lapislazuli

Zu Pulver zerstoßen und mit Öl vermischt nutzte man Lapislazuli früher als kostbare Farbe für Gemälde, Schmuck und Verzierungen oder – im alten Ägypten – sogar als Lidschatten.

Das seltene und teure Lapislazuli in Gemälden – z. B. in diesem (Krönung der Jungfrau) von 1430 – musste von den Auftraggebern extra bezahlt werden.

MINERALIEN

Malachit
Der tiefgrüne Schmuckstein mit den schmalen Bändern ist ein Kupfererz.

Salzseen

Das Mineral, das wir „Salz" nennen und als Gewürz verwenden, ist Natriumchlorid. Wenn das Wasser eines Sees oder Meeres verdunstet, lagert sich Salz auf dem Boden ab. Vor der Erfindung von Kühlschränken wurden Lebensmittel mit Salz haltbar gemacht – es war kostbar wie Gold.

Dieser trockene See im Tal des Todes in Arizona (USA) besteht nur noch aus einer Salzkruste.

Kaolinit
Ein Tonmineral, das für Zahnpasten und für die Porzellanherstellung verwendet wird

Wulfenit
Ein Erz, das schwere, gelbe Kristalle bilden kann

Talk
Eines der weichsten Mineralien; in fein gemahlener Form dient es als Talkumpulver.

Cuprit
Das hübsche Rotkupfererz ist eine wichtige Rohstoffquelle für Kupfer.

Wulfenit
Seine Kristalle können dünn und scheibchenförmig sein.

Bleiglanz
Ein schweres Bleierz in silbrig schimmernden Klumpen. Im Ägypten der Pharaonen wurde es zum Schminken der Augen verwendet.

Pegmatit
In diesem Ergussgestein – hier mit Glimmer und Fluorit – finden sich häufig große Schmucksteine.

Steinsalz
Dieses Mineral wächst zu kubischen Kristallen heran.

Edelsteine und Halbedelsteine

Ein Mineral wird zum Edelstein, wenn es drei Bedingungen erfüllt: Es muss besonders schön, widerstandsfähig und selten sein. Das trifft für die vier bekanntesten Edelsteine zu: Diamanten, Rubine, Saphire und Smaragde. Der vermutlich seltenste und begehrteste Edelstein ist der Alexandrit. Er verändert seine Farbe von leuchtend grün am Tag zu intensiv rot in der Nacht. Turmalin, Quarz und andere Mineralien sind zwar sehr schön, kommen aber recht häufig vor. Sie bilden die Gruppe der Halbedelsteine.

▷ **Azurit**
Das intensiv blaue Kupfererz wird poliert und zu Schmuck verarbeitet.

◁ **Saphire**
Die meisten Saphire sind blau, es gibt aber auch andersfarbige Exemplare, z. B. gelbe und orangefarbene.

◁ **Diamant**
Diamant besteht aus Kohlenstoff, der unter Druck und Hitze zum härtesten Edelstein umgewandelt wurde.

Wie entstehen Diamanten?

Die Kohlenstoffkristalle bilden sich nur bei sehr hohem Druck, der in Tiefen von etwa 150 km unter der Erdoberfläche herrscht.

Aufstieg
Kimberlit-Magma steigt aus dem Erdmantel bis in die Kruste auf und reißt Diamanten mit sich. Wird der Aufstieg stark abgebremst, verwandeln sich die Diamanten zurück in schwarzen Kohlenstoff.

Explosion
Wenn sich Magma der Erdoberfläche nähert, bilden sich Blasen und es beginnt zu kochen. Dabei erhitzt sich auch das Wasser im angrenzenden Gestein bis zum Kochen – es kommt zu einer explosionsartigen Entladung.

Erosion
Im ehemaligen Vulkanschlot kühlen sich Magma und Gestein wieder ab. Durch die Erosion gelangen die Diamanten in die Flüsse.

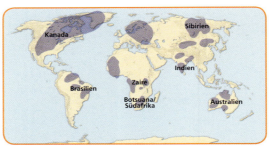

Diamanten Ergiebige Diamantenfelder sind in Lila dargestellt.

Smaragde Smaragd-Fundorte sind grün markiert. Die größten Vorkommen liegen in Kolumbien.

Saphire und Rubine Rubin-Vorkommen sind rot, Saphir-Vorkommen sind blau eingezeichnet.

▷ **Katzenauge (Chrysoberyll)**
Die feinen Mineralnadeln spiegeln nur eine bestimmte Farbe des Lichtes wider.

◁ **Fosterit**
Eine Form von Olivin, dem häufigsten Mineral des Erdmantels

▷ **Pyrit**
Wegen seiner Farbe und seines Glanzes wurde Pyrit häufig mit Gold verwechselt.

MINERALIEN

Amethyst
Eine violette oder purpurne Form von Quarz

Aquamarin
Der bläuliche Stein ist mit den Smaragden verwandt.

Turmalin
Turmaline treten – aufgrund ihrer unterschiedlichen chemischen Zusammensetzung – in verschiedenen Farben auf.

Edeltopas
Tieforange gefärbte Kristalle wie dieser sind viel seltener als die hellblauen Formen.

Sternrubin
Das Licht wird von winzigen Kristallnadeln gestreut und erzeugt eine sternförmige Reflexion.

Quarz
Quarzkristalle, die so perfekt geformt sind, sind bei Sammlern sehr beliebt.

Smaragd
Tiefgrüne Smaragde sind besonders kostbar.

Quarz
Dieser durchsichtige Kristall tritt auch in purpurnen und gelben Farbtönen auf.

Galaxy Opal
Im sogenannten Galaxy Opal, der 1989 in Australien gefunden wurde, spiegeln sich alle Farben des Regenbogens wider.

Monatssteine

Schon Moses verzierte das Pektorale (Brustschmuck) für seinen Bruder Aaron, den Hohepriester, mit zwölf farbigen Edelsteinen. Jeder der Steine repräsentierte einen Stamm Israels. Später ordnete man die Steine Monaten oder den Tierkreiszeichen zu. Sie sollen magische Kräfte haben und Glück bringen.

Januar Granat   **Februar** Amethyst   **März** Aquamarin

April Diamant   **Mai** Smaragd   **Juni** Perle

Juli Rubin   **August** Peridot   **September** Saphir

Oktober Opal   **November** Topas

Dezember Türkis

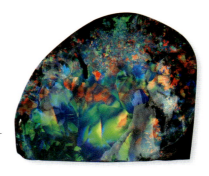

Metalle

Als die Menschen entdeckten, dass man Metalle durch Hämmern oder Gießen formen kann, stellten sie daraus immer bessere Waffen und Werkzeuge her. Gold wurde zum ersten Mal vor rund 8000 Jahren verarbeitet. Vor etwa 6000 Jahren entwickelten die Menschen in Mesopotamien ein neues Metall: Bronze. Die Legierung aus geschmolzenem Kupfer mit Zinn ist hart und haltbar. Als es gelang, aus Eisenerz Eisen herzustellen, wurde die Bronze durch das neue, härtere Material ersetzt.

Bronze-Arbeiten
Vor über 3000 Jahren handelten die Chinesen der Han-Dynastie mit Gegenständen aus Bronze. Mithilfe von Tonformen gossen sie verzierte Vasen und Krüge – und stellten so zum ersten Mal Massenware her.

Das wichtigste Eisenerz ist Hämatit, das typischerweise in Nierenform vorkommt. Beim Erhitzen wird das Eisen frei.

Gediegene Metalle

Von Aluminium bis Zinn

Gediegene Metalle wie Gold, Silber, Zinn und Kupfer kommen in der Natur in chemisch reiner Form vor. Die meisten Metalle, etwa Eisen und Aluminium, treten dagegen nur in Verbindung mit anderen Elementen als Erze auf. Gediegene Metalle verwittern kaum, während sich z. B. Eisen mit Sauerstoff verbindet und rostet.

Gold Reines Gold kommt häufig zusammen mit Quarz vor. Es glänzt metallisch und bildet typischerweise baumartige Kristalle.

Gold wird schon seit Langem als kostbares Metall geschätzt und großartige Kunstwerke sind daraus entstanden, wie etwa diese mit Edelsteinen verzierte Totenmaske des Pharaos Tutanchamun. Er lebte vor über 3000 Jahren, wurde schon mit neun Jahren Pharao und starb im Alter von 18 Jahren.

Kupfer Reines Kupfer bildet verzweigte Kristalle. In Verbindung mit Luft entsteht ein blaugrüner Film an der Oberfläche.

Die Kultur der Hopewell-Indianer in Ohio (USA) existierte etwa von 300 v. Chr. bis 500 n. Chr. Ihre Künstler stellten Bildnisse aus Kupfer her, beispielsweise diesen Raben.

Silber Reines Silber bildet lange, dünne Kristalle mit einem matten, schwarzen Überzug.

Peru war einst berühmt für seine Silberminen. Dieser Anhänger wurde von den Chimú angefertigt, deren Kultur im 15. Jahrhundert in voller Blüte stand.

Fossilien

Aus dem Studium der Fossilien – Überreste von Pflanzen und Tieren – stammt fast unser gesamtes Wissen über die Lebensformen vergangener Zeiten. Pflanzen oder Tiere verwandeln sich nur dann in Fossilien, wenn sie an einem geeigneten Platz sterben, sofort von Sediment bedeckt werden, nicht zerfallen, nicht von Aasfressern gefressen und nicht durch Erosion zerstört werden. Organismen mit harten Körperteilen – Schalen, Knochen und Zähnen – erhalten sich besser als weiche Tiere, und Wasserorganismen werden eher zu Fossilien als Landorganismen. Fossilien bilden sich über einen sehr langen Zeitraum hinweg. Durch sie erfahren wir von Sackgassen der Entwicklung, von Perioden üppigen Wachstums und von Massenaussterben.

Im Harz gefangen
Diese Mücken verfingen sich vor etwa 40 Mio. Jahren im klebrigen Harz einer Kiefer. Es wurde hart und verwandelte sich in Bernstein. Beim verzweifelten Versuch, sich zu befreien, verloren viele der Insekten Beine und Flügel.

Vom Knochen zum Stein
Alle Lebewesen sterben, doch nur wenige verwandeln sich in Fossilien. Sie entstehen, wenn harte Körperteile unter Sediment begraben werden.

Schutz vor Aasfressern
Ein Dinosaurier stirbt und sinkt auf den Boden eines ruhigen Sees. Seine weichen Körperteile zersetzen sich, die harten bleiben erhalten.

Von Sand bedeckt
Die harten Körperteile bleiben unter dem Sand unversehrt. Sie können weder zerfallen noch weggespült werden.

FOSSILIEN

Fossile Uhr

In dieser Spirale ist jedes Zeitalter durch ein typisches Fossil vertreten. Fossilien zeigen uns, wie sich das Leben von einfachen Zellen bis hin zu komplizierten Lebewesen wie dem Menschen entwickelte.

Gesteinsschichten

In der Regel liegen die ältesten Fossilien in den untersten Schichten. In den Schichten darüber findet man jüngere Pflanzen und Tiere. Die ältesten Fossilien überhaupt sind einfache Algen.

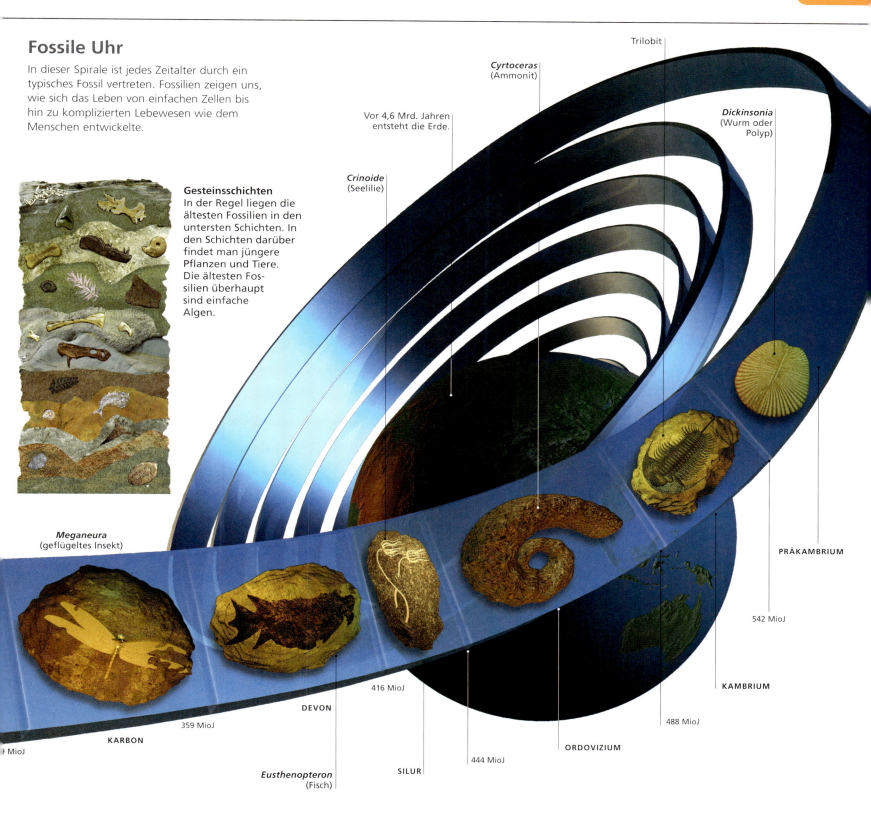

Legende
MrdJ Milliarden Jahre vor heute
MioJ Millionen Jahre vor heute

Druck durch Sediment
Weitere Sedimentschichten lagern sich auf und drücken auf das Skelett. Es verwandelt sich langsam in festes Gestein.

Hebung und Erosion
Nach Millionen von Jahren hebt sich die Landschaft. Die Erosion wäscht die Sedimentschichten ab und legt das Skelett frei.

Pflanzen und Wirbellose

Auch Pflanzen können zu Fossilien werden. Im versteinerten Schlamm von Seen erhalten sich sogar feinste Details der Blätter. Die festeren Teile einer Pflanze – Baumstämme und Äste – überstehen auch härtere Bedingungen. Sie blieben in Sandstein und vulkanischer Asche erhalten. Von wirbellosen Tieren mit harten Körperpartien werden häufiger Fossilien entdeckt als von Arten mit weichem Körper.

Pyrit-Ammonit
Die Schale dieses Ammoniten hat sich vollständig in Pyrit verwandelt. Er schimmert wie Gold.

Brachiopode
Diese Meerestiere hatten zweiklappige Schalen. Obwohl sie den Weichtieren ähneln, sind sie nicht mit ihnen verwandt.

Tumulites

Nostoceras
Wachsende Cephalopoden wie dieser *Nostoceras* „bauten" einfach eine weitere Kammer an ihr Gehäuse.

Moostierchen
Die zarten, fächerartigen Tiere mit den winzigen Löchern blieben im weichen Schieferton erhalten.

Schwamm *Hydnoceras*
Auch weiche Schwämme besitzen ein hartes inneres Gehäuse, das als Fossil erhalten bleiben kann.

Farnblatt
Zwischen den Gesteinsschichten haben sich alle Einzelheiten eines Farnblattes abgedrückt.

Schnecke
Fossilfunde von Weichtieren wie Schnecken, Muscheln und Ammoniten sind besonders häufig.

Kieselschwamm
Ein Bruchstück vom harten Skelett eines Schwamms

Vom Baum zum Stein
Ganze Wälder können zu Stein werden, wenn kieselsäurehaltiges Wasser in die lebenden Gewebe eindringt und sie in Mineralien verwandelt.

Bruchstücke eines versteinerten Waldes aus der Trias im Nationalpark Petrified Forest (Arizona, USA)

FOSSILIEN

Trilobiten
Trilobiten lebten im Meer. Ihre Körper waren in deutlich sichtbare Abschnitte gegliedert.

Seelilie aus dem Burgess-Schiefer
Dieses Tier beförderte mit den Tentakeln Nahrung in seine Mundöffnung.

Schwamm *Coeloptychium*

Ammonit

Ginkgo-Holz
In diesem Querschnitt durch einen fossilen Ginkgo sind die Jahresringe zu sehen.

Seeigelgehäuse
Bevor sich das Gehäuse in ein Fossil verwandelt, fallen die Stacheln der Seeigel gewöhnlich ab.

Bernstein
Im fossilen Harz des Bernsteins blieben selbst feinste Körperteile erhalten, wie bei diesen 40 Mio. Jahre alten Insekten.

Mawsonites
Quallen sind nur selten als Fossilien zu finden, da ihr weicher Körper zu schnell zerfällt.

Ammonit

Seelilien waren mit einem Stiel am Meeresboden verankert.

Versteinertes Ahornblatt: Selbst feinste Details blieben erhalten.

Fossile Überreste von Zweigen und Beeren einer Linde

Fossile Ammonitenschalen: Die wachsenden Gehäuse sind erkennbar.

Wirbeltiere

Fossilien von Wirbeltieren sind nicht so häufig wie die von Pflanzen oder wirbellosen Tieren. Außerdem findet man so gut wie nie vollständige Exemplare, da die meisten kurz nach ihrem Tod Aasfressern zum Opfer fielen, die auch die Knochen verstreuten.

Archaeopteryx, ein kleiner Dinosaurier mit Federn, lebte im Jura. Der „Ur-Vogel" hatte leichte, hohle Knochen, die ihn schnell und beweglich machten.

Dieses Nagetier ernährte sich, wie seine modernen Verwandten, von Samen und Blättern.

Fossil eines Frosches, der vor etwa 49 Mio. Jahren lebte (Fundort: Grube Messel, Deutschland).

Fossil eines alten Pythons. Die Schlange sieht ihren modernen Nachfahren bereits sehr ähnlich.

FOSSILIEN 81

Eingefroren in der Zeit
Im Eis können Tiere perfekt erhalten bleiben, wenn sie sofort nach ihrem Tod einfrieren und nicht mehr auftauen. In Sibirien fand man komplett erhaltene Mammuts, Nashörner und Bisons.

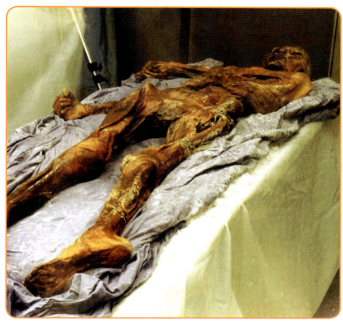

Ötzi Er lebte vor rund 5300 Jahren, wurde 45 Jahre alt und starb vermutlich an den Folgen eines Kampfes. 1991 fanden Wanderer die Gletschermumie aus der Steinzeit in den Ötztaler Alpen (Österreich).

Inuit-Baby Es starb vor etwa 500 Jahren und wurde in einer Eishöhle in Grönland zurückgelassen. In der trockenen, kalten Luft der Höhle blieben Körper und Kleidung vollständig erhalten.

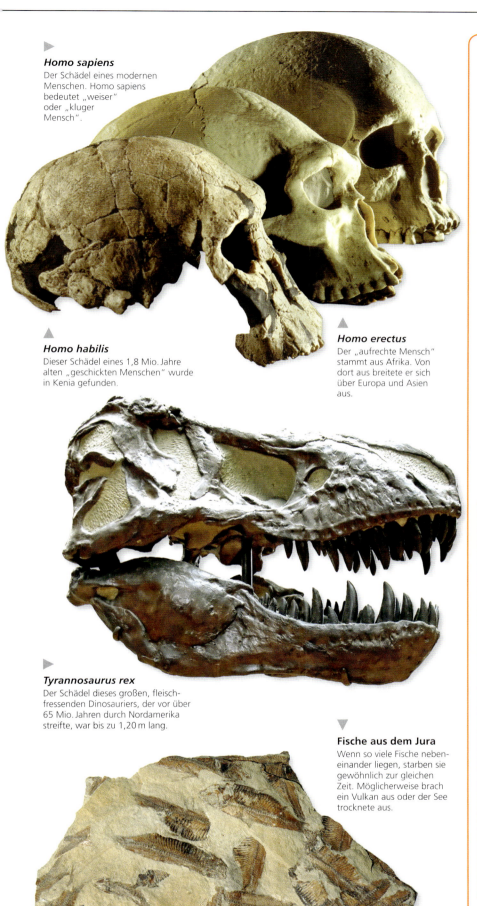

Homo sapiens
Der Schädel eines modernen Menschen. Homo sapiens bedeutet „weiser" oder „kluger Mensch".

Homo habilis
Dieser Schädel eines 1,8 Mio. Jahre alten „geschickten Menschen" wurde in Kenia gefunden.

Homo erectus
Der „aufrechte Mensch" stammt aus Afrika. Von dort aus breitete er sich über Europa und Asien aus.

Tyrannosaurus rex
Der Schädel dieses großen, fleischfressenden Dinosauriers, der vor über 65 Mio. Jahren durch Nordamerika streifte, war bis zu 1,20 m lang.

Fische aus dem Jura
Wenn so viele Fische nebeneinander liegen, starben sie gewöhnlich zur gleichen Zeit. Möglicherweise brach ein Vulkan aus oder der See trocknete aus.

Rekonstruktion von Fossilien

Ein Tier aus fossilen Resten nachzubilden, erfordert sehr viel Geduld. Das Skelett eines Wirbeltiers umfasst über 200 Knochen, deren Fossilien weit verstreut sein können. Forscher nummerieren jedes Teil, erfassen seine genaue Lage und entfernen es vorsichtig aus dem Gestein. Empfindliche Fossilien werden zum Schutz in Gipsblöcke eingegossen. Im Labor wird jeder Knochen gesäubert und präpariert, bevor das „Puzzle" zusammengesetzt werden kann.

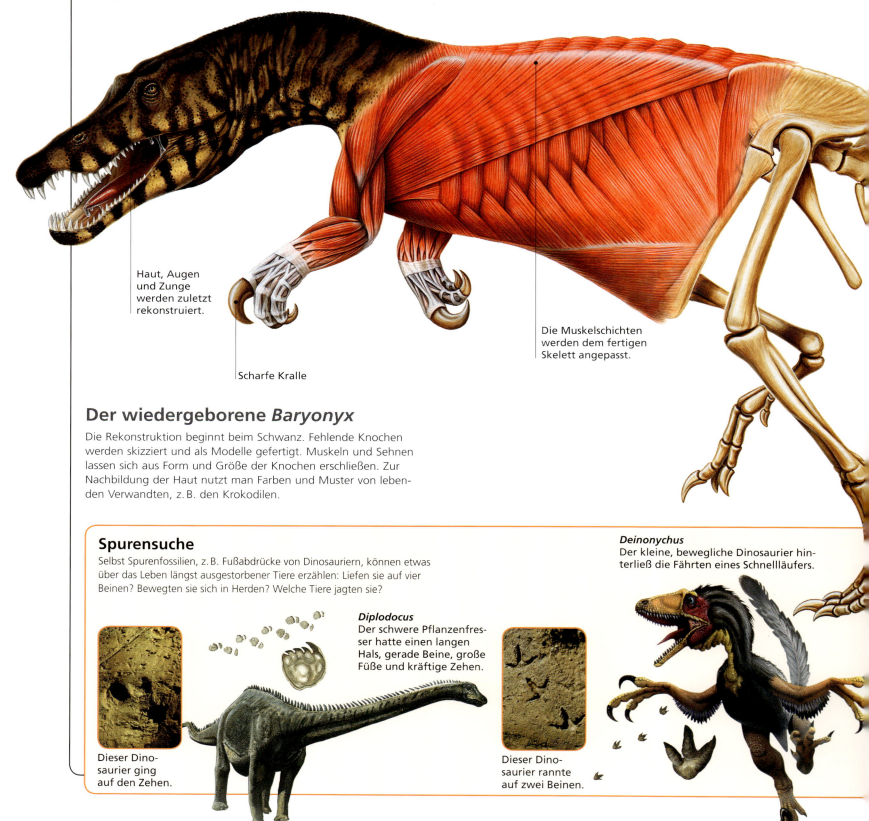

Haut, Augen und Zunge werden zuletzt rekonstruiert.

Scharfe Kralle

Die Muskelschichten werden dem fertigen Skelett angepasst.

Der wiedergeborene *Baryonyx*

Die Rekonstruktion beginnt beim Schwanz. Fehlende Knochen werden skizziert und als Modelle gefertigt. Muskeln und Sehnen lassen sich aus Form und Größe der Knochen erschließen. Zur Nachbildung der Haut nutzt man Farben und Muster von lebenden Verwandten, z. B. den Krokodilen.

Spurensuche

Selbst Spurenfossilien, z. B. Fußabdrücke von Dinosauriern, können etwas über das Leben längst ausgestorbener Tiere erzählen: Liefen sie auf vier Beinen? Bewegten sie sich in Herden? Welche Tiere jagten sie?

Diplodocus
Der schwere Pflanzenfresser hatte einen langen Hals, gerade Beine, große Füße und kräftige Zehen.

Deinonychus
Der kleine, bewegliche Dinosaurier hinterließ die Fährten eines Schnellläufers.

Dieser Dinosaurier ging auf den Zehen.

Dieser Dinosaurier rannte auf zwei Beinen.

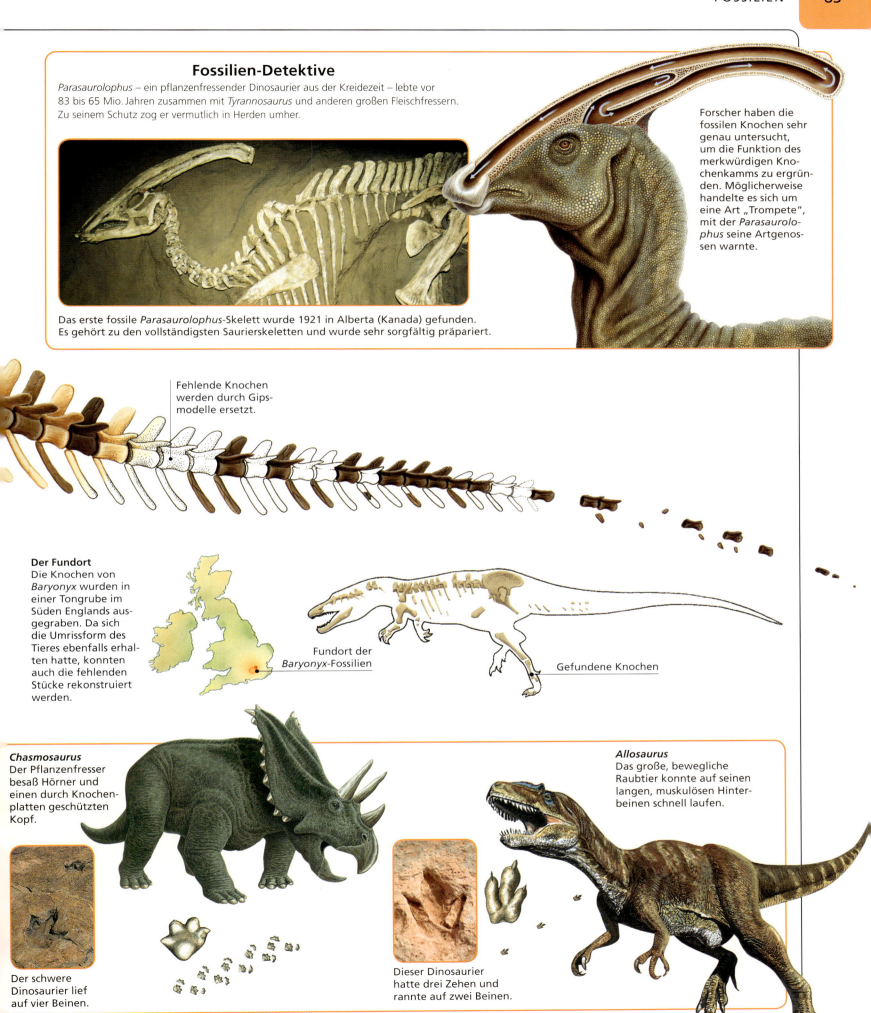

FOSSILIEN 83

Fossilien-Detektive

Parasaurolophus – ein pflanzenfressender Dinosaurier aus der Kreidezeit – lebte vor 83 bis 65 Mio. Jahren zusammen mit *Tyrannosaurus* und anderen großen Fleischfressern. Zu seinem Schutz zog er vermutlich in Herden umher.

Forscher haben die fossilen Knochen sehr genau untersucht, um die Funktion des merkwürdigen Knochenkamms zu ergründen. Möglicherweise handelte es sich um eine Art „Trompete", mit der *Parasaurolophus* seine Artgenossen warnte.

Das erste fossile *Parasaurolophus*-Skelett wurde 1921 in Alberta (Kanada) gefunden. Es gehört zu den vollständigsten Saurierskeletten und wurde sehr sorgfältig präpariert.

Fehlende Knochen werden durch Gipsmodelle ersetzt.

Der Fundort
Die Knochen von *Baryonyx* wurden in einer Tongrube im Süden Englands ausgegraben. Da sich die Umrissform des Tieres ebenfalls erhalten hatte, konnten auch die fehlenden Stücke rekonstruiert werden.

Fundort der *Baryonyx*-Fossilien

Gefundene Knochen

Chasmosaurus
Der Pflanzenfresser besaß Hörner und einen durch Knochenplatten geschützten Kopf.

Allosaurus
Das große, bewegliche Raubtier konnte auf seinen langen, muskulösen Hinterbeinen schnell laufen.

Der schwere Dinosaurier lief auf vier Beinen.

Dieser Dinosaurier hatte drei Zehen und rannte auf zwei Beinen.

Aktive Erde

AKTIVE ERDE

Vulkane

Aschewolke

Die Lava bricht
durch den Krater aus.

Pyroklastischer
Fluss: Strom
aus heißer Lava,
Asche und Gas

Spalte

Dyke: senkrech-
ter, mit Magma
gefüllter Schacht

Seitlicher Aus-
fluss von Lava

Lakkolith: Magma-
linse, die das Gestein
in die Höhe wölbt

Sill: Lagergang
aus Magma
zwischen zwei
Gesteinsschichten

Lava dringt
durch den
Vulkanschlot
nach oben.

Erloschene
Magmakammer

Flüssiges Magma
(geschmolzenes
Gestein) sammelt
sich in einer Kam-
mer unter der Erde.

Aufbau eines Vulkans
Quelle des Vulkans ist
eine unterirdische Kam-
mer, die mit heißem
Magma gefüllt ist. Es
dringt durch Schlote
und Spalten an die Ober-
fläche, wo es zusammen
mit anderem Material als
Lava ausgestoßen wird.

Vulkane entstehen überall dort, wo sich unterhalb
der Erdkruste unvorstellbar heißes, geschmolzenes
Gestein (Magma) aus dem Erdmantel sammelt.
In solchen Magmakammern baut sich ein starker
Druck auf, der sich schließlich entlädt: Magma
schießt durch Spalten und Risse nach oben – ein

Vulkan bricht aus (Eruption). Sobald Magma
an die Oberfläche gelangt, bezeichnet man es als
Lava. Dickflüssige Lava mit vielen Gasblasen wird
in einer Explosion mit Gas und Aschewolken ausgestoßen. Dünne Lava mit wenig Gas fließt über
die Erdoberfläche ab.

Hot-Spot-Vulkane

Fast alle aktiven Vulkane der Erde liegen an den Rändern tektonischer Platten. Ausnahmen sind Vulkane, die dort entstehen, wo sich eine Platte über einen sogenannten Hot Spot bewegt. An diesen Stellen heizt sich das Gestein des Erdmantels so stark auf, dass es schmilzt und eine Magmakammer bildet. Von Zeit zu Zeit bricht das Magma als Vulkan aus. Hot Spots bleiben an derselben Stelle, die darüber liegenden Platten bewegen sich über sie hinweg, sodass sich im Lauf von Mio. von Jahren Vulkan- oder Vulkaninselketten bilden.

Der Kreislauf der Hot-Spot-Vulkane

Auf der Zeichnung sind die Geburt, das Leben und der Tod von Vulkanen über einem Hot Spot dargestellt. Der aktive Vulkan im Vordergrund liegt direkt über dem Hot Spot. Die älteren Vulkane dahinter wurden bereits durch die Erosion abgetragen. Bei den Atollen ist die Vulkanspitze von ringförmigen Korallenriffen umgeben. Schließlich bleiben nur „Seeberge" (Seamounts) unter dem Meeresspiegel übrig.

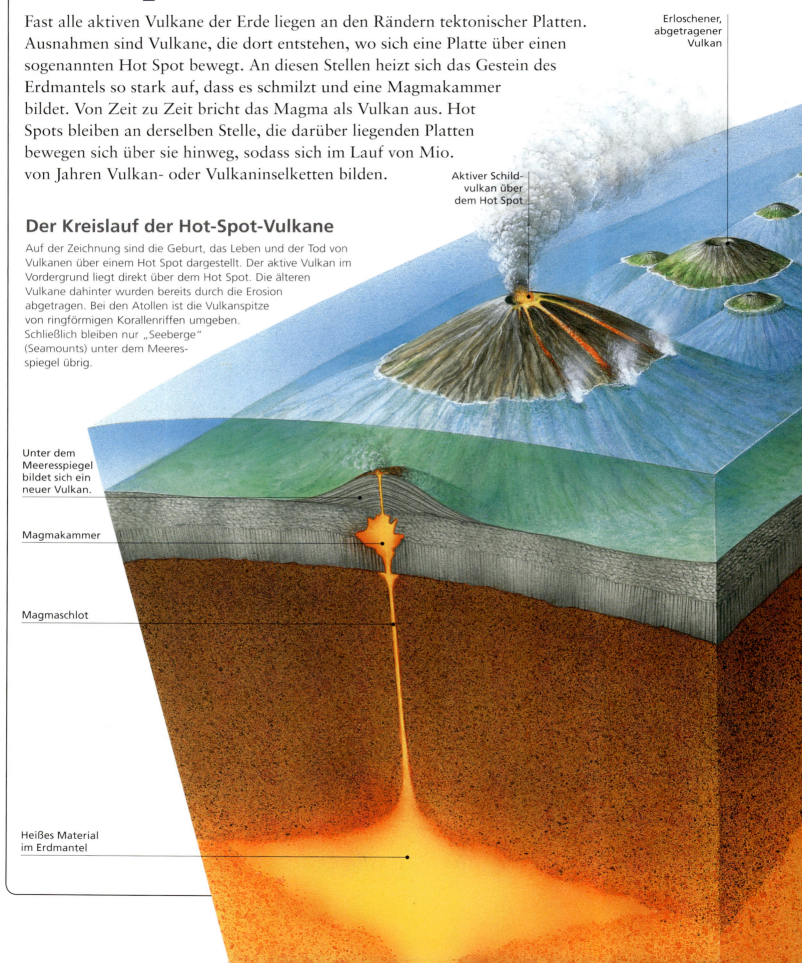

Erloschener, abgetragener Vulkan

Aktiver Schildvulkan über dem Hot Spot

Unter dem Meeresspiegel bildet sich ein neuer Vulkan.

Magmakammer

Magmaschlot

Heißes Material im Erdmantel

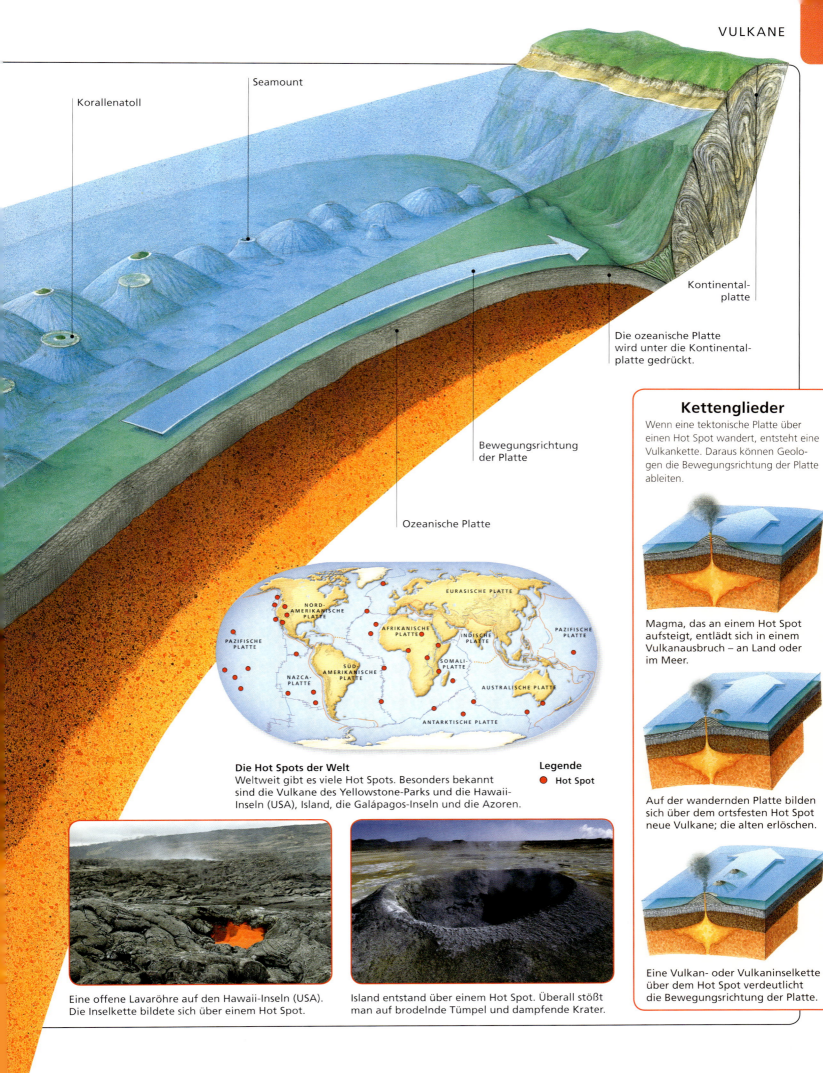

Kilauea

Der Kilauea auf Hawaiis Hauptinsel ist einer der größten Vulkane der Erde. Er reicht bis zu 60 km tief in die Erde und nimmt inzwischen über 13 % der Inselfläche ein. Durch den stetigen Lavastrom wächst der Vulkan ständig weiter. Andererseits verliert er regelmäßig an Masse, denn gewaltige Erdrutsche transportieren Schutt vom Zentrum des Vulkans bis ins Meer.

Hawaiis Big Island
Der Kilauea ist einer der fünf Vulkane auf Big Island, der Hauptinsel Hawaiis. Er ist zwar nicht der größte – das ist der Mauna Loa – aber der aktivste Vulkan. Einer Hawaiianischen Legende zufolge ist der Kilauea die Heimat der Vulkangöttin Pele.

Glühende Lavafontänen schießen aus einem der vielen Krater und Spalten des Kilauea. Sie können bis zu 600 m hoch sein.

VULKANE 91

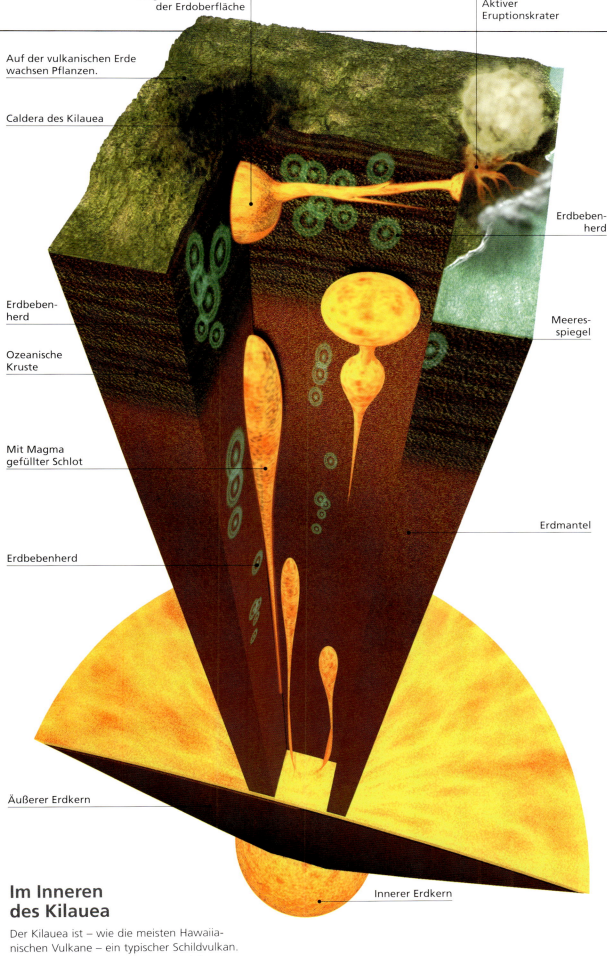

Magmakammer unter der Erdoberfläche

Aktiver Eruptionskrater

Auf der vulkanischen Erde wachsen Pflanzen.

Caldera des Kilauea

Erdbebenherd

Erdbebenherd

Ozeanische Kruste

Meeresspiegel

Mit Magma gefüllter Schlot

Erdmantel

Erdbebenherd

Äußerer Erdkern

Innerer Erdkern

Im Inneren des Kilauea

Der Kilauea ist – wie die meisten Hawaiianischen Vulkane – ein typischer Schildvulkan. Die ständig ausströmende Lava erreicht Geschwindigkeiten von bis zu 10 km/h.

Vulkanische Eruptionen

Wissenschaftler unterscheiden fünf Typen vulkanischer Ausbrüche oder Eruptionen.

Hawaiianisch Große Mengen flüssiger Lava bilden sehr breite, aber flache Vulkane.

Peleanisch Auf die Eruption von dickflüssiger Lava folgen brennende Wolken aus Asche und Gas.

Strombolianisch Kleine Lavabomben und -blöcke, Asche, Gas und glühende Schlacken werden ausgestoßen.

Vulkanisch Bei heftigen Explosionen werden sehr dicke Lava und große Lavabomben ausgeschleudert.

Plinianisch Schlacken, Gas und Asche schießen sehr weit nach oben.

Vulkane der Welt

Die meisten Vulkane entstehen an den Rändern tektonischer Platten. Wenn eine ozeanische Platte auf eine Kontinentalplatte trifft, taucht die schwere ozeanische Platte unter die leichtere Kontinentalplatte ab – Geologen nennen diesen Prozess Subduktion. Am Grund der Ozeane kann Magma zwischen zwei Platten aufsteigen und sie auseinanderdrücken. Beide Prozesse werden von Vulkanismus und Erdbeben begleitet. Die gesamte Grenze der Pazifischen Platte ist vulkanisch aktiv – eine Kette von Vulkanen erstreckt sich hier hufeisenförmig über 40 000 km. Die Vulkane rund um den Pazifischen Ozean werden häufig als „Feuerring" bezeichnet.

Gefährdete Zonen

Drei Viertel der besonders aktiven Vulkane – einige davon mit katastrophalen Ausbrüchen – liegen auf dem Feuerring um den Pazifischen Ozean. Einige Vulkane entstanden in Südeuropa, wo die Afrikanische gegen die Eurasische Platte drückt. Im Jahr 1963 schuf ein Lavastrom aus dem Mittelatlantischen Rücken eine neue Insel: Surtsey (Island).

Staub und Asche
Nach besonders heftigen Eruptionen dringen manchmal Staub, Asche und Gas bis über die Troposphäre in die Stratosphäre vor. Dort verbleiben sie monatelang und schirmen die Sonnenstrahlen ab: Das Klima auf der Erde wird kälter.

Mont Pelée, Martinique (1902)
Der Ausbruch am 8. Mai 1902 zerstörte die Stadt Saint-Pierre und tötete über 26 000 Menschen.

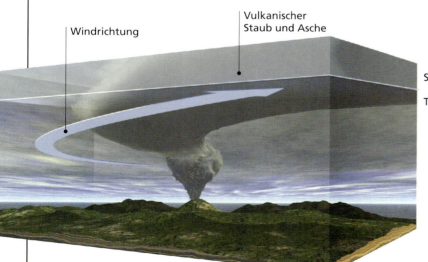

Mauna Loa, Hawaii, USA (1984)
Der größte Vulkan der Erde ist seit Tausenden von Jahren aktiv. Bei der jüngsten Eruption 1984 kam zum Glück niemand ums Leben. Frühere Ausbrüche zerstörten viele Dörfer.

Vulkanische Landschaften

Flüssige Lava, die sich aus einem Vulkan über die Erde ergießt, schafft neue Landschaften. Das Dekkan-Plateau in Indien besteht aus einer 500 000 qkm großen und bis zu 1,6 km dicken Gesteinsplatte aus ehemals flüssigem, vulkanischem Basalt. Es entstand während eines Zeitraums von 1 Mio. Jahren, als sich Lava aus einem Hot-Spot-Vulkan über ein Drittel von Indien ergoss. Auch verwitterte oder erloschene Vulkane, wie der Arthur's Seat in Schottland, oder Calderen bilden dramatische Landschaften.

Eine durch Vulkane geprägte Landschaft: Im Hintergrund ist der Gunung Semeru, die höchste Erhebung der Insel Java (Indonesien) zu sehen, im Vordergrund die rauchende Caldera des Gunung Bromo.

Spurensuche

Viele Landschaften weisen Spuren ehemaliger Vulkane auf. Wenn das weiche Gestein verwittert ist, bleiben Pfropfen aus verfestigter Lava und Dykes aus hartem Magma stehen. Sills sind schmale Gänge aus magmatischem Gestein – sie entstanden, als sich heißes Magma einen Weg durch zwei Gesteinsschichten bahnte. Innerhalb einer Caldera können kleine Aschekegel von späteren Ausbrüchen aufragen; in einem Caldera-See werden sie zu Inseln.

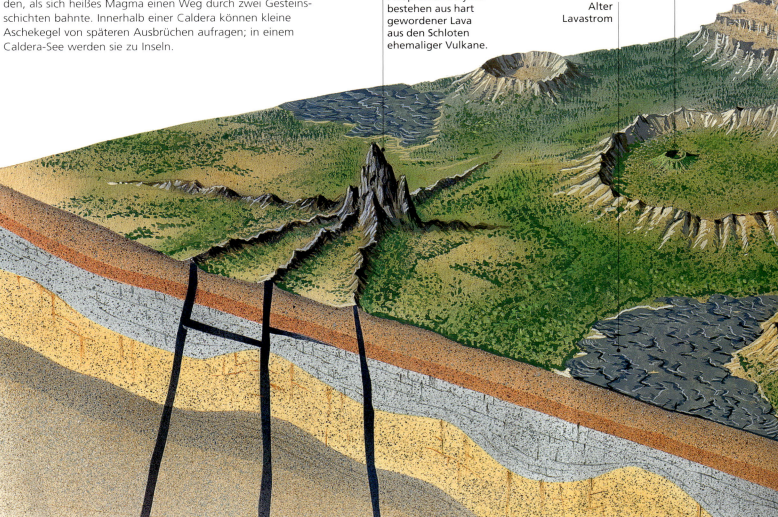

Pfropfen und Dykes bestehen aus hart gewordener Lava aus den Schloten ehemaliger Vulkane.

Eine Caldera mit kleinem Krater

Alter Lavastrom

VULKANE 95

Säulen und Pfropfen

SÄULEN
Abkühlende Lava
Lava kühlt von oben nach unten ab und schrumpft dabei.

Vertikale Risse
Risse entstehen und wachsen aufeinander zu.

Säulen
Schließlich bilden sich regelmäßig geformte Säulen.

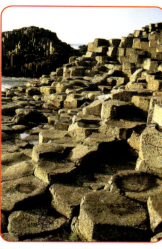
Der Giant's Causeway (Nordirland): eine Ansammlung von Basaltsäulen

PFROPFEN
Aktiver Vulkan
Durch einen Schlot im Vulkan steigt Magma auf.

Ruhender Vulkan
Wenn die Magmakammer entleert ist, wird die Lava im Vulkanschlot hart.

Ship Rock

Lavapfropf
Äußere Schichten werden abgetragen. Der ehemalige Schlot bleibt als Pfropf erhalten.

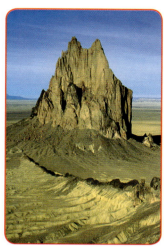
Ship Rock (New Mexico, USA): ein Lavapfropf

Das Plateau besteht aus vielen Lavaschichten, die zu Basalt gehärtet sind.

Ein alter Lakkolith ragt bis über die Oberfläche empor.

Ein mit Regenwasser gefüllter Kratersee

Geschichtete Sedimentgesteine wölben sich über einem alten Lakkolith.

Die vertikalen Dykes speisen häufig waagerechte Sills.

Zwischen den Gesteinsschichten sind Sills – Bänder aus magmatischem Gestein – erkennbar.

AKTIVE ERDE

Krater und Calderen

Krater sind trichterförmige Öffnungen oder Höhlen, die sich an den Ausbruchstellen eines Vulkans bilden. Die einfachsten Krater findet man an der Spitze kegelförmiger Vulkane. Wenn heißes Magma den Vulkankegel an der Flanke durchbricht, bilden sich seitliche Krater. Eine Caldera entsteht, wenn die Decke der Magmakammer unter dem Gewicht des Vulkans einstürzt. Kommt es später erneut zu einem Ausbruch, baut sich innerhalb der Caldera ein neuer Vulkankegel auf.

1 Eruption
Über der Magmakammer hat sich ein Stratovulkan aufgebaut. Aus dem zentralen Schlot werden Asche, Gase und Lava ausgestoßen.

2 Nächstes Stadium
Die Eruptionen werden heftiger; der Vulkan schleudert Gase und Asche hoch in die Luft. Das Magma in der Kammer nimmt durch die Eruptionen ab.

Wie entsteht eine Caldera?

Eine Caldera ist ein großer Krater, der nach einem gewaltigen Vulkanausbruch entsteht. Ihr Durchmesser kann größer sein als 5 km. Die größte der Welt, am Aso in Japan, ist etwa 23 km lang und 16 km breit.

Der Aso ist mit 1592 m der größte aktive Vulkan in Japan. Der Kreisbogen des Kraterrandes ist 114 km lang.

Die Caldera von Hare Shetan in Äthiopien hat sich mit Wasser gefüllt.

VULKANE 97

3 Endstadium
Die Magmakammer ist fast leer. Das restliche Magma sinkt ab, sodass ein Hohlraum entsteht.

4 Einsturz
Das Dach der Magmakammer kann das Gewicht des Vulkans nicht mehr tragen. Es bricht an Rissen rund um den Vulkankegel ein.

Vulkane auf anderen Planeten

Raumsonden haben auf dem Mars neun, auf der Venus fünf, auf dem Jupitermond Io vier und auch auf dem Neptunmond Triton zahlreiche Vulkane entdeckt. Einige schleudern Schwefel, die Vulkane auf Triton flüssigen Stickstoff oder Methan aus.

Der Olympus Mons auf dem Mars ist der größte bekannte Vulkan des Sonnensystems.

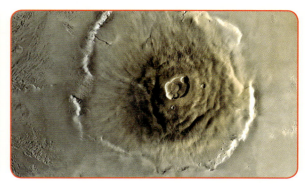

Er hat einen Durchmesser von rund 600 km, seine Caldera von etwa 80 km.

Erdbeben

Erdbeben entstehen besonders häufig dort, wo tektonische Platten aneinander vorbeigleiten. Durch die Bewegung der Platten werden die Gesteine großen Spannungen ausgesetzt. Wenn diese sich plötzlich lösen, werden große Energien freigesetzt, die sich an der Oberfläche als Erdbeben auswirken. Auch Vulkanausbrüche können Erdbeben auslösen. Der Entstehungsort eines Erdbebens in der Kruste wird Hypozentrum, der Punkt auf der Erdoberfläche direkt darüber Epizentrum genannt. Bei flachen Erdbeben liegt das Hypozentrum nur etwa 70 km unter der Erdoberfläche, bei mittleren in 70–300 km Tiefe und bei Tiefenbeben über 300 km tief.

Menschen in Izmit (Türkei) suchen in den Trümmern nach ihrem Besitz. Bei diesem Erdbeben im Jahr 1999 starben über 17 000 Menschen.

Richter- und Mercalliskala

Die Stärke eines Erdbebens wird mit der Richterskala gemessen. Sie gibt an, welche Energiemengen frei werden. Die Mercalliskala teilt die Stärke von Erdbeben in zwölf Kategorien ein, die sich nach den fühl- und sichtbaren Schäden richten.

Epizentrum
Der Punkt auf der Erdoberfläche direkt über dem Hypozentrum

Erdbebenwellen
Vom Hypozentrum breiten sich Erdbebenwellen (seismische Wellen) in alle Richtungen aus. Sie werden schwächer, je weiter sie sich vom Epizentrum entfernen.

Hypozentrum

- **I** Die Menschen spüren keinerlei Bewegung unter sich.
- **II** Menschen in den oberen Stockwerken nehmen eine leichte Bewegung wahr.
- **III** Hängende Gegenstände beginnen zu pendeln; die Bewegung ist allgemein spürbar.
- **IV** Fenster und Türen klappern, stehende Wagen beginnen zu schaukeln.
- **V** Schlafende Menschen erwachen, Türen schwingen, Geschirr geht zu Bruch.
- **VI** Das Gehen fällt schwer, Bäume schwanken; leichte Schäden an Gebäuden.
- **VII** Das Stehen fällt schwer; einfach gebaute Gebäude werden stark beschädigt.
- **VIII** Schornsteine fallen herab, Äste brechen und Möbel stürzen um.
- **IX** Die meisten Gebäude werden zerstört; Risse im Erdboden.
- **X** Tiefe Risse im Boden, Erdrutsche; viele Gebäude stürzen ein.
- **XI** Fast alle Gebäude werden zerstört, unterirdische Rohrleitungen brechen.
- **XII** Der Boden bewegt sich in Wellen; großflächige Zerstörungen.

I   II   III   IV   V   VI   VII

ERDBEBEN 99

Die Richterskala
Die Energie eines Erdbebens nimmt mit jedem Skalenwert um das Zehnfache zu. Demnach ist ein Beben der Stärke 7 zehnmal stärker als eines der Stärke 6 und 100-mal stärker als ein Beben der Stärke 5.

Erdbeben in Japan

Unter den japanischen Inseln verschieben sich drei tektonische Platten gegeneinander. Im Südosten schiebt sich die Philippinische unter die Eurasische Platte. Im Osten taucht die Pazifische Platte unter die Philippinische und die Eurasische Platte ab.

Einer japanischen Legende zufolge brachte der Fisch Namazu, sobald er frei kam, die Erde zum Beben.

1995 zerstörte ein gewaltiges Erdbeben in Kobe diese Autobahn.

Die historischen japanischen Pagoden sind erdbebensicher gebaut.

SEISMISCHE WELLEN
Bei einem Erdbeben treten unterschiedliche Wellen auf. Die Oberflächenwellen sind besonders gefährlich.

P-Wellen Die P-Wellen kommen zuerst an. Sie stauchen und dehnen das Gestein im Boden.

P-Wellen

S-Wellen

S-Wellen Sie bewegen das Gestein hin und her und auf und ab.

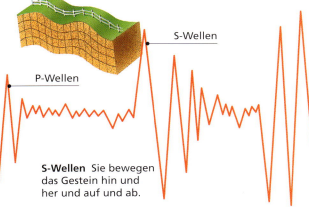

Oberflächenwellen

Oberflächenwellen
Sie bringen die Erdoberfläche zum Schwanken: auf und ab, wie eine Meereswelle, oder hin und her, wie eine Schlange.

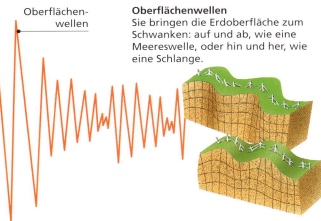

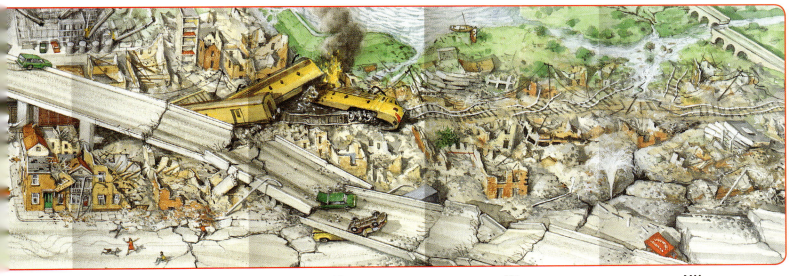

IX   X   XI   XII

Tsunamis

Tsunamis werden durch Erdbeben oder große Erdrutsche unter dem Meer verursacht. Die Bewegung des Meeresbodens überträgt sich in Form von Wellen auf das Wasser. Zunächst sind diese Wellen rund 650 km/h schnell und kaum 90 cm hoch. Sobald sie aber flaches Wasser erreichen, werden sie durch die Reibung mit dem Boden auf 50 km/h abgebremst und türmen sich zu enormen Höhen auf. Häufig kommt zunächst ein Wellental am Ufer an: Das Wasser zieht sich zurück, dann folgt eine riesige Flutwelle, die tief ins Land eindringt. Weitere Wellen folgen.

Riesenwellen

Die meisten Tsunamis (japanisch: „Hafenwelle" oder „große Welle im Hafen") kommen im Pazifik vor. Aus diesem Grund gibt es dort an einigen Punkten Beobachtungsstationen zur Überwachung von Erdbeben. Warnsysteme sollen die Küstenbewohner in gefährdeten Regionen rechtzeitig vor den Riesenwellen warnen. Es gibt aber auch natürliche Warnhinweise. Wer ein solches Zeichen bemerkt, sollte sich so schnell wie möglich auf höheres Gelände zurückziehen.

Das auflaufende Wasser reicht weiter den Strand hinauf als sonst und bleibt für einige Minuten stehen.

Das ablaufende Wasser zieht sich sehr viel weiter zurück als sonst üblich; das erste Wellental des Tsunamis.

Die Krone der Tsunami-Welle taucht am Horizont als weißer Schaumstreifen auf und nähert sich sehr schnell.

Der Tsunami vom 26. Dezember 2004 in Sumatra und auf den Andamanen forderte über 280 000 Menschenleben.

ERDBEBEN 101

Gefahrenzone

Ein haushoher Tsunami, der sich wie eine Wand aus Wasser dem Ufer nähert, bietet einen schrecklichen Anblick. Wenn die Welle am Strand bricht, zerstört sie Gebäude und schleudert Schiffe landeinwärts. Häufig richtet ein Tsunami schlimmere Schäden an als das Erdbeben, das ihn verursacht hat.

Erdbebenzonen der Erde

Erdbeben können fast überall stattfinden, in den meisten Gegenden spürt man sie aber kaum. In bestimmten Regionen, besonders an den Rändern tektonischer Platten, sind sie regelmäßig stärker. Der vulkanische „Feuerring" um den Pazifischen Ozean ist auch ein Ring intensiver Erdbeben. In Zentralasien, Malaysia und Indonesien, wo die Indische auf die Eurasische Platte trifft, treten ebenfalls gefährliche Beben auf. Eine dritte Erdbebenzone verläuft durch Afrika bis ins südliche Europa, wo vier tektonische Platten aufeinandertreffen.

Alaska (USA) 1964
Mit 9,2 auf der Richterskala war dieses Erdbeben das drittstärkste, jemals gemessene Ereignis. Es fand am Prinz William Sund statt und dauerte etwa vier Minuten. 131 Menschen kamen ums Leben.

Rettungsaktionen
Bei schlimmen Erdbeben entsenden viele Länder Hilfsgüter, Ärzte, Feuerwehrmänner und speziell ausgebildete Bergungsmannschaften in das Katastrophengebiet. Suchhunde oder Wärmedetektoren spüren Menschen unter den Trümmern auf, und mit schwerem Bergungsgerät werden Gebäudeteile und Schutt beiseitegeräumt.

Mexiko-Stadt (Mexiko) 1985
Bei diesem Erdbeben der Stärke 8,1 – das Nachbeben hatte eine Stärke von 7,5 – kamen 9000 Menschen ums Leben, 30 000 wurden verletzt und 100 000 verloren ihr Zuhause.

Geysire und heiße Quellen

Die Grand Prismatic Spring im Yellowstone-Park (USA) ist die größte heiße Quelle in Nordamerika.

Die Erde unter einem Vulkan kann Tausende von Jahren nach dem letzten Ausbruch noch sehr heiß sein. In solchen geothermalen Regionen wird das Grundwasser durch die Hitze der Magmakammer erwärmt. Unter dem Erdboden kann Wasser doppelt so heiß werden wie normales kochendes Wasser, da es wegen des hohen Drucks nicht kocht. Erst wenn das Oberflächenwasser abfließt, lässt der Druck nach: Das Tiefenwasser beginnt explosionsartig zu kochen und bricht aus. Je nach Druck entsteht eine hohe Fontäne – ein Geysir – oder eine brodelnde heiße Quelle.

GEYSIRE UND HEISSE QUELLEN 105

Wenn sich das kochende Wasser mit Bodenteilchen und Mineralien vermischt, entsteht eine brodelnde Schlammquelle.

Rotgesichtsmakaken auf der Insel Honshu (Japan) entspannen sich in heißen Quellen, wenn die Temperatur im Winter auf unter −15 °C fällt.

In Island baden die Menschen sogar im Winter in heißen Quellen, um beispielsweise Muskelschmerzen zu lindern.

Versickern
Kaltes Wasser versickert im Boden, wo es auf heißes Gestein trifft und auf über 100 °C erhitzt wird. Der Druck verhindert, dass es zu kochen beginnt.

Ausdehnen
Das heiße Wasser dehnt sich aus, steigt durch Risse und Spalten auf und drückt das kalte Wasser darüber nach oben. Damit nimmt der Druck auf das heiße Wasser ab.

Überkochen
Der Druck lässt nach, das heiße Wasser beginnt zu kochen und drückt das kalte Wasser in die Höhe. Schließlich entlädt sich der Druck und schleudert eine heiße Dampffontäne nach oben.

Kaltes Wasser

Hitze | Magmakammer | Spalte

Ein Geysir bricht aus

Regenwasser versickert durch die Spalten im Boden und wird von heißem Gestein auf mehr als 100 °C aufgeheizt. Der hohe Druck der Wassersäule verhindert, dass das Wasser zu kochen beginnt. Das heiße Wasser dehnt sich aus und drückt kaltes Wasser durch Spalten nach oben. Der Druck nimmt ab, das Wasser beginnt zu kochen und schießt mit einer Fontäne aus Wasser und Dampf an die Oberfläche.

Gletscher und Eisschilde

Der antarktische Eisschild ist die größte Eismasse der Erde. Etwa 70 % des Süßwassers der Erde sind darin gebunden.

Ein Gletscher besteht aus Schnee, der sich zu einer gewaltigen Eismasse verfestigt hat. In Regionen, wo der Schnee nie schmilzt, sammelt er sich an und wird durch sein Eigengewicht zu Firn zusammengepresst. Mit jedem neuen Schnee erhöht sich der Druck, bis sich der Firn schließlich in solides Eis verwandelt hat. Der Gletscher fließt unter seinem eigenen Gewicht langsam zu Tal. Talgletscher werden seitlich von Bergen eingefasst. Einen kuppelförmigen Gletscher im flachen Gelände bezeichnet man als Eisschild. Er bildet sich, wenn im Winter mehr Schnee fällt als im Sommer abtaut.

GLETSCHER UND EISSCHILDE | 107

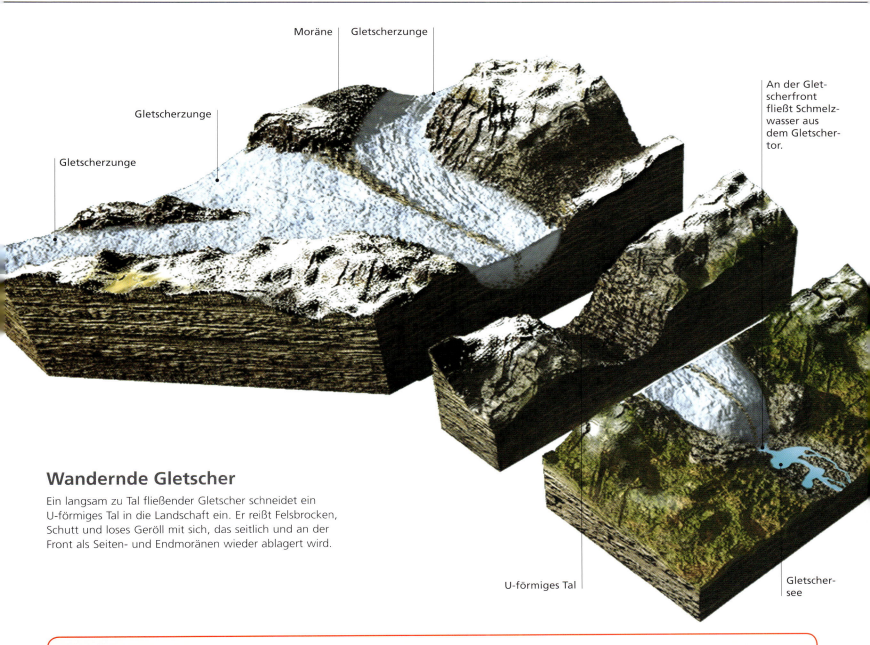

Moräne | Gletscherzunge

Gletscherzunge

Gletscherzunge

An der Gletscherfront fließt Schmelzwasser aus dem Gletschertor.

U-förmiges Tal

Gletschersee

Wandernde Gletscher

Ein langsam zu Tal fließender Gletscher schneidet ein U-förmiges Tal in die Landschaft ein. Er reißt Felsbrocken, Schutt und loses Geröll mit sich, das seitlich und an der Front als Seiten- und Endmoränen wieder ablagert wird.

Gletscher formen das Land

Durch ihre Masse schaben Gletscher nicht nur den losen Boden, sondern, ähnlich wie ein Hobel, auch die Felsen ab. An vielen Hinweisen erkennen Geologen noch Tausende von Jahren später, wo einst Gletscher lagen: U-förmige Täler (oft mit seitlichen Wasserfällen), Moränen und riesige verlagerte Steinblöcke.

Zwischen den Eiszeiten herrschte warmes Klima. Die Berge waren von Vegetation bedeckt und Flüsse hatten V-förmige Täler eingeschnitten.

Während der Eiszeit ragten nur die höchsten Bergspitzen aus den mächtigen Gletschern heraus. Die Gletscher flossen talwärts.

Das Eis zog sich zurück. Die schweren, langsam fließenden Gletscher präparierten U-förmige Täler aus dem Gestein heraus.

Lawinen und Erdrutsche

Eine Lawine stürzt vom Shispar (Region Hunzatal, Pakistan) ab. Auf den steilen Berghängen kann sich kein Schnee halten.

Nicht alle Berghänge sind stabil. Felsen, Boden oder Schlamm können sich lösen und als Gerölllawine oder Erdrutsch zu Tal rasen. Lawinen sind Schneemassen, die sich von Hängen oder Überhängen lösen. Die Geschwindigkeit des abgleitenden Materials richtet sich nach der Landschaft. Es kommt immer dann zu Rutschungen, wenn das Gewicht der Masse größer ist als ihr innerer Zusammenhalt. Daher sind feste Felsen stabil, während das aufliegende Material rutschen kann, vor allem, wenn es durch Wasser gelockert wird. Erdrutsche, Schlamm-, Fels- oder Schneelawinen können große Schäden anrichten: Sie fordern Menschenleben und zerstören Häuser und ganze Dörfer.

LAWINEN UND ERDRUTSCHE 109

Schlammlawinen

Nach einem Vulkanausbruch
Der Nevado del Ruiz (Kolumbien) brach im November 1985 aus. Die Hitze schmolz Eis und Schnee und löste eine katastrophale Schlammlawine aus. Die etwa 50 km entfernte Stadt Armero wurde unter einer Lawine aus Schlamm und Asche begraben – über 23 000 Menschen verloren ihr Leben.

Nevado del Ruiz
Die Einheimischen nannten den Vulkan „schlafender Löwe".

Der Weg der Schlammlawine
Der Schlamm floss im Flussbett des Lagunilla zu Tal. Schließlich bedeckte er eine Fläche von 40 qkm.

Die Stadt Armero
Noch drei Wochen nach Ausbruch des Vulkans wurden Menschen geborgen.

Verwitterung und Erosion

Wie ein Sandstrahlgebläse hat der Wind kleine Sandteilchen über die Felsen des Colorado-Plateaus (USA) getrieben. Die weichen Gesteinsschichten wurden stärker abgetragen als die harten.

Jedes Gestein, das der Atmosphäre, dem Wind, Regen und Frost ausgesetzt ist, beginnt zu verwittern. Durch diese physikalische Verwitterung zerfällt Gestein erst zu größeren, dann zu kleineren und schließlich zu Sandpartikeln – so kann sich ein ganzes Gebirge in eine Ebene verwandeln.

Auch extreme Hitze und Druck unter der Erdoberfläche kann Felsen zerkleinern. Bei der chemischen Verwitterung werden die Mineralien im Boden oder Gestein durch Chemikalien aus der Luft oder dem Regenwasser angegriffen. Die Erosion transportiert das verwitterte Gestein ab.

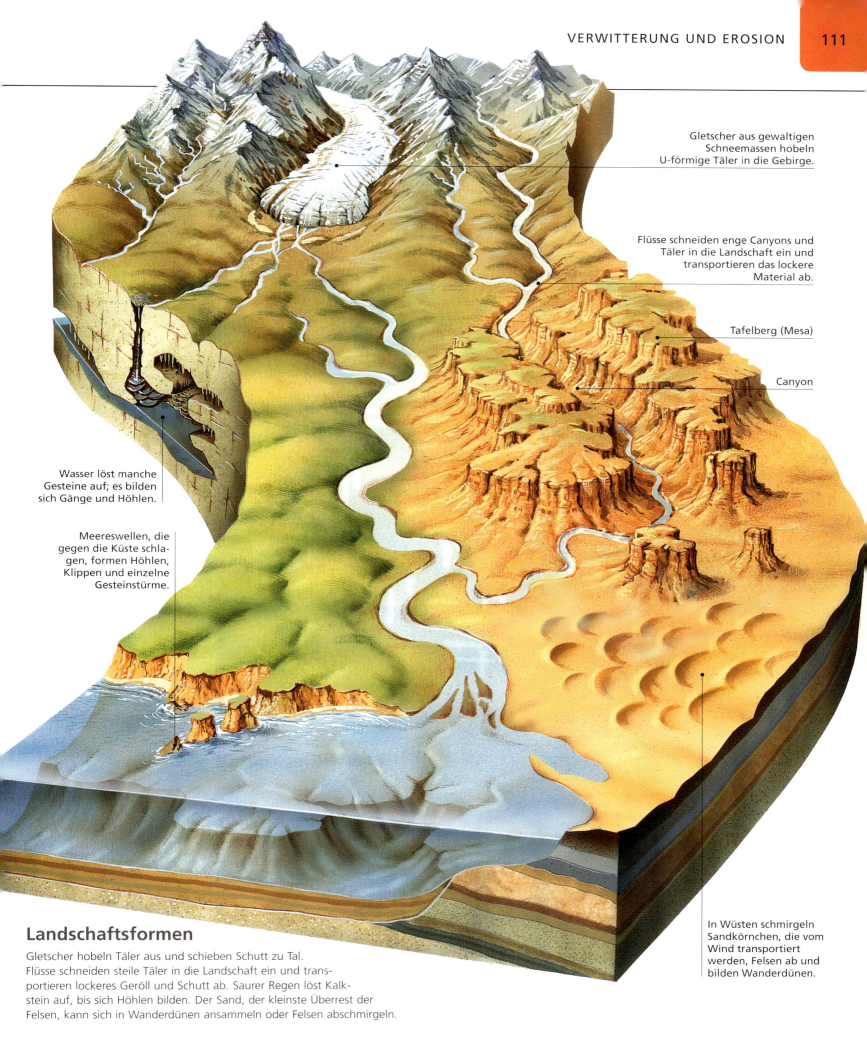

Geformte Landschaften

Verwitterung und Erosion formen die Landschaft. Zurzeit wird der Himalaja besonders schnell abgetragen. In Hunderten von Mio. Jahren wird sich das höchste Gebirge der Erde in eine Ebene verwandelt haben. Nordkanada, heute eine weite Ebene mit wenigen niedrigen Bergen, war einst ein Gebirge. An der Küste formt das Meer Klippen, Höhlen und Gesteinssäulen und in den Wüsten schmirgelt der Wind bizarre Formen aus den Felsen.

Felsnadeln

In der Wüste regnet es zwar selten, dann aber oft besonders ergiebig. Die Erosion entfernt das verwitterte Gestein, doch an manchen Stellen schützt harter Fels das Gestein darunter. Es bleibt wie eine Säule oder Nadel stehen.

Regenwasser wäscht Material aus Rissen und Spalten aus; der Fels beginnt aufzubrechen.

Canyons

Das Wasser der Flüsse schneidet tiefe Täler ins Land ein – manchmal in sehr kurzer Zeit. Der tiefste Canyon der Welt, der Yarlung Zangbo in Tibet, ist 5,3 km tief.

Ein Fluss und seine Nebenflüsse graben sich in das weiche Sedimentgestein ein.

Felssäulen

Wenn eine Felsformation an der Steilküste durch senkrechte Klüfte geteilt wird, kann das Meer die Küste abtragen. Zuerst entstehen Felsvorsprünge mit Höhlen, die sich zu Toren weiten. Bricht der Bogen ein, bleiben Säulen stehen.

Die Erosion trägt die Steilküste bis auf eine weit ins Meer reichende Landzunge ab.

Karst

Karst bildet sich durch chemische Verwitterung eines kalkhaltigen Gesteins. Saurer Regen löst den Kalk, sodass an der Oberfläche zerklüftete, kegelförmige Berge und unterirdische Höhlen, Seen und Flüsse entstehen.

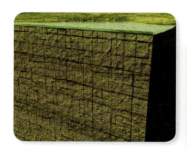

Das saure Regenwasser löst den Kalk an der Erdoberfläche, bis Rinnen und Kuppeln entstehen.

Tropfsteinhöhlen

Eine Höhle entsteht
Saures Wasser löst das Kalziumkarbonat aus dem kalkhaltigen Gestein und transportiert es ab. Der Hohlraum wird immer größer, bis eine Kalksteinhöhle entstanden ist.

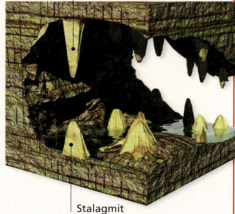

Stalaktit — Stalagmit

Stalaktiten und Stalagmiten
Im Wasser, das vom Dach der Höhle tropft, ist Kalziumkarbonat gelöst. Wenn das Wasser verdunstet, bleiben winzige Mengen Kalk übrig, die nach und nach einen von der Decke hängenden Zapfen bilden (Stalaktit). Aus dem Kalk der herabgefallenen Tropfen wächst ein Stalagmit nach oben.

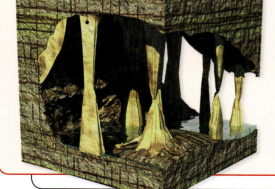

Säule

Säulen
Wie schnell Stalagmiten und Stalaktiten wachsen, hängt von verschiedenen Faktoren, z. B. der Temperatur in der Höhle, ab. Irgendwann aber, nach Hunderten oder Tausenden von Jahren, berühren sie sich schließlich und bilden eine durchgehende Säule.

VERWITTERUNG UND EROSION

Die Felsnadeln im Monument Valley (USA) aus Schiefertonen und Sandstein sind bis zu 300 m hoch.

e oberste Schicht teilt sich in nzelne Abschnitte; die Erosion weitert die Spalten.

Material zwischen den Säulen wird abgetragen; sie werden zu Felsnadeln.

Der Rio Grande in Texas (USA) hat sich so tief eingeschnitten, dass er kaum noch Gefälle hat.

schnell fließende sser gräbt sich schneller ie Tiefe als in die Breite schmale Rinnen entstehen.

Felsbrocken fallen von den Steilufern nach unten, die schmalen Täler weiten sich zu Canyons.

Von den „Zwölf Aposteln" aus Kalkstein vor der australischen Küste sind nur noch acht übrig.

Wellen schlagen gegen die Landzunge und höhlen sie auf beiden Seiten aus, bis ein Bogen entsteht.

Schließlich bricht der Bogen ein; eine einzelne, vom Land abgetrennte Felssäule bleibt stehen.

Durch die Erosion und Abtragung werden die Formen steiler, es bilden sich Täler und vernetzte, unterirdische Flüsse und Höhlen.

Steile Bergkegel aus Kalk prägen die Landschaft von Guanxi (China). Das meiste Wasser fließt unterirdisch ab.

Ozeane und Meere

Die Weltmeere

Etwa 71 % der Erdoberfläche sind von Meeren und Ozeanen bedeckt. Die fünf Weltmeere sind durchschnittlich 3730 m tief und enthalten insgesamt 1,37 Mrd. km³ Wasser. Die Kontinente setzen sich durchschnittlich etwa 70 km weit ins Meer fort (Schelfmeer). Am Rand des Schelfmeers ist das Wasser zirka 150 m tief. Jenseits davon fällt der Meeresboden steil in die Tiefe ab. Der tiefste Punkt des Meeres liegt bei etwa 11 km im Marianengraben im Pazifischen Ozean.

Das Wasser der Erde
Die Meere enthalten 97,5 % allen Wassers der Erde. Von den restlichen 2,5 % sind 79 % in Eiskappen und Gletschern zu Eis gefroren und 20 % sind unterirdisches Grundwasser. Nur 1 % davon – 0,00025 % des gesamten Wassers – stehen als flüssiges Süßwasser zur Verfügung.

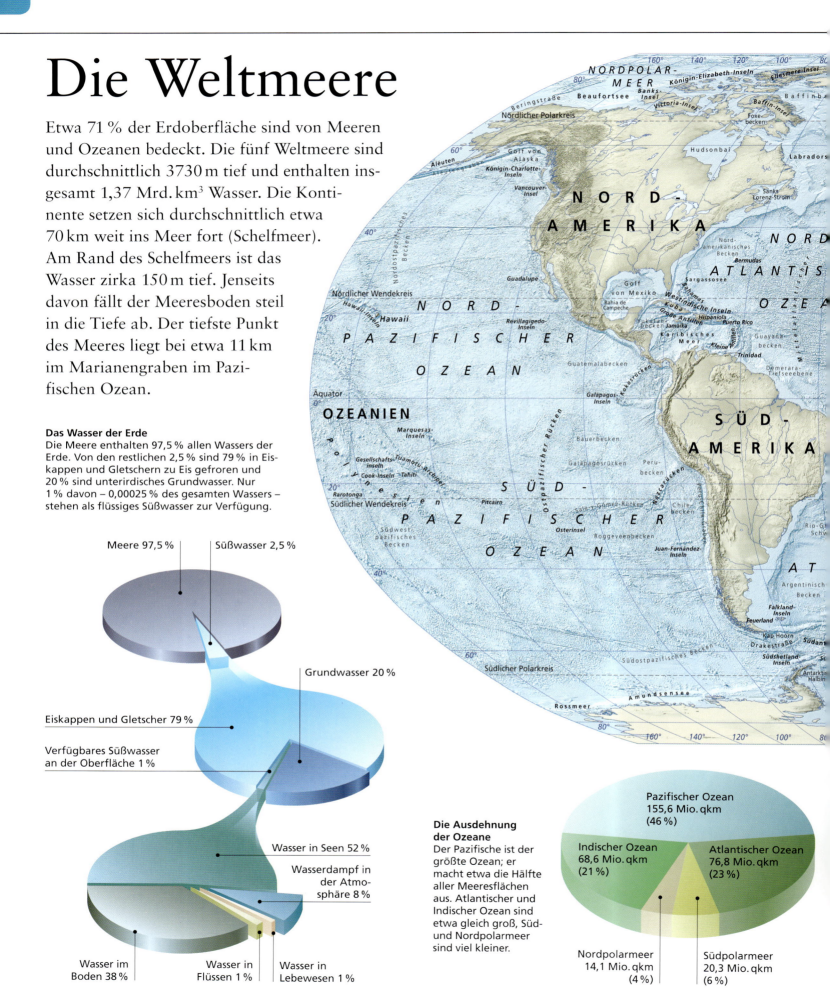

- Meere 97,5 %
- Süßwasser 2,5 %
- Grundwasser 20 %
- Eiskappen und Gletscher 79 %
- Verfügbares Süßwasser an der Oberfläche 1 %
- Wasser in Seen 52 %
- Wasserdampf in der Atmosphäre 8 %
- Wasser im Boden 38 %
- Wasser in Flüssen 1 %
- Wasser in Lebewesen 1 %

Die Ausdehnung der Ozeane
Der Pazifische ist der größte Ozean; er macht etwa die Hälfte aller Meeresflächen aus. Atlantischer und Indischer Ozean sind etwa gleich groß, Süd- und Nordpolarmeer sind viel kleiner.

- Pazifischer Ozean 155,6 Mio. qkm (46 %)
- Indischer Ozean 68,6 Mio. qkm (21 %)
- Atlantischer Ozean 76,8 Mio. qkm (23 %)
- Nordpolarmeer 14,1 Mio. qkm (4 %)
- Südpolarmeer 20,3 Mio. qkm (6 %)

DIE WELTMEERE 117

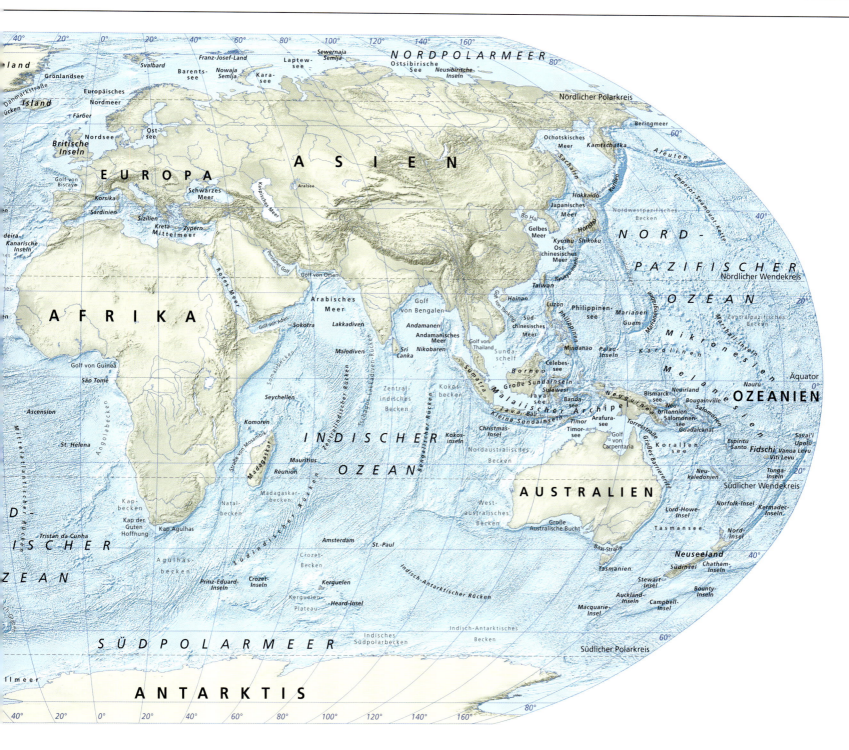

Nord- und Südhalbkugel

Das Wasser ist nicht gleichmäßig auf der Erde verteilt. Da die Kontinente durch die Plattenbewegung vorwiegend nach Norden gewandert sind, liegen hier rund zwei Drittel des festen Landes, während die Südhalbkugel zu 80 % vom Meer bedeckt ist. Zurzeit wird der Atlantische Ozean breiter und der Pazifische Ozean schmaler.

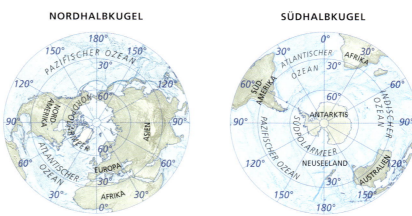

Pazifischer Ozean

Der größte Ozean der Erde reicht von der Inselkette der Aleuten im Norden bis 60° S, wo er ins Südpolarmeer übergeht. Er ist aber nicht nur der größte, sondern auch der tiefste, kälteste und salzärmste Ozean. Eine derart große und tiefe Wassermasse bietet Lebensräume für unzählige Lebewesen. Die starke tektonische Tätigkeit hat rund um den Ozean viele vulkanische Inseln entstehen lassen.

Natürliche Ressourcen

Der kalte Tiefenstrom, der vor Peru die Oberfläche erreicht, ernährt reiche Fischschwärme. Im Nordpazifik werfen die Fischer ihre Netze nach Dorschen, Seebarsch, Lachs und Thunfisch aus. Auf den Kontinentalschelfen rund um den Ozean liegen Mineral-, Öl- und Gasvorkommen.

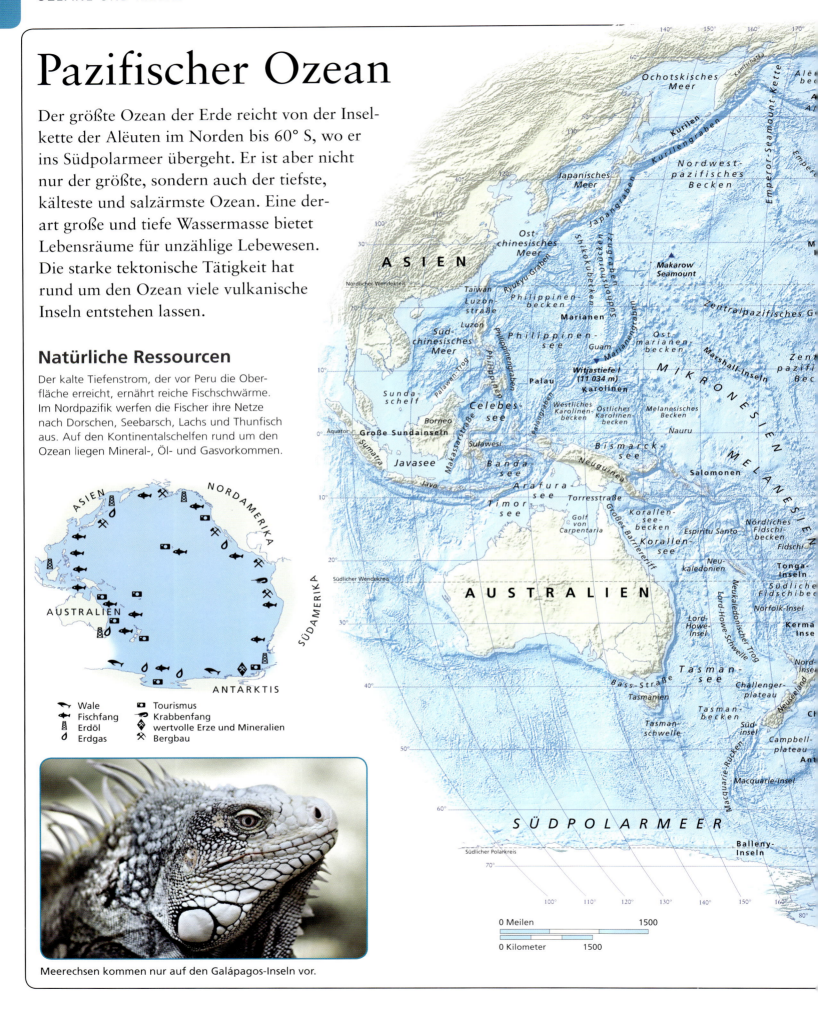

Meerechsen kommen nur auf den Galápagos-Inseln vor.

DIE WELTMEERE

PAZIFISCHER OZEAN: FAKTEN	
Fläche	155,6 Mio. qkm
Durchschnittliche Tiefe	4001 m
Tiefste Stelle	11 034 m
Größte Breite	18 000 km
Größte Länge	13 900 km
Länge der Küstenlinie	135 663 km

Rotfeuerfische sind Raubfische; sie leben in Korallenriffen.

Der Gelbe Segelflossendoktorfisch lebt in flachen Riffen.

Blaufußtölpel fressen ausschließlich Fische. Sie brüten auf den Inseln vor der Küste Südamerikas.

Atlantischer Ozean

Der zweitgrößte Ozean der Erde bedeckt etwa ein Fünftel der Erdoberfläche. Er ist das salzigste und wärmste der Weltmeere. Die tiefste Stelle, die Milwaukee Deep im Puerto-Rico-Graben, ist 8605 m tief. Von Island bis 58° S wird der Atlantik durch ein Gebirge unter Wasser – den Mittelatlantischen Rücken – in zwei Hälften mit mehreren Becken geteilt. Jedes Jahr weicht der Atlantik am Mittelatlantischen Rücken um etwa 2,5 cm auseinander.

Natürliche Ressourcen

Im Atlantischen Schelf liegen einige der reichsten Fischgründe der Erde, die aber teilweise übernutzt worden sind (Überfischung). Vor Afrika, in der Karibik und im Golf von Mexiko wird Erdöl gefördert, vor den Küsten Nord- und Südamerikas und Afrikas sind es Mineralien und Edelsteine.

- Fischfang
- Wale
- Krustentiere
- wertvolle Erze und Mineralien
- Bergbau
- Erdöl
- Erdgas
- Tourismus

Atlantische Walrosse leben in Kanada und der Arktis. Sie fressen meist Weichtiere.

Fleckendelfine leben in den tropischen und subtropischen Gewässern des Atlantiks.

DIE WELTMEERE 121

Echte Karettschildkröten leben in tropischen und subtropischen Meeren, z. B. im westlichen Atlantik und der Karibik.

ATLANTISCHER OZEAN: FAKTEN

Fläche	76,8 Mio. qkm
Durchschnittliche Tiefe	3605 m
Tiefste Stelle	8605 m
Größte Breite	7900 km
Größte Länge	14 120 km
Länge der Küstenlinie	111 866 km

Ölbohrinseln fördern Erdöl aus Lagerstätten unter dem Meeresboden.

Die portugiesischen Azoren liegen mitten im Nordatlantik.

Pottwale kommen in allen Weltmeeren vor; diese beiden vor der Küste der Azoren.

OZEANE UND MEERE

Indischer Ozean

Das drittgrößte Weltmeer wird im Westen von Afrika, im Norden vom Arabischen Meer und dem Golf von Bengalen, im Osten von Indonesien und Australien und im Süden vom Südpolarmeer begrenzt. Nördlich der Äquatorlinie wird der Indische Ozean von den Monsunwinden geprägt. Im Golf von Bengalen bilden sich tropische Wirbelstürme.

Natürliche Ressourcen

Wegen des warmen Wassers wachsen relativ wenige Algen als Nahrung für die Fische. Daher konnte sich bis auf den Krabben- und Thunfischfang kaum Fischerei entwickeln. Vor den Küsten lagern große Mengen Erdöl und Erdgas. Einige Staaten fördern die Mineralien aus dem Sand der Küsten.

- 🐟 Fischerei
- 🦐 Krustentiere
- 🐋 Wale
- 🛢 Erdöl
- 💧 Erdgas
- ⚒ Bergbau
- ⊗ wertvolle Erze und Mineralien
- 📷 Tourismus

Die Riesenschildkröten der Seychellen sind in der Wildnis ausgestorben.

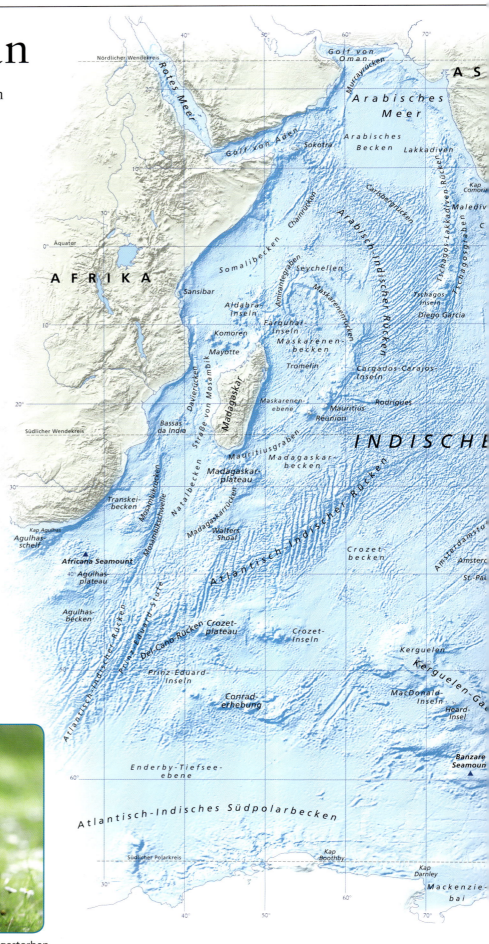

DIE WELTMEERE 123

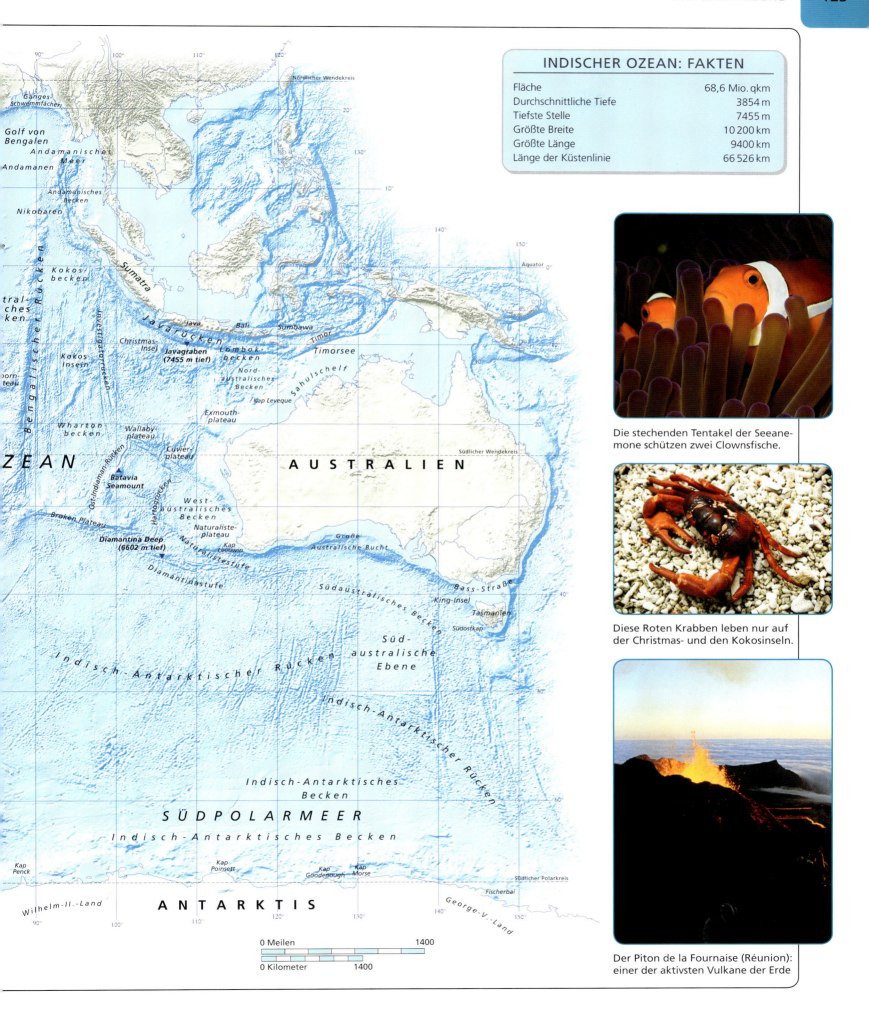

INDISCHER OZEAN: FAKTEN

Fläche	68,6 Mio. qkm
Durchschnittliche Tiefe	3854 m
Tiefste Stelle	7455 m
Größte Breite	10 200 km
Größte Länge	9400 km
Länge der Küstenlinie	66 526 km

Die stechenden Tentakel der Seeanemone schützen zwei Clownsfische.

Diese Roten Krabben leben nur auf der Christmas- und den Kokosinseln.

Der Piton de la Fournaise (Réunion): einer der aktivsten Vulkane der Erde

Nordpolarmeer

Das kleinste und seichteste der fünf Weltmeere wird fast vollständig von Nordamerika und Eurasien umschlossen. Mit dem Pazifik ist es über die Beringstraße, mit dem Atlantik über Grönland- und Labradorsee verbunden. Das Meer wird durch einen Landrücken in zwei Becken geteilt – Eurasisches und Nordamerikanisches Becken. Im Winter sind große Teile des Meeres von Eis bedeckt, einige Bereiche auch im Sommer. In den letzten Jahren haben Dicke und Fläche der Eisdecke deutlich abgenommen.

NORDPOLARMEER: FAKTEN	
Fläche	14,1 Mio. qkm
Durchschnittliche Tiefe	1430 m
Tiefste Stelle	5625 m
Größte Breite	3200 km
Größte Länge	5000 km
Länge der Küstenlinie	45 389 km

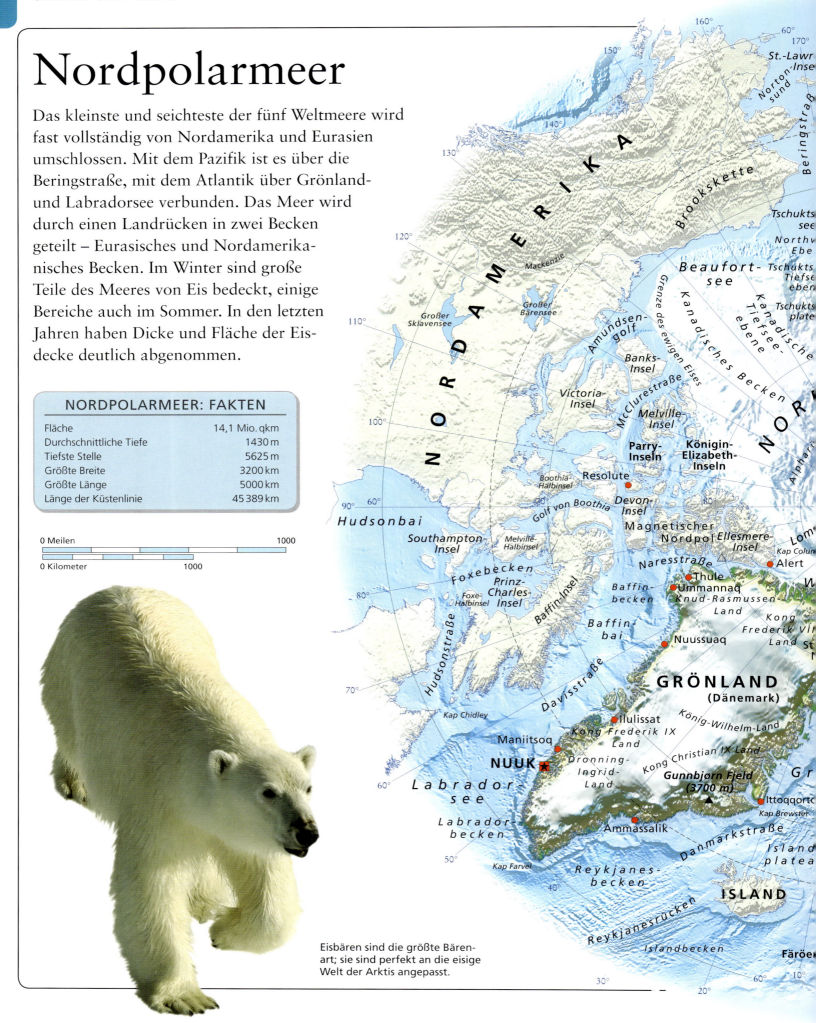

Eisbären sind die größte Bärenart; sie sind perfekt an die eisige Welt der Arktis angepasst.

DIE WELTMEERE 125

Ein Taucher unter dem Packeis des Kanadischen Beckens vor der Küste Nordamerikas

Ein Inuit legt letzte Hand an das Dach seines Iglus. Der Aufbau dauert etwa zwei Stunden.

Dickschnabellummen ruhen sich auf einem Felsensims aus (Svalbards, Norwegen).

Typische farbige Holzhäuser in Longyearbyen (Spitzbergen)

Südpolarmeer

Das Südpolarmeer existiert „offiziell" erst seit dem Jahr 2000: Damals legte die Internationale Hydrografische Gesellschaft seine Grenze auf 60° südlicher Breite fest. Das viertgrößte Weltmeer umschließt den antarktischen Kontinent – und wird daher manchmal auch Antarktischer Ozean genannt. Unter Seeleuten ist das Südpolarmeer wegen der heftigen Stürme und hohen Wellen gefürchtet. Das Meer um die Antarktis ist regelmäßig vereist. Zwar nimmt die Gesamtmenge des antarktischen Eises ab, gleichzeitig ist jedoch eine immer größere Fläche des Südpolarmeers für immer längere Perioden von Eis bedeckt.

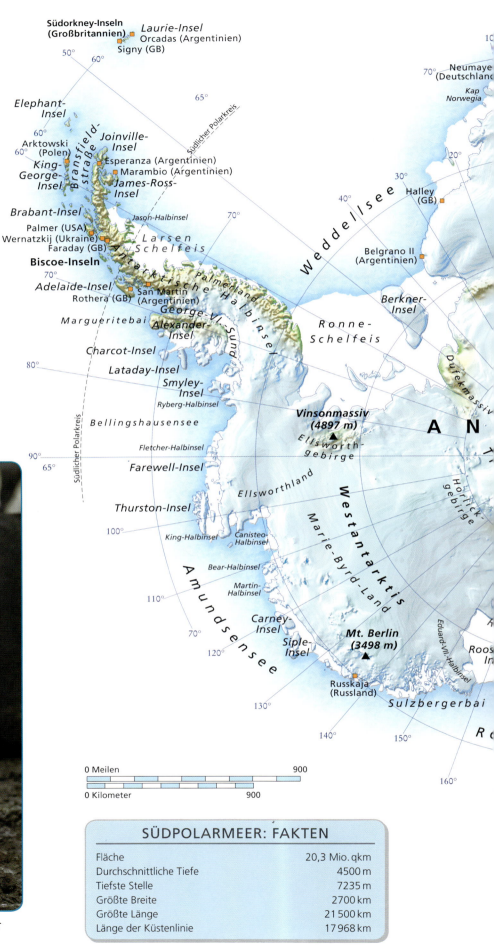

Königspinguine brüten ein einziges Ei zum Schutz vor der Kälte in einer warmen Hauttasche auf ihren Füßen aus.

SÜDPOLARMEER: FAKTEN

Fläche	20,3 Mio. qkm
Durchschnittliche Tiefe	4500 m
Tiefste Stelle	7235 m
Größte Breite	2700 km
Größte Länge	21 500 km
Länge der Küstenlinie	17 968 km

DIE WELTMEERE 127

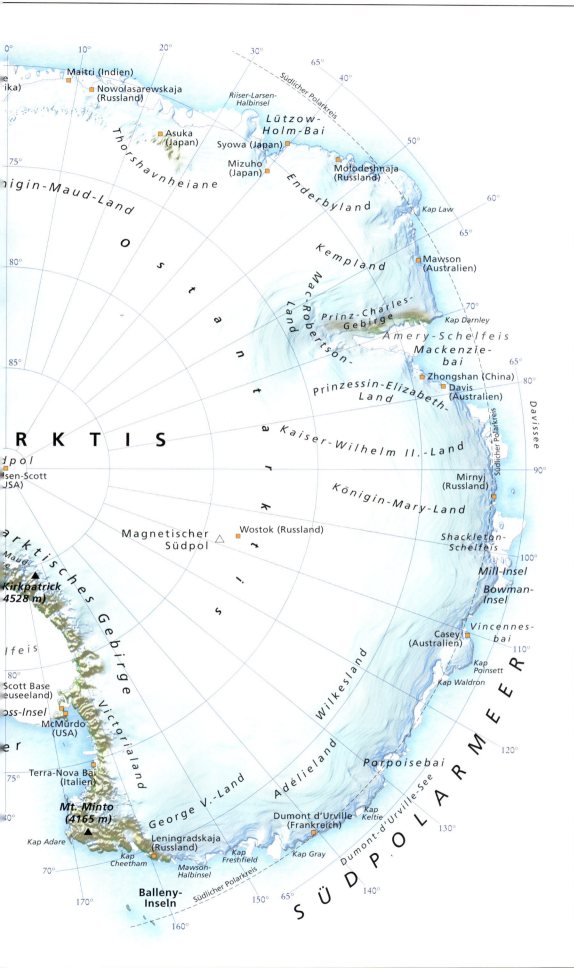

Wanderalbatrosse beim Paarungstanz. Die Vögel bleiben ein Leben lang zusammen.

Eine Robbe in Brown Bluff auf der Antarktischen Halbinsel ruht sich auf dem Schnee aus.

Die argentinische Forschungsstation Esperanza

Der Meeresboden

Auf das Basaltgestein der Erdkruste lagern sich Sedimente ab, die den eigentlichen Meeresboden bilden. Während manche Gesteine auf den Kontinenten Milliarden von Jahren alt sind, ist kein Meeresboden älter als 200 Mio. Jahre. Mitten durch die Ozeane ziehen sich ozeanische Rücken an den Rändern der tektonischen Platten entlang.

An diesen Grenzlinien dringt Magma aus der Tiefe nach oben und drückt die Platten auseinander. Der Meeresboden ist in ständiger Bewegung: Einige Becken werden größer, andere zum Ausgleich kleiner. Dünne ozeanische Krusten, die auf die schwereren Kontinentalplatten stoßen, tauchen ab und kehren zurück in den Erdmantel.

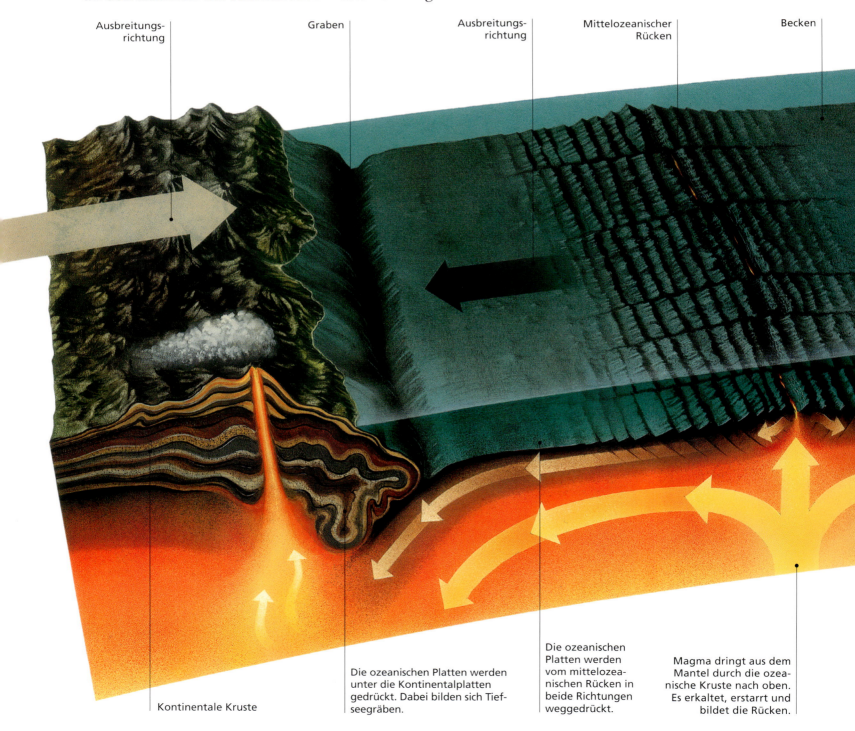

Ausbreitungsrichtung · Graben · Ausbreitungsrichtung · Mittelozeanischer Rücken · Becken

Kontinentale Kruste

Die ozeanischen Platten werden unter die Kontinentalplatten gedrückt. Dabei bilden sich Tiefseegräben.

Die ozeanischen Platten werden vom mittelozeanischen Rücken in beide Richtungen weggedrückt.

Magma dringt aus dem Mantel durch die ozeanische Kruste nach oben. Es erkaltet, erstarrt und bildet die Rücken.

DER MEERESBODEN

Die Form verändert sich

An den mittelozeanischen Rücken drückt aufsteigendes Magma die Platten auseinander – der Ozean wird breiter. Das flüssige Gestein erstarrt und verwandelt sich in neuen Meeresboden. Durch Ablagerung von Sedimenten werden die Höhenunterschiede geglättet – eine Tiefseeebene ist entstanden.

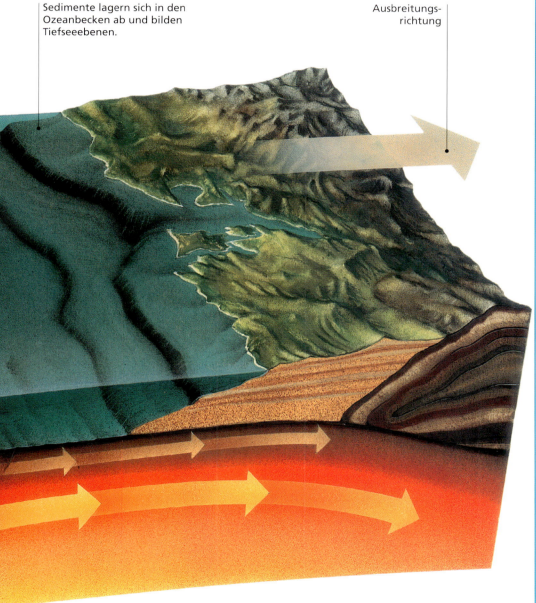

Sedimente lagern sich in den Ozeanbecken ab und bilden Tiefseeebenen.

Ausbreitungsrichtung

Südamerika | Mittelatlantischer Rücken | Afrika

Auf dem Meeresboden
Die Nordamerikanische, Karibische und Südamerikanische Platte entfernen sich von der Eurasischen und Afrikanischen Platte. Damit wird der Atlantische Ozean Jahr für Jahr um etwa 2,5 cm breiter. Die Plattengrenzen verlaufen durch den mittelatlantischen Rücken, wo Magma durch Spalten nach oben dringt.

Geteilte Kontinente

Wenn ein Kontinent an einer unterirdischen Plattengrenze zu zerreißen beginnt, entsteht zunächst ein Grabenbruch. Kommt dieser Graben in Kontakt mit einem Meer, strömt Wasser ein.

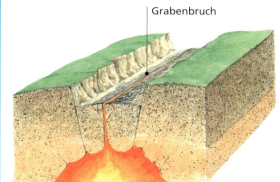

Grabenbruch

Bruchzone An schwachen Stellen in der Erdkruste kann ein breiter Abschnitt der Kruste als Graben einbrechen.

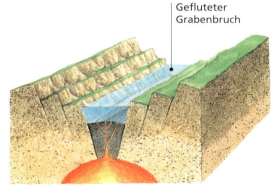

Gefluteter Grabenbruch

Überflutung Ist der Graben zum Meer hin geöffnet, dringt Meerwasser ein. Aufsteigendes Magma bildet einen neuen Meeresboden und verbreitert den Graben.

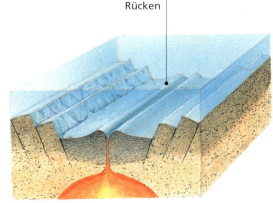

Mittelozeanischer Rücken

Spreizung Durch das stetige Auseinanderweichen der Platten weitet sich das neue Meer, wie z. B. das Rote Meer. Setzt sich der Vorgang fort, entsteht ein neuer Ozean mit einem mittelozeanischen Rücken.

Meeresströmungen

Kap Hatteras in North Carolina (USA). Der Blick aus dem Weltraum geht nach Süden, wo der Golfstrom in östliche Richtung schwenkt.

Über dem Äquator steigt warme Luft auf; in den kühleren Breiten im Norden und Süden sinkt sie wieder ab. Die Luftbewegung sorgt nicht nur für einen Wärmeaustausch, sondern erzeugt auch Winde, die Meeresströmungen verursachen. Sie starten am Äquator, strömen von Ost nach West, werden an den Kontinenten nach Norden oder Süden abgelenkt und treiben kreisförmige Strömungen im Atlantischen, Pazifischen und Indischen Ozean an. Das Eis im Nord- und Südpolarmeer kühlt das Wasser ab, es wird dichter, sinkt zum Boden und treibt Tiefseeströmungen an.

MEERESSTRÖMUNGEN

Oberflächenströmungen

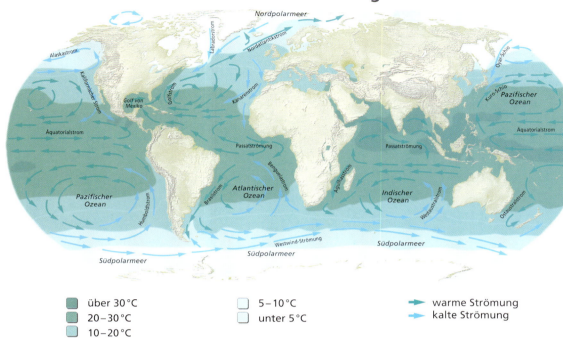

- über 30 °C
- 20–30 °C
- 10–20 °C
- 5–10 °C
- unter 5 °C
- → warme Strömung
- → kalte Strömung

Tiefseeströmungen

Salzwasser hat knapp über 0 °C seine größte Dichte. Wenn es zu Eis gefriert, wird das Salz frei. Daher ist Meerwasser unter dem Eis besonders salzig – und schwerer: Es sinkt zu Boden und treibt damit wie eine gewaltige Umwälzpumpe (globales Förderband) die weltweiten Strömungssysteme an.

Eine südliche trifft auf eine nördliche Strömung. Wirbel bilden sich.

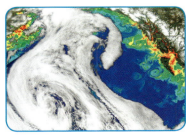

Über dem Alaskastrom bilden sich Wolkenwirbel.

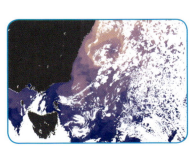

Der warme Ostaustralstrom (rosa) schwenkt in den kühlen Süden.

Der Golfstrom

Der Golfstrom ist eine warme Meeresströmung, die von der Küste Nordamerikas in Richtung Nordatlantik und Europa fließt. Er gleicht einem riesigen Fluss, der auf seinem Weg Mäander und Strudel bildet.

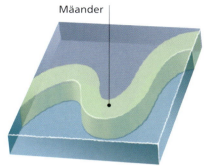

Der Golfstrom folgt einem gewundenen (mäandrierenden) Weg durch den Ozean.

Die Bögen des Mäanders können große Partien kalten oder warmen Wassers umschließen.

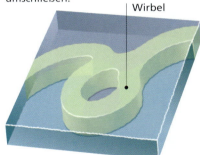

Wenn sich der Bogen schließt, löst er sich von der Hauptströmung und bildet einen Wirbel.

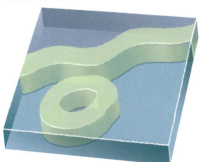

Warmwasser- drehen sich im, Kaltwasserwirbel gegen den Uhrzeigersinn.

Wellen und Gezeiten

Im Flachwasser wird die Welle vom Boden abgebremst und „bricht": Die Wellenkrone kippt nach vorne.

Die Anziehungskraft des Mondes zieht das Wasser der Ozeane in zwei riesigen Wellenbergen als Gezeiten rund um die sich drehende Erde. Der Meeresspiegel hebt und senkt sich dabei im Rhythmus der Bahnbewegung von Erde und Mond. Ein Wellenberg ist auf den Mond gerichtet, der andere weist von ihm weg. Bis der Mond wieder über einer bestimmten Stelle der Erde steht, vergehen 24 Stunden und 50 Minuten. Daher wechseln Ebbe und Flut alle 12 Stunden und 25 Minuten. Die Gezeiten beeinflussen die Wellen in der Tiefe, der Wind erzeugt Oberflächenwellen.

WELLEN UND GEZEITEN 133

Gezeiten

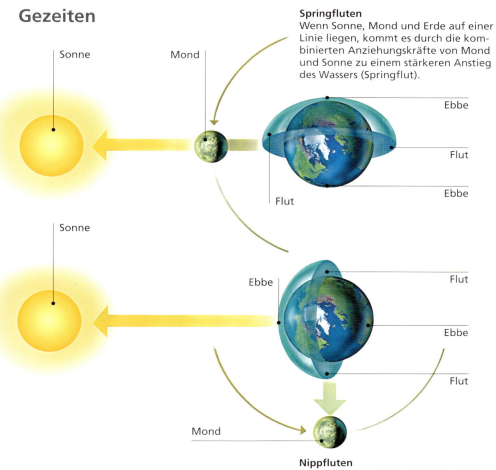

Springfluten
Wenn Sonne, Mond und Erde auf einer Linie liegen, kommt es durch die kombinierten Anziehungskräfte von Mond und Sonne zu einem stärkeren Anstieg des Wassers (Springflut).

Nippfluten
Wenn Sonne und Mond mit der Erde ein Dreieck bilden, heben sich ihre Anziehungskräfte teilweise auf. Es kommt zu einem geringeren Anstieg (Nippflut).

In der Fundybai (Kanada) ist der Unterschied zwischen Ebbe und Flut extrem groß. Bei Ebbe kann man auf dem Meeresboden zwischen den Felsen umhergehen.

Bei Flut verschwinden Felsen und Meeresboden.

Die Entstehung einer Welle

Die Gezeiten und die Wasserbewegung an der Thermokline erzeugen Tiefenwellen. Oberflächenwellen werden dagegen vom Wind erzeugt, der das Wasser anschiebt. Die Höhe der Wellen richtet sich nach der Windstärke und danach, über welche Entfernung der Wind über das Wasser bläst.

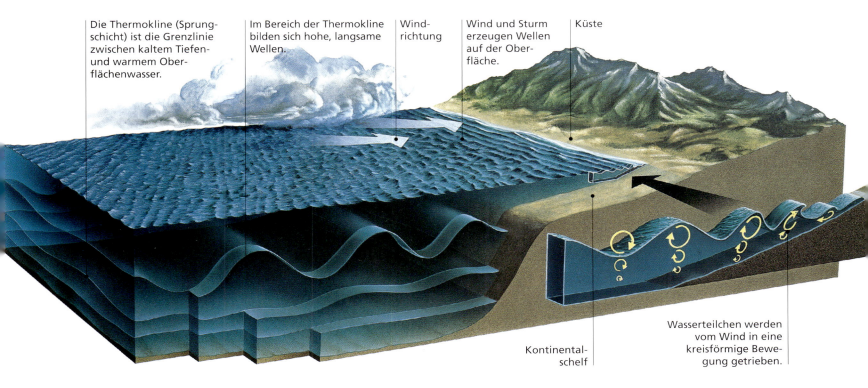

Die Thermokline (Sprungschicht) ist die Grenzlinie zwischen kaltem Tiefen- und warmem Oberflächenwasser.

Im Bereich der Thermokline bilden sich hohe, langsame Wellen.

Windrichtung

Wind und Sturm erzeugen Wellen auf der Oberfläche.

Küste

Kontinentalschelf

Wasserteilchen werden vom Wind in eine kreisförmige Bewegung getrieben.

Klimazonen und Lebensräume

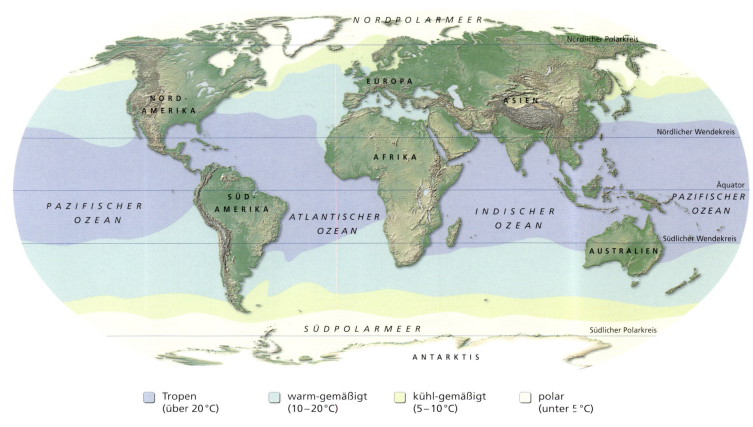

Tropen (über 20 °C) | warm-gemäßigt (10–20 °C) | kühl-gemäßigt (5–10 °C) | polar (unter 5 °C)

Die Meere lassen sich – nach der Wassertemperatur – bestimmten Klimazonen zuordnen. Obwohl Meeresströmungen die Grenzen verwischen, verlaufen die Zonen etwa parallel zu den Breitenkreisen.

Alle Ozeane sind zu einem „Weltmeer" verbunden. Einige Meerestiere nutzen das gesamte Weltmeer, die meisten aber einen bestimmten Lebensraum. Das Meer wird – neben der Einteilung in Klimazonen, zudem in Tiefenzonen mit unterschiedlichem Licht- und Nahrungsangebot untergliedert. In allen Zonen leben Pflanzen und Tiere, in extremen Lebensräumen allerdings nur besonders spezialisierte Lebewesen. Dazu gehören z. B. die hydrothermalen Quellen am Meeresboden.

Tropische Meere: In den Korallenriffen leben zahlreiche Algen, Fische und wirbellose Tiere.

Gemäßigte Zonen: In Küstennähe gedeihen dichte Tangwälder; hier leben Seepferdchen.

Polarmeer: Trotz der Kälte herrscht eine große Artenvielfalt. Hier leben z. B. diese weißen Belugawale.

Unter der Meeresoberfläche

Unterwasser-Landschaften

Von der Küste aus fällt der Meeresboden des Kontinentalsockels (Schelf) sanft bis auf etwa 150 m ab. Am Rand des Schelfs geht es steil bis zu den Tiefseeebenen hinab. Der Meeresboden wird durchbrochen von Bruchzonen, isolierten Bergen (Seamounts), mittelozeanischen Rücken und tiefen Ozeangräben.

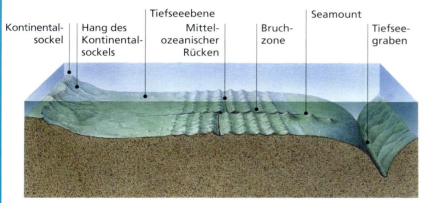

Zone des Sonnenlichts
Winzige Pflanzen und Tiere (Plankton) dienen als Nahrung für größere Tiere.

Zone des Zwielichts
Viele der hier lebenden Fische haben Leuchtorgane – zur Tarnung und als Artmerkmal.

Tiefsee
Unter 1000 m herrscht ewige Dunkelheit. Das Wasser ist kalt, kaum bewegt und ernährt nur wenige Tiere. Auch hier leben Tiere mit Leuchtorganen.

Meeresboden
Am Boden der Ozeane ist es stockdunkel, sauerstoffarm und kalt. Die Tiere ernähren sich von organischen Resten, die von oben herabsinken. Raubtiere ködern ihre Beute, packen sie mit mächtigen Kiefern und verschlucken Tiere, die größer sind als sie selbst.

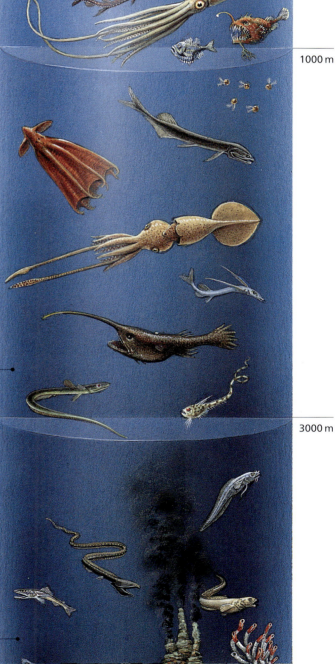

Die dunkle Zone

Das Sonnenlicht besteht aus allen Farben (Wellenlängen) des Spektrums. Das Wasser absorbiert zuerst die großen Wellenlängen – rotes Licht –, dann die kürzeren. Am tiefsten dringen grünes und blaues Licht vor, in der Tiefsee ist es aber völlig dunkel.

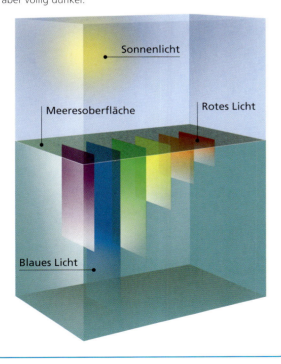

Korallenriffe

Korallenriffe entstehen in den warmen, flachen Meeren der Tropen und Subtropen. Korallenpolypen sind kleine Tiere mit weichen Körpern, die sich ein schützendes Gehäuse aus Kalk bauen. Die riffbildenden Korallen leben in Kolonien; ihre Gehäuse verschmelzen zu einer Einheit. Stirbt ein Polyp, bleibt sein Gehäuse erhalten und dient als Unterlage für neue Korallenpolypen. Auf diese Weise entsteht nach und nach ein Riff. Auf den Korallen wachsen Algen.

Das Almond Point Riff bei Bequia (St. Vincent und die Grenadinen, Karibik). Zwischen den Seefächern auf den beiden Korallenstöcken wimmelt es von Leben. Die meisten Korallenriffe auf der Erde sind heute bedroht.

KLIMAZONEN UND LEBENSRÄUME 137

Die Korallenriffe der Welt

Korallenriffe gedeihen nur in klarem Wasser. Auf den Korallen leben Algen; sie versorgen die Lebensgemeinschaft mit Nährstoffen und bilden zusammen mit den Abfallprodukten der Polypen die Grundlage für einen der artenreichsten Lebensräume der Erde.

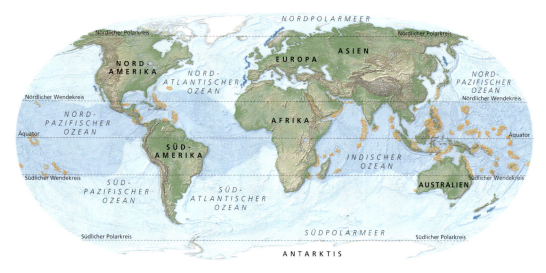

◻ warme Meere   ▨ Korallenriffe im tiefen Wasser   ▨ Korallenriffe im warmen Wasser

Korallen

Die „Blasen" der Blasenkorallen sind mit Wasser gefüllt.

Hirnkorallen leben in warmen, flachen Meeren.

Die Tentakel dieser Weichkoralle erinnern an Blumen.

Diese kalifornische Hydrokoralle lebt an der Küste, manchmal in kälterem Wasser.

Im Inneren eines Korallenpolypen
Polypen sitzen mit einer Scheibe am Untergrund fest. Sie fangen ihre Beute mit Tentakeln und leiten sie in die oben liegende Mundöffnung. In ihrem hohlen Körper verdauen sie die Nahrung. Im Inneren des Hohlkörpers sitzen Algen (Zooxanthellen).

BEDROHTE LEBENSRÄUME

Der Dornenkronenseestern ernährt sich von Korallenpolypen; er bedroht die Riffe weltweit. Die Umweltverschmutzung zerstört die Algen – die Korallen bleichen aus und sterben mit ihnen.

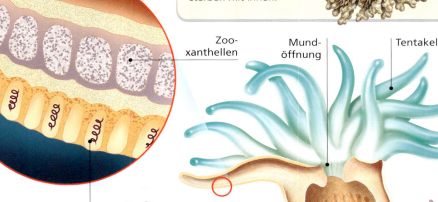

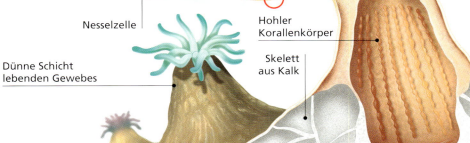

OZEANE UND MEERE

An der Küste

Das Aussehen einer Küste hängt vom Widerstand des Landes und von der Kraft der Wellen ab. Bei Stürmen schlägt das Wasser mit großer Wucht auf die Küste. Die Wellen können selbst harte Felsen abtragen, Höhlen bilden und steile Klippen formen. An Küsten, die durch Landzungen oder Sandbänke geschützt werden, trifft das Wasser weniger heftig auf. Dort siedeln sich in den Gezeitentümpeln Tiere und Pflanzen an. Sandige Küsten werden von den Wellen abgetragen und an anderer Stelle wieder abgelagert.

BEDROHTE LEBENSRÄUME

Hongkong leidet unter Überbevölkerung. Deshalb schüttet man die Bucht als Baugrund auf. Inzwischen wurden schon über 30 qkm der ursprünglichen Küstengewässer zerstört.

Ein Sandstrand
Der Strand ist in Zonen untergliedert. Die Wellen schwemmen Sand ans Ufer (Berme) und können in Verbindung mit Strömungen eine Sandbank aufschütten. Sand besteht meist aus kleinsten Quarzteilchen aus verwittertem Gestein.

Meer — Gezeitenzone — Strand — Klippen — Berme — Sandbank

Lebensraum Klippe

Seevögel ruhen und nisten auf schmalen Felsbändern an den Felsenklippen in der Nähe ihrer Nahrungsquelle. Die Schopflunde nisten in Höhlen an den Küsten des Nordpazifiks.

KLIMAZONEN UND LEBENSRÄUME

In der Gezeitenzone

Leben im Gezeitentümpel

Pflanzen und Tiere, die an der Küste leben, müssen mit den Gezeiten zurechtkommen: Salzwasser (Flut) wechselt ab mit Trockenheit oder Regenwasser (Ebbe). Bei jeder Flut werden die Gezeitentümpel mit frischem Meerwasser versorgt. Seeanemonen, Einsiedlerkrebse, Muscheln und zahlreiche Fische leben ständig in solchen Tümpeln.

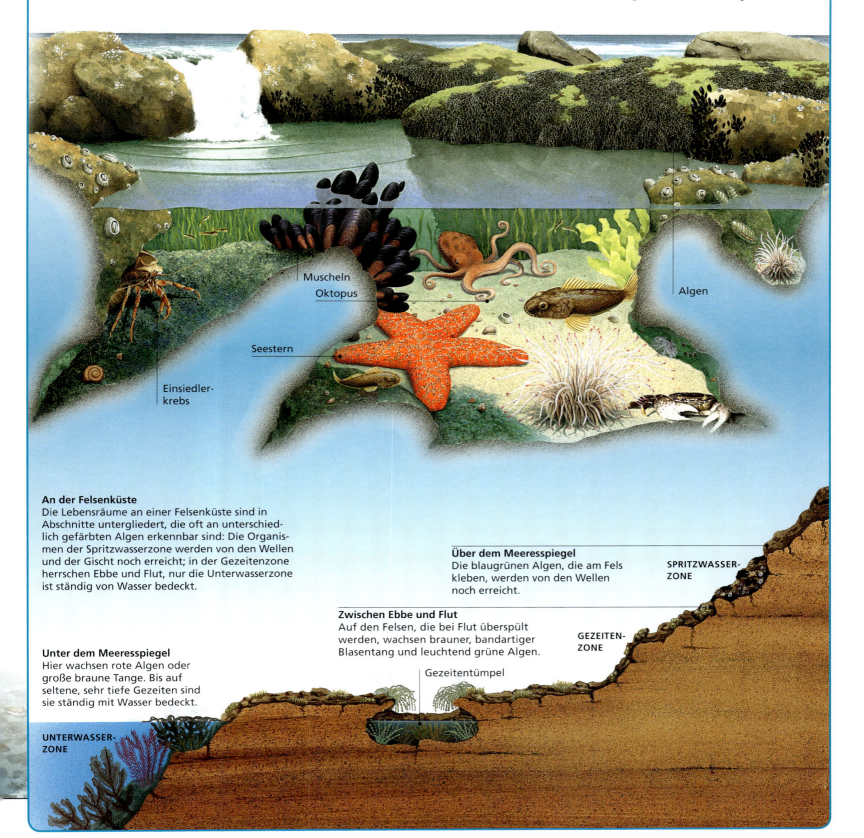

Muscheln
Oktopus
Algen
Seestern
Einsiedlerkrebs

An der Felsenküste
Die Lebensräume an einer Felsenküste sind in Abschnitte untergliedert, die oft an unterschiedlich gefärbten Algen erkennbar sind: Die Organismen der Spritzwasserzone werden von den Wellen und der Gischt noch erreicht; in der Gezeitenzone herrschen Ebbe und Flut, nur die Unterwasserzone ist ständig von Wasser bedeckt.

Unter dem Meeresspiegel
Hier wachsen rote Algen oder große braune Tange. Bis auf seltene, sehr tiefe Gezeiten sind sie ständig mit Wasser bedeckt.

Über dem Meeresspiegel
Die blaugrünen Algen, die am Fels kleben, werden von den Wellen noch erreicht.

Zwischen Ebbe und Flut
Auf den Felsen, die bei Flut überspült werden, wachsen brauner, bandartiger Blasentang und leuchtend grüne Algen.

Gezeitentümpel

SPRITZWASSERZONE
GEZEITENZONE
UNTERWASSERZONE

140 OZEANE UND MEERE

In der Tiefe

Mit zunehmender Tiefe wird der Ozean dunkler, kälter und der Druck nimmt zu. In die oberste Schicht – bis etwa 200 m Tiefe – fällt genügend Licht für die Algen ein. Sie erzeugen Zucker und dienen zahlreichen Tieren als Nahrung. Diese Zone des Sonnenlichts ist der artenreichste Lebensraum des Meeres. In den dunklen Zonen darunter leben viele Fische mit Leuchtorganen. Ihre Körper müssen hohen Druck aushalten.

Expedition in die Tiefe

Wissenschaftler dringen mit speziell ausgestatteten Tauchbooten in die Tiefe vor, um die Lebensformen dort zu erforschen. Die Boote sind mit Greifarmen ausgestattet und können Proben mit nach oben nehmen. Das amerikanische Tauchboot *Alvin* taucht knapp 4600 m und die russische *Mir* etwa 6000 m tief.

Das japanische Tauchboot *Shinkai* hält mit über 6500 m Tauchtiefe den Rekord.

BEDROHTE LEBENSRÄUME

Fischereiflotten haben in den Zonen des Sonnen- und Zwielichts so viele Fische gefangen, dass manche Arten stark überfischt sind. Der Südliche Blauflossenthunfisch ist vom Aussterben bedroht.

Südlicher Blauflossenthunfisch

1 Große Meeresalgen wachsen nur im Licht; selten unter 30 m Tiefe.
2 Gaukler ernähren sich im Flachwasser von Korallenpolypen.
3 Sardinen leben in Tiefen von bis zu 300 m.
4 Die schnellen Bonitos bleiben oberhalb 200 m.
5 Marline tauchen bis zu 900 m tief.
6 Quallen treiben nahe der Oberfläche.
7 Menschenhaie (Requiemhaie) machen in bis zu 350 m Tiefe Jagd auf Fische und Schildkröten.
8 Delfine leben oberhalb 180 m.
9 Oktopusse (Kraken) halten sich in flachen Küstengewässern auf.
10 Pottwale können bis zu 3000 m tief tauchen.
11 Mit zunehmender Tiefe werden Tiere seltener. Die Breite des Kegels symbolisiert die Zahl der Tiere je Tiefenstufe.

KLIMAZONEN UND LEBENSRÄUME 141

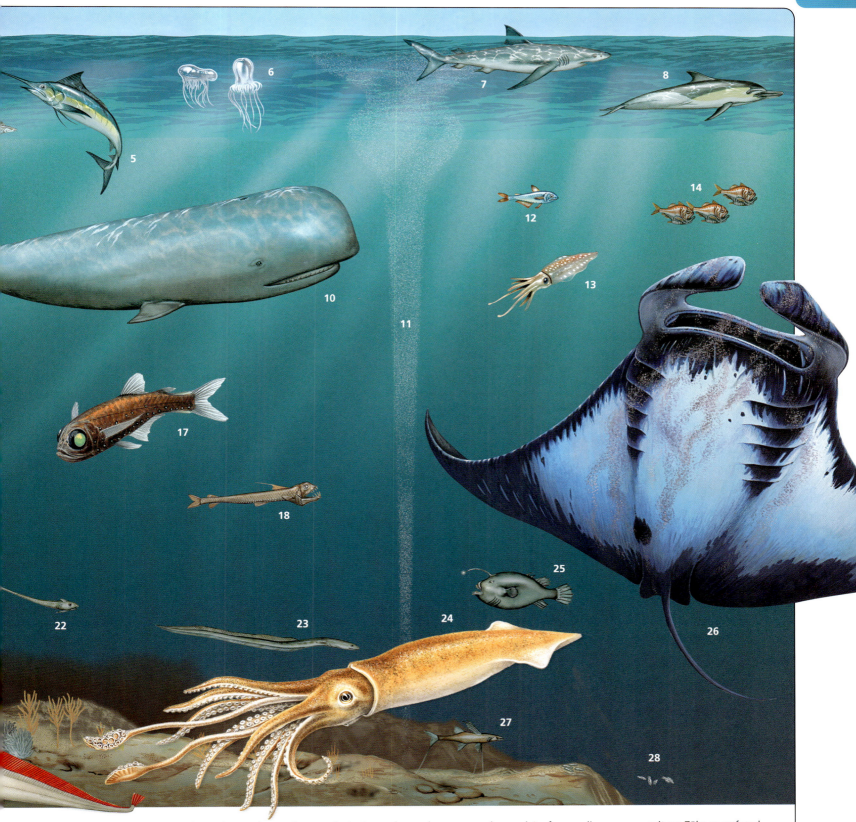

12 Laternenfische halten sich tagsüber in 300–1200 m Tiefe auf.
13 Kalmare kommen von der Oberfläche bis in die Tiefsee vor.
14 Tiefseebeilfische halten sich bis in 1500 m Tiefe auf.
15 Der bis zu 3 m lange Mondfisch hat eine sehr charakteristische Körperform.
16 Tiefseerochen suchen auf dem Meeresboden nach kleinen Weichtieren, Würmern und Krustentieren.
17 Diese Laternenfische leben in 1000 m Tiefe und steigen nur zum Fressen auf.
18 Viperfische lauern vorbeischwimmenden Tieren auf.
19 Anglerfische locken ihre Beute mit einem langen Fortsatz an, der an der Spitze leuchtet.
20 Bandfische leben am Meeresboden und fressen kleine Fische und Kalmare.
21 Schwämme und Weichkorallen kommen vom Ufer bis in 6000 m Tiefe vor.
22 Grenadierfische leben zwischen 200 und 2000 m.
23 Tiefseeaale sind aktive Räuber und Aasfresser, die noch in 3500 m Tiefe zu finden sind.
24 Riesenkalmare sind mit bis zu 20 m Länge die größten wirbellosen Tiere der Erde.
25 Anglerfische schwenken ihren Köder hin und her. Nähert sich ein neugieriges Tier, reißen sie ihr riesiges Maul mit den zahlreichen spitzen Zähnen auf und packen ihr Opfer.
26 Mantarochen sind mit 7 m Spannweite die größte Rochenart der Welt.
27 Dreibein- oder Stativfische leben in 250–5700 m Tiefe.
28 Tiefseeasseln findet man in allen Wassertiefen. Die meisten Arten leben aber in 1000–5000 m Tiefe.

Am Meeresboden

Früher glaubten die Wissenschaftler, in den dunklen, kalten Tiefseeebenen sei kein Leben möglich. Das änderte sich, als in der Nähe der mittelozeanischen Rücken heiße (hydrothermale) Quellen entdeckt wurden. Bei den sogenannten Schwarzen Rauchern handelt es sich um Quellen, aus denen erhitztes, schwefelhaltiges Wasser dringt. In der Umgebung, wo das Wasser auf zirka 38 °C abgekühlt ist, leben Bakterien von den Schwefelverbindungen im Wasser. Sie bilden das erste Glied einer Nahrungskette.

Schwarze Raucher

Die Schwefelverbindungen im aufsteigenden Wasser färben die heißen Quellen schwarz. In der Nähe der Raucher leben Bart- und Eichelwürmer, Kamm- und andere Muscheln und Krebse.

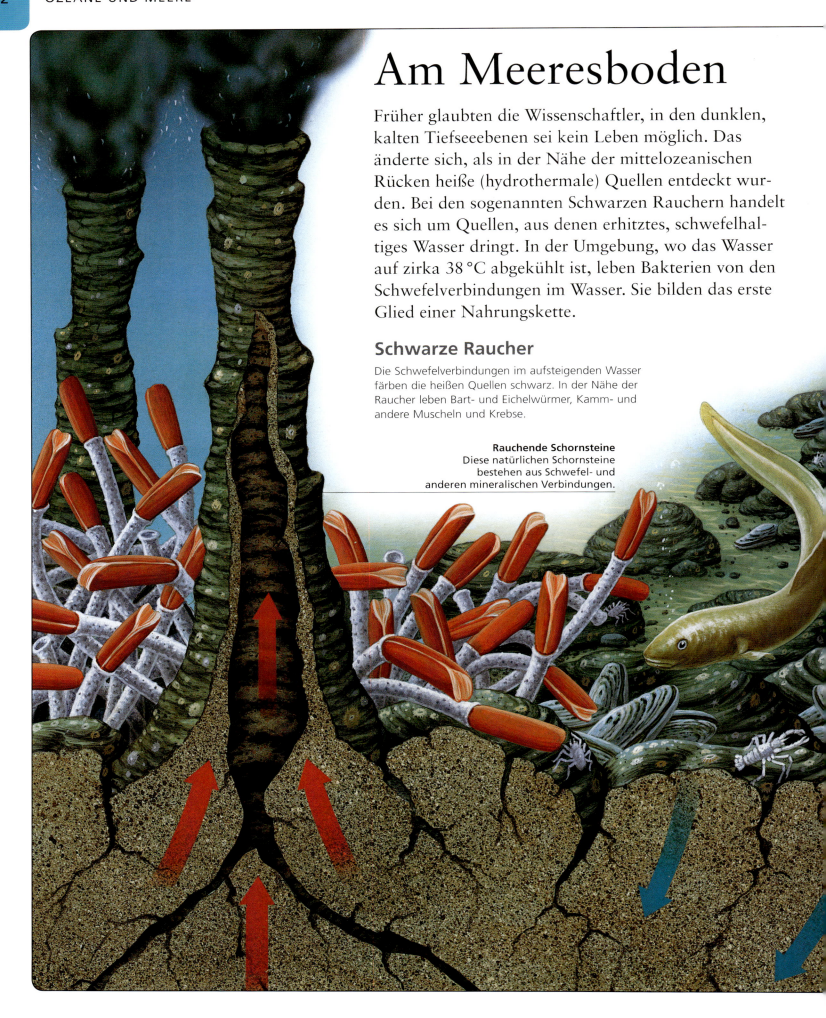

Rauchende Schornsteine
Diese natürlichen Schornsteine bestehen aus Schwefel- und anderen mineralischen Verbindungen.

Nahrungsketten im Meer

Das Leben im Meer

Fast alles Leben im Meer – auch das der Tiefseeorganismen – ist von der Photosynthese abhängig: Das Phytoplankton erzeugt mithilfe des Sonnenlichts Zucker und Nährstoffe. Vom Phytoplankton leben winzige Tiere (Zooplankton). Beide bilden die Nahrung für größere Tiere. Alle Tiere und Pflanzen sind über die Nahrungsketten des Meeres voneinander abhängig.

Schwämme bestehen aus Kolonien einzelner Zellen; sie filtern Nahrungspartikel aus dem Wasser.

Dank der Sägezähnchen am Schnabel können Papageitaucher mehrere Fische zu ihrem Nest transportieren.

Die Energie der Sonne treibt die Nahrungsketten an.

Auch Seevögel oder Säugetiere, die teilweise auf dem Land leben, sind Glieder dieser Nahrungsketten. Seevögel fangen kleine Fische.

Pflanzen wandeln die Energie der Sonne um.

Das pflanzliche Phytoplankton wandelt die Energie der Sonne um.

Zooplankton ernährt sich vom Phytoplankton.

KLIMAZONEN UND LEBENSRÄUME   145

Die Kontinente

148 DIE KONTINENTE

Karte der Erde

ERDE: FAKTEN

Erdumfang (am Äquator)
40 067 km

Fläche der Meere
362 033 000 qkm

Landfläche über dem Meeresspiegel
148 021 000 qkm

Ozeane und Meere
Ozeane und Meere bedecken 71 % der Erdoberfläche. Sie sind durchschnittlich etwa 3730 m tief. Im Vergleich zu einigen Gebirgen und Tälern auf dem Meeresboden sehen die Berge auf den Kontinenten wie Hügel aus.

Kontinente
Auf der Erde gibt es sieben große Landmassen oder Kontinente. Europa und Asien sind zwar historisch getrennte Kontinente, sie bilden aber geologisch eine einzige Landmasse: Eurasien.

KARTE DER ERDE 149

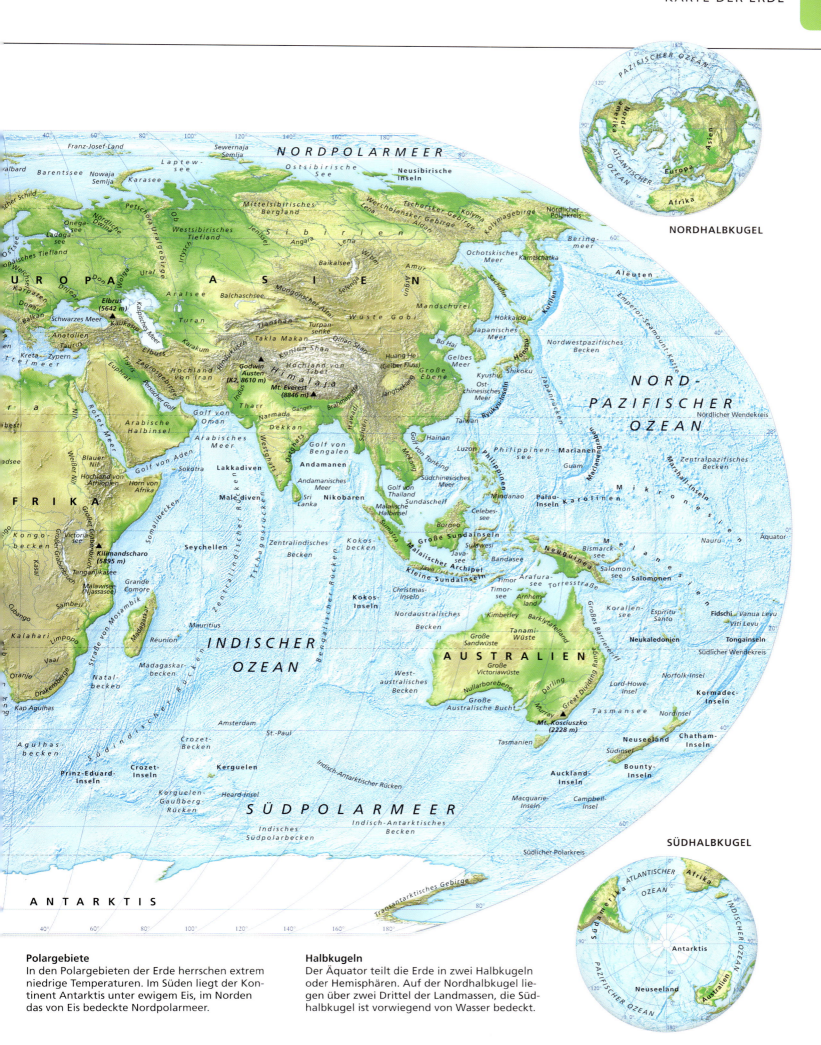

NORDHALBKUGEL

SÜDHALBKUGEL

Polargebiete
In den Polargebieten der Erde herrschen extrem niedrige Temperaturen. Im Süden liegt der Kontinent Antarktis unter ewigem Eis, im Norden das von Eis bedeckte Nordpolarmeer.

Halbkugeln
Der Äquator teilt die Erde in zwei Halbkugeln oder Hemisphären. Auf der Nordhalbkugel liegen über zwei Drittel der Landmassen, die Südhalbkugel ist vorwiegend von Wasser bedeckt.

Kontinente

Die Landmassen der Erde werden üblicherweise in sieben große Kontinente unterteilt: Europa, Asien, Nordamerika, Südamerika, Afrika, Australien und die Antarktis. Europa und Asien bilden zwar die zusammenhängende Landmasse Eurasien, sie werden aber wegen ihrer unterschiedlichen Bewohner und Geschichte als zwei Kontinente betrachtet. Die Inselwelt des südöstlichen Pazifiks wird, zusammen mit Australien, häufig als Ozeanien bezeichnet.

Nordamerika

Fläche: 22 078 049 qkm
Einwohner: 513 350 000

Der nordamerikanische Kontinent erstreckt sich südlich des Nordpols bis beinahe zum Äquator. Er umfasst fast alle Klimazonen und Geländeformen: von Gletschern bis zu Urwäldern, von Bergen bis zu Wüsten. Das Gebirge im Westen reicht von Alaska bis Costa Rica – der bekannteste Teil sind die Rocky Mountains. Die Vereinigten Staaten (USA) und Kanada sind die größten unter den 23 Ländern.

WELTREKORDE

Größte Schlucht der Erde
Grand Canyon (USA):
446 km lang, 16 km breit,
bis zu 1,6 km tief

Größter Süßwassersee
Oberer See (USA/Kanada),
Fläche: 82 100 qkm

Längstes Höhlensystem
Mammoth Cave (USA):
Die Gänge sind 565 km lang.

Größter aktiver Vulkan
Mauna Loa (Hawaii, USA):
4170 m hoch, 120 km lang,
50 km breit

Längste Grenze
Kanada zu USA: 6416 km

Höchster aktiver Geysir
Steamboat Geysir (Yellowstone-Park, USA); Auswurfhöhe: 115 m

Nordamerikanische Berge und Flüsse

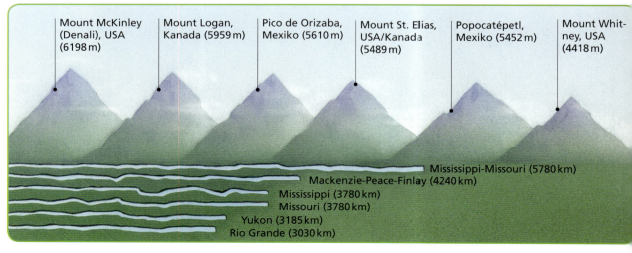

KONTINENTE

Südamerika

Fläche: 17 818 505 qkm
Einwohner: 375 441 000

Vom tropischen Norden erstreckt sich Südamerika 7240 km weit nach Süden bis zur sturmumtosten Halbinsel des Kap Hoorn. Von dort sind es nur noch 1000 km bis zur Antarktis. Die Anden ziehen sich an der gesamten Westküste entlang. Im Norden fließt der Amazonas, der zweitgrößte Fluss der Erde, aus den Anden durch dichte Regenwälder, die einst über ein Drittel des Kontinents bedeckten.

Die Atacama-Wüste ist der trockenste Ort der Erde. In manchen ihrer Teile hat es vermutlich noch nie geregnet.

WISSENSWERTES

Obwohl die meisten Länder Südamerikas Spanisch als erste Landessprache angeben, sprechen die meisten Südamerikaner Portugiesisch – wie im größten Land Südamerikas: Brasilien.

WELTREKORDE

Längstes Gebirge der Erde
Anden: 7600 km lang

Trockenster Ort
Atacama-Wüste: weniger als 1,3 mm Niederschlag pro Jahr

Höchster Wasserfall
Angel-Fälle, Venezuela: 985 m

Höchstgelegene Hauptstadt
La Paz, Bolivien: auf 3631 m Meereshöhe

Höchstgelegener befahrbarer See
Titicacasee, Peru/Bolivien: 3810 m Meereshöhe

Wasserreichster Fluss
Amazonas: Pro Sekunde fließen 200 000 Kubikmeter Wasser in den Atlantik.

Größtes Flussbecken
Amazonasbecken im nördlichen Südamerika: Es bedeckt 7 045 000 qkm.

Größte Lagune
Patos-Lagune, Brasilien: 9850 qkm groß

Südamerikanische Berge und Flüsse

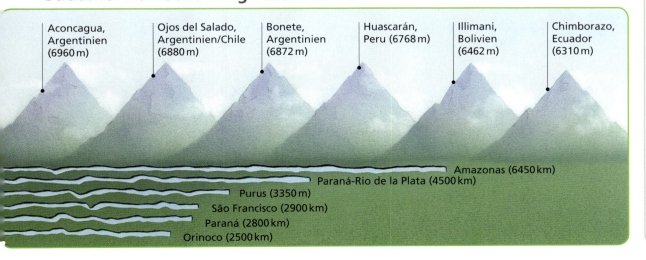

DIE KONTINENTE

Europa

Fläche: 10 354 636 qkm
Einwohner: 689 546 932

Geologisch betrachtet ist Europa kein eigenständiger Kontinent, sondern der westliche Teil Eurasiens. Im Westen wird Europa vom Atlantischen Ozean, im Osten vom Ural, im Norden vom Nordpolarmeer und im Süden vom Mittelmeer begrenzt. Südeuropa hat milde Winter und trockene Sommer, im Norden ist das Klima kühler mit ausgeprägten Jahreszeiten.

Die Schweizergarde – gegründet Anfang des 16. Jh. – schützt den kleinsten Staat der Welt: die Vatikanstadt.

WELTREKORDE

Kleinster Staat der Erde
Vatikanstadt: 0,44 qkm

Höchster Stalagmit
In der Krásnohorská-Höhle, Slowakei: 32 m hoch

Europäische Berge und Flüsse

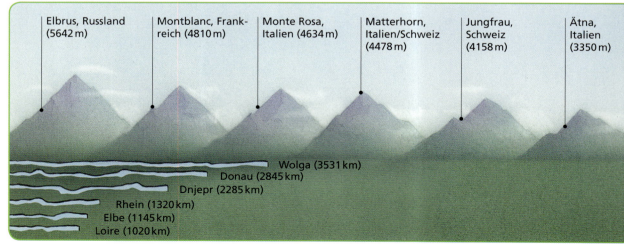

KONTINENTE

Afrika

Fläche: 30 354 852 qkm
Einwohner: 909 154 000

Der zweitgrößte Kontinent der Erde reicht von der Südküste des Mittelmeers bis zum Kap Agulhas. In Afrika gibt es 53 unabhängige Staaten; der größte ist der Sudan, der kleinste Festlandstaat ist Gambia. Im Norden des Kontinents erstreckt sich die Sahara – die größte Wüste der Erde. Die Bevölkerung des Nordens ist vorwiegend arabisch, die vorwiegend schwarze Bevölkerung des Südens geht auf Hunderte von Stammesgruppen zurück.

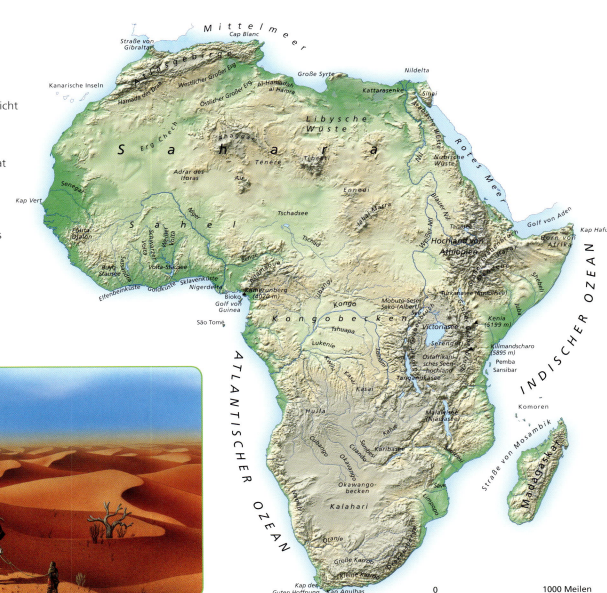

Die Senken der Sahara sind von Sanddünen geprägt, an anderen Stellen herrschen Fels oder Geröll vor.

Afrikanische Berge und Flüsse

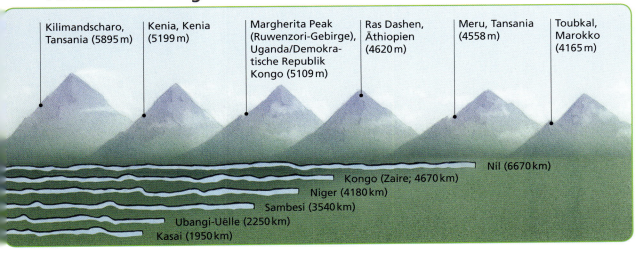

- Kilimandscharo, Tansania (5895 m)
- Kenia, Kenia (5199 m)
- Margherita Peak (Ruwenzori-Gebirge), Uganda/Demokratische Republik Kongo (5109 m)
- Ras Dashen, Äthiopien (4620 m)
- Meru, Tansania (4558 m)
- Toubkal, Marokko (4165 m)

- Nil (6670 km)
- Kongo (Zaire; 4670 km)
- Niger (4180 km)
- Sambesi (3540 km)
- Ubangi-Uëlle (2250 km)
- Kasai (1950 km)

WELTREKORDE

Größte Wüste der Erde
Sahara, Nordafrika: über 9 000 000 qkm

Längster Fluss
Nil, Nordafrika: 6670 km lang

Größter künstlicher See
Volta-Stausee, Ghana: 8482 qkm groß

Höchste Temperatur
In Al Aziziyah (Libyen) wurden am 13. September 1922 58 °C im Schatten gemessen.

DIE KONTINENTE

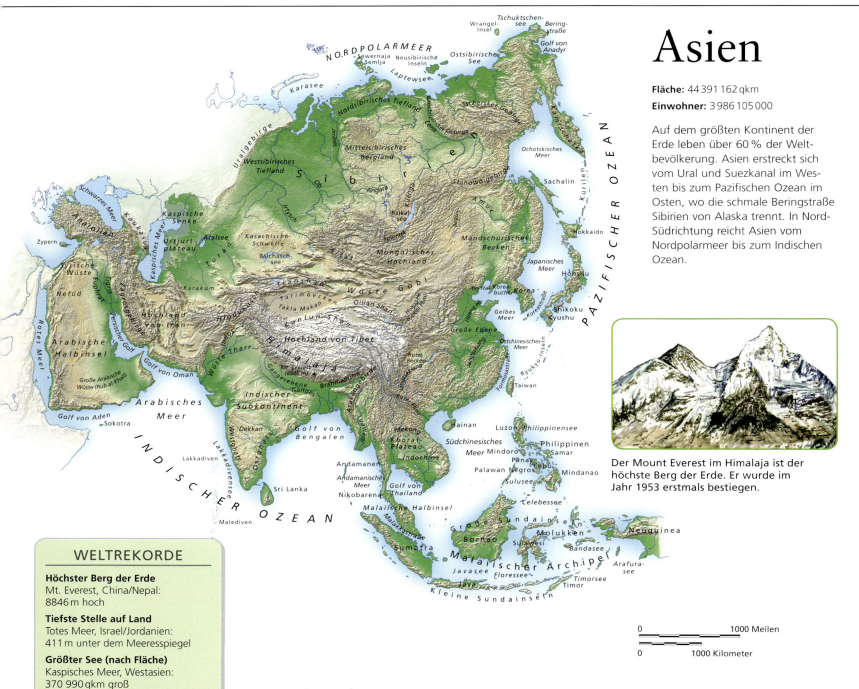

Asien

Fläche: 44 391 162 qkm
Einwohner: 3 986 105 000

Auf dem größten Kontinent der Erde leben über 60 % der Weltbevölkerung. Asien erstreckt sich vom Ural und Suezkanal im Westen bis zum Pazifischen Ozean im Osten, wo die schmale Beringstraße Sibirien von Alaska trennt. In Nord-Südrichtung reicht Asien vom Nordpolarmeer bis zum Indischen Ozean.

Der Mount Everest im Himalaja ist der höchste Berg der Erde. Er wurde im Jahr 1953 erstmals bestiegen.

WELTREKORDE

Höchster Berg der Erde
Mt. Everest, China/Nepal:
8846 m hoch

Tiefste Stelle auf Land
Totes Meer, Israel/Jordanien:
411 m unter dem Meeresspiegel

Größter See (nach Fläche)
Kaspisches Meer, Westasien:
370 990 qkm groß

Ältester und größter See (nach Inhalt)
Baikalsee, Russland: 25 Mio. Jahre alt; enthält 23 000 Kubikkilometer Wasser

Größter Staat (nach Fläche)
Russland: 17 075 400 qkm

Größter Staat (nach Einwohnern)
China: 1 313 974 000 Einwohner

Größte Stadt (nach Einwohnern)
Tokio, Japan: 35 197 000 Einwohner

Längste Mauer
Große Mauer von China, geschätzte Gesamtlänge: etwa 6000 km

Längste Eisenbahnlinie
Transsibirische Eisenbahn: 9297 km

Asiatische Berge und Flüsse

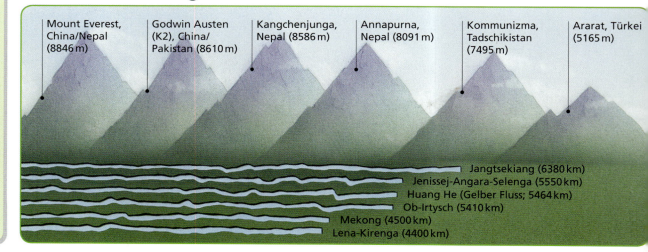

Ozeanien

Fläche: 8 507 753 qkm
Einwohner: 32 289 000

Die Region Ozeanien umfasst Australien, Neuguinea, Neuseeland und Tausende von Inseln, die im Pazifik verstreut liegen. Die Inseln werden oft in drei Gruppen zusammengefasst: Mikronesien, Polynesien und Melanesien. Australien ist der kleinste und trockenste Kontinent und der einzige, der nur aus einem Staat besteht.

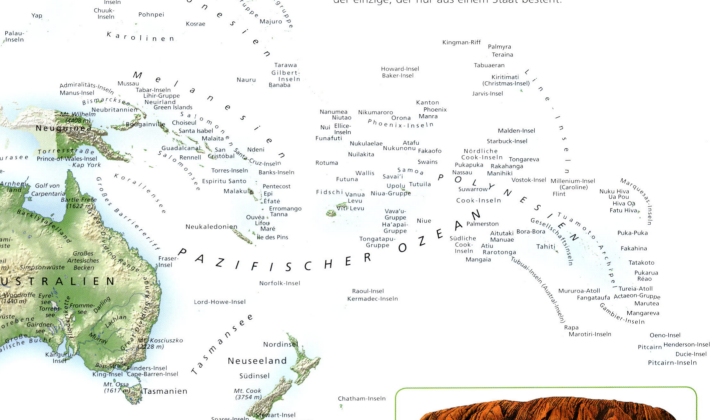

Der Uluru (Ayers Rock) ist der größte Einzelfelsen (Monolith) der Erde. Dieses Heiligtum der Aborigines liegt im Zentrum Australiens.

Berge und Flüsse in Ozeanien

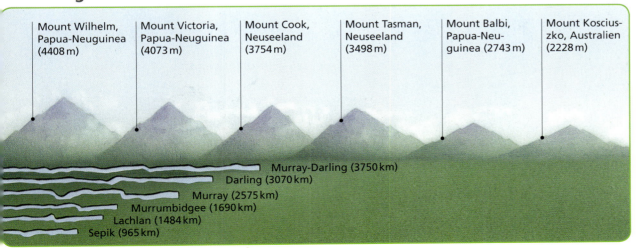

WELTREKORDE

Längstes Korallenriff der Erde
Großes Barriereriff, Australien: über 2000 km lang

Größter Monolith
Uluru (Ayers Rock), Australien: 348 m hoch, 2,5 km lang, 1,6 km breit

Größte Sandinsel
Fraser-Insel, Australien: 120 km lang

Inseln

Die „grüne Insel" Irland gehört geologisch zu den Britischen Inseln, einer Inselgruppe auf dem Kontinentalschelf.

Inseln sind völlig von Wasser umgebene Landflächen. Es gibt sie in allen Meeren und Ozeanen – manche sind winzig, andere riesig wie Grönland. Man unterscheidet zwei Formen von Inseln: Kontinentale Inseln auf dem Schelf sind Reste von Kontinenten, die vom Wasser umspült werden.

Ozeanische Inseln sind aktive oder erloschene Vulkane, die vom Meeresboden bis über die Wasseroberfläche reichen; sie haben keine Verbindung zum Kontinentalschelf. Auf solchen isolierten Inseln haben sich häufig einzigartige Tiere und Pflanzen entwickelt.

Wie entstehen kontinentale Inseln?

Wenn der Meeresspiegel ansteigt, überflutet das Wasser alle tief liegenden Küstenregionen. Höhen und kleine Berge bleiben oberhalb der Wasserlinie und werden zu Inseln.

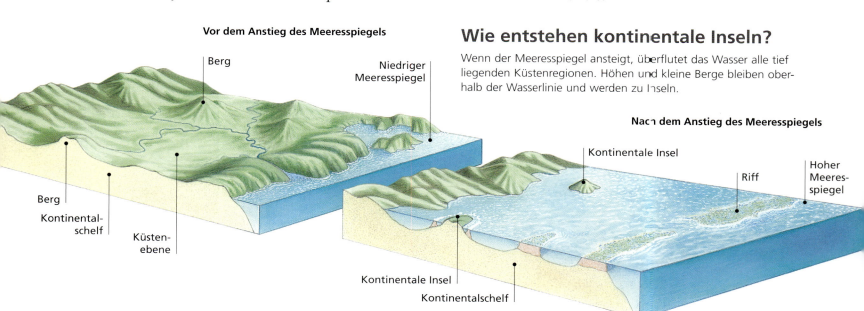

Die fünf größten Inseln

Grönland
Geografisch gehört die größte Insel der Erde zum nordamerikanischen Kontinent, politisch ist sie ein Teil Dänemarks.

2 175 600 qkm

Ein Eisberg mit einem spektakulären Bogen treibt vor der Küste Grönlands.

Neuguinea
Diese kontinentale Insel trennte sich von Australien, als der Meeresspiegel anstieg und die Torresstraße überflutete. Daher ist die Natur von Australien und Neuguinea sehr ähnlich.

808 510 qkm

Traditionelle Häuser in Neuguinea: Palmen liefern Holz und Blätter für die Dächer.

Borneo
Borneo gehört zu Asien. Hier wachsen rund 15 000 Blütenpflanzen-Arten. 221 Säugetier- und 420 Vogelarten kommen nur hier vor.

745 561 qkm

In den Gebirgen und an der Korallenküste Borneos leben über 30 Stammesgruppen.

Madagaskar
Im Osten der Insel erhebt sich ein Gebirge, im Norden Vulkane und im Südwesten dehnt sich ein Hochplateau aus.

587 040 qkm

Lemuren kommen ausschließlich auf Madagaskar vor.

Baffin-Insel
Das Zentrum dieser arktischen Insel im Norden Kanadas ist von einem mächtigen Gletscher bedeckt.

507 451 qkm

Der nördliche Polarkreis verläuft mitten durch die Baffin-Insel.

Die ozeanische Insel Mauritius entstand als Vulkan über einem Hot Spot.

BEDROHTE LEBENSRÄUME

Manche Tiere auf isolierten Inseln überleben nur innerhalb des Ökosystems ihrer Insel und vertragen keinerlei Störung. Als die Insel Mauritius 1507 entdeckt wurde, lebte dort der Dodo. Er konnte nicht fliegen und war leicht zu jagen – 1680 hatten ihn die Einwohner ausgerottet.

Dodo

Atolle

Ein Atoll ist ein Korallenriff, das sich über den Meeresspiegel erhebt. Es umschließt als geschlossener oder teilweise offener Ring eine Wasserfläche – die Lagune. Atolle bilden sich, wenn ein Vulkan unter dem Meer ausbricht und bis über den Meeresspiegel wächst. Korallen siedeln sich an und bilden ein Riff um den Vulkankegel. Während das vulkanische Gestein abkühlt, schrumpft und der Vulkan langsam unter den Meeresspiegel sinkt, bauen die Korallen weiter am Riff.

BEDROHTE LEBENSRÄUME

Die Atolle, Riffe und Inseln der Malediven gehören zu den empfindlichsten Lebensräumen der Erde. Der höchste Punkt der Inseln ragt gerade einmal 2,30 m über den Meeresspiegel. Schon beim kleinsten Wasseranstieg können viele Inseln überflutet werden.

- Korallen wachsen bei Meerestemperaturen über 20 °C.
- Barriereriff
- In der flachen Lagune können keine Korallen wachsen.
- Korallensand bildet den Strand.
- Auf einem Atoll wachsen nur Pflanzen mit flachen Wurzeln.
- Abgerutschtes Kalkgestein
- Basaltschichten lagerten sich bei wiederholten Ausbrüchen des Vulkans übereinander.
- Gipfel des Vulkans
- Kleinere Korallenriffe wachsen im flachen Wasser in die Breite und Höhe – pro Jahr um etwa 1 cm.

INSELN   159

Bora Bora in Polynesien ist ein vulkanisches Atoll mit Lagune und Barriereriff.

Die Kokosinseln bestehen aus zwei Hauptatollen und mehreren Koralleninselchen.

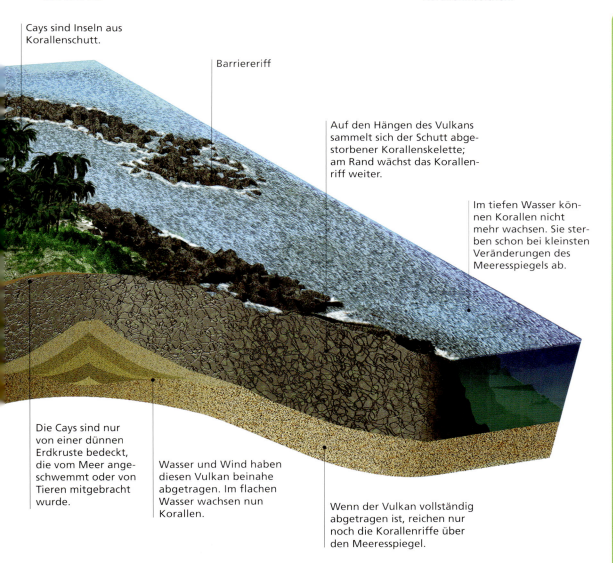

Cays sind Inseln aus Korallenschutt.

Barriereriff

Auf den Hängen des Vulkans sammelt sich der Schutt abgestorbener Korallenskelette; am Rand wächst das Korallenriff weiter.

Im tiefen Wasser können Korallen nicht mehr wachsen. Sie sterben schon bei kleinsten Veränderungen des Meeresspiegels ab.

Die Cays sind nur von einer dünnen Erdkruste bedeckt, die vom Meer angeschwemmt oder von Tieren mitgebracht wurde.

Wasser und Wind haben diesen Vulkan beinahe abgetragen. Im flachen Wasser wachsen nun Korallen.

Wenn der Vulkan vollständig abgetragen ist, reichen nur noch die Korallenriffe über den Meeresspiegel.

Querschnitt durch ein Atoll

Während der Vulkan versinkt und abgetragen wird, wachsen die Korallen an seinen Flanken immer weiter. Vögel bringen Samen mit, erste Pflanzen keimen und werden zu Humus – nach und nach entsteht eine Erdschicht.

Wie entsteht ein Atoll?
Während der Vulkan versinkt und abgetragen wird, bilden die Korallen das Riff. Eindringendes Wasser lässt eine Lagune entstehen.

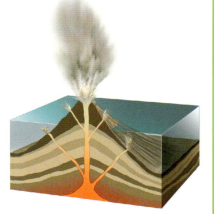

Aktiver Vulkan Durch ausströmendes Magma erhebt sich ein Vulkan über den Meeresspiegel.

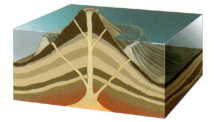

Saumriffe Im Flachwasser rund um den Vulkan bilden die Korallen ein Saumriff.

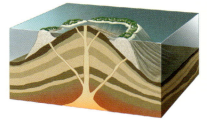

Lagune Der Vulkan verschwindet, das Riff um die Lagune bleibt stehen.

Ökosysteme

Auf der Erde leben vermutlich zwischen 10 und 100 Millionen Tier- und Pflanzenarten. Die belebte Biosphäre – das Land, das Wasser und die Luft – ist in viele verschiedene Lebensräume untergliedert. Im Verlauf von vielen Millionen Jahren mussten sich Tiere und Pflanzen immer wieder an neue Lebensräume anpassen. Die Evolution sorgte dafür, dass die Umwelt und ihre Bewohner schließlich perfekt aufeinander abgestimmt waren. Die Gemeinschaft aller Lebensformen und ihrer Umwelt nennt man Ökosystem. In einem Ökosystem sind alle Organismen voneinander abhängig.

Die belebte Welt
In jedem Lebensraum der Erde gibt es spezielle Pflanzen- und Tiergemeinschaften. Das Bild zeigt einen Querschnitt durch verschiedene Lebensräume: vom tropischen Regenwald (links) bis hin zum arktischen Eis (rechts).

Ozeane
Fast 71 % der Erdoberfläche sind von Wasser bedeckt. Das Leben im Meer ist abhängig vom Breitengrad und der Wassertiefe. Viele Meerestiere unternehmen lange Wanderungen.

Tropische Wälder
Regenwälder wachsen nur in ganzjährig heißen und regenreichen Regionen. In den gemäßigten Klimazonen mit Jahreszeiten gedeihen andere Wälder.

Savannen
In den subtropischen Savannen wechseln Trocken- mit Regenzeiten ab. Hier gedeiht nur Gras; für Bäume ist es zu trocken.

Wüsten
Wo regelmäßig mehr Wasser verdunstet als abregnet, entstehen Wüsten. Sie bilden sich in den Subtropen, an Westküsten oder im Inneren von Kontinenten.

ÖKOSYSTEME 161

Ökosysteme der Erde

Legende
- Tropische Wälder
- Nadelwälder und Wälder der gemäßigten Breiten
- Savannen, Grasländer
- Tundra
- Wüsten
- Gebirge
- Polare Regionen

Gebirge
Mit zunehmender Höhe nimmt die Temperatur ab und der Wind weht stärker. Die Tiere des Gebirges benötigen ein dickes Fell.

Tundra und polare Regionen
In Regionen mit ewigem Eis und Schnee können Pflanzen nicht überleben. Nur in der Tundra, wo der Boden im Sommer auftaut, wachsen niedrige Pflanzen.

Gemäßigte Grasländer
In Regionen mit kühlen Wintern und wenig Regen wachsen weite Grasflächen. Je nach Kontinent heißen sie Prärie, Steppe oder Pampa. Gelegentlich kommen auch Sträucher oder Bäume vor.

Wälder der gemäßigten Breiten
In feuchten Klimazonen wachsen viele Bäume. Sind die Winter sehr kalt, werfen sie ihre Blätter ab. Einige der hier lebenden Tierarten ziehen im Winter in warme Regionen.

Nadelwälder
Ein breiter Gürtel auf der Nordhalbkugel wird von Nadelwäldern eingenommen. Hier herrschen lange Winter mit gefrorenen Böden.

Tropische Wälder

In den weiten Flussebenen nördlich und südlich des Äquators herrscht ein heißes, feuchtes Klima. Nur dort, wo das ganze Jahr über täglich Regen fällt, breitet sich tropischer Regenwald aus. Hier leben mehr Arten als in anderen Lebensräumen, es ist schwülheiß und die Pflanzen wachsen dicht und üppig. In weiten Teilen der Tropen gibt es ausgeprägte Trocken- und Regenzeiten. Hier wächst der Wald nur locker.

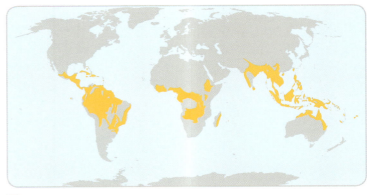

Tropische Wälder

Das Leben in einer Bromelie

Bromelien sind Aufsitzerpflanzen (Epiphyten), die hoch oben auf den Ästen von Bäumen wachsen. In ihren trichterförmig zusammenstehenden Blättern sammelt sich das Regenwasser. Diese „Bromelientümpel" locken Tiere an, die ihre Ausscheidungen hinterlassen und damit die Pflanzen düngen.

Flache Wurzeln

Die Bäume des Regenwalds bilden nur sehr flache Wurzeln aus. Sie stützen ihr Gewicht mit bis zu 10 m hohen Stütz- oder Brettwurzeln ab, die an Flossen aus Holz erinnern.

Stummelfüßer leben normalerweise auf dem Waldboden. Forscher haben sie aber auch in Bromelien entdeckt.

Ein weiblicher Pfeilgiftfrosch entlässt Kaulquappen in die Sicherheit eines Bromelientümpels.

Eine Zwergbeutelratte sucht im Wasser nach Libellenlarven.

Eine Baumschleiche trinkt Wasser aus der Bromelie.

Käferlarven machen Jagd auf Kaulquappen.

Zwischen den Blättern jagen und verstecken sich die unterschiedlichsten Schnecken.

Räuberische und Aas fressende Ameisen suchen zwischen den Blättern nach Futter.

Der Boden des Regenwalds enthält kaum Nährstoffe. Die Wurzeln breiten sich knapp unter der Oberfläche aus und fangen alle Nährstoffe ein, ehe sie ausgewaschen werden.

Die Wurzelspitzen umschließen ein herabgefallenes Blatt.

ÖKOSYSTEME

Südamerikanischer Regenwald
Das Bild zeigt einen Ausschnitt aus einem typischen tropischen Regenwald: hohe Bäume mit Stützwurzeln, geraden Stämmen und weit oben sitzenden Kronen, Lianen und Kletterpflanzen, Bromelien und andere Epiphyten, Pilze auf dem Waldboden und viele Tiere.

Tropische Wälder

In einem tropischen Regenwald konkurrieren große, bis zu 30 m hohe Bäume um das Sonnenlicht. Die Bäume und Sträucher unter ihren Kronen bilden drei deutliche „Etagen" und auf dem dunklen, kühlen und feuchten Boden gedeihen kleinere Pflanzen.

Der Bwindi-Regenwald im ostafrikanischen Uganda beheimatet etwa die Hälfte aller Berggorillas der Welt.

Auf dem Waldboden

Sobald ein Baum einen Ast verliert oder umstürzt, beginnt er zu verrotten. Von seinem Holz leben Pilze und Käfer, die Bakterien verdauen die Abfälle. Moose, Farne und andere kleine Pflanzen überwachsen die Holzreste. Ihre Wurzeln versorgen sich mit Nährstoffen aus der Erde, die sich in kleinsten Rissen und Spalten gesammelt hat.

Vögel suchen zwischen den verrottenden Blättern nach Insekten.

ÖKOSYSTEME

BEDROHTE LEBENSRÄUME

Im Amazonasbecken dehnt sich der größte tropische Regenwald der Erde aus, doch jedes Jahr werden etwa 23 310 qkm davon gerodet. Diese Vernichtung muss gestoppt werden.

Regenwaldfläche früher

Regenwaldfläche heute

Die Nutzung des Regenwalds

Obwohl sich die weiten, von Wald bedeckten Flächen kaum als Ackerland eignen, werden sie in Felder und Weiden umgewandelt. Illegale Holzfäller schlagen das wertvolle Tropenholz und öffnen damit den Wald für andere Nutzungen.

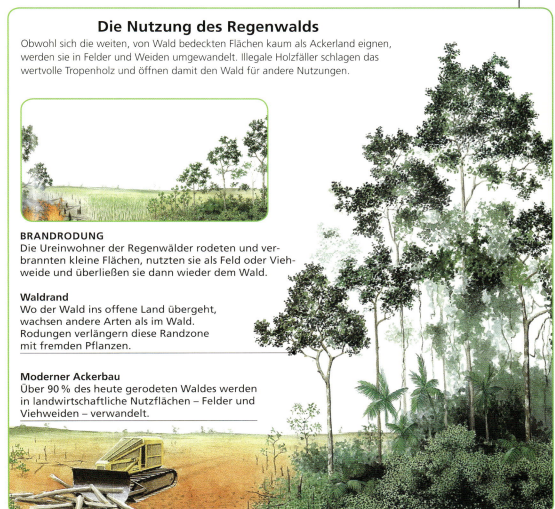

BRANDRODUNG
Die Ureinwohner der Regenwälder rodeten und verbrannten kleine Flächen, nutzten sie als Feld oder Viehweide und überließen sie dann wieder dem Wald.

Waldrand
Wo der Wald ins offene Land übergeht, wachsen andere Arten als im Wald. Rodungen verlängern diese Randzone mit fremden Pflanzen.

Moderner Ackerbau
Über 90 % des heute gerodeten Waldes werden in landwirtschaftliche Nutzflächen – Felder und Viehweiden – verwandelt.

Termiten fressen große Mengen organischen Abfalls, vor allem Holz und Baumrinde.

Laub- und Nadelwälder

Klima und Boden bestimmen, welche Bäume wachsen – und die Art der Bäume bestimmt den Unterwuchs. Der kalte Norden wird von den immergrünen, borealen Nadelwäldern eingenommen, auf ihrem dunklen Boden wachsen kaum Pflanzen. In den Laubwäldern der gemäßigten Breiten blühen im Frühling zahlreiche Pflanzen, bevor die Baumkronen Schatten werfen. In manchen Regionen breiten sich vorwiegend Mischwälder aus Laub- und Nadelbäumen aus.

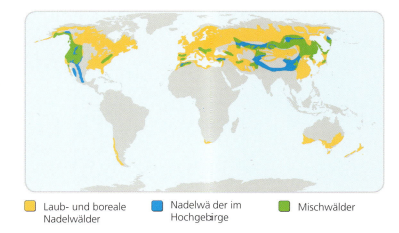

☐ Laub- und boreale Nadelwälder   ☐ Nadelwälder im Hochgebirge   ☐ Mischwälder

Das Leben im Wald

Ein Wald liefert Samen, Nüsse, Früchte und Blätter. Auf den Lichtungen wachsen Gras und Kräuter, in den Bäumen nisten Vögel und andere Tiere. Fleischfressende Tiere machen Jagd auf Pflanzenfresser.

Grasländer

In Regionen, in denen zwar mehr Regen fällt als in Wüsten, die aber zu trocken sind für Wälder, wachsen nur wenige oder gar keine Bäume. Hier setzen sich die robusteren Gräser durch. Diese Grasländer oder Grasebenen werden je nach Kontinent unterschiedlich bezeichnet: die Prärien Nordamerikas, die Pampa Südamerikas, die Grassteppen Europas, die sich von Ungarn bis nach China in Asien ziehen, und die tropischen Savannen Afrikas.

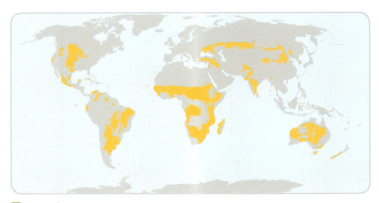

Gras-Ökosysteme

BEDROHTE LEBENSRÄUME

Im 19. und 20. Jh. wurden große Teile der amerikanischen Prärie umgepflügt und in Getreidefelder verwandelt. Von der ursprünglichen Prärie blieb nicht viel erhalten; heute erobert sie an einigen Stellen wieder Flächen zurück.

Präriefläche früher

Präriefläche heute

Einst zogen unzählige Bisons über die amerikanische Prärie. Sie wurden beinahe ausgerottet, erholen sich jetzt aber wieder (hier: Grand-Teton-Nationalpark, Wyoming).

Grasländer der Erde

Gräser sind die wichtigsten Pflanzen dieser Ökosysteme. Auf jedem Kontinent wachsen andere Arten und mit ihnen unterschiedliche Kräuter. Große Säugetierherden weiden das Gras ab. In den gemäßigten Breiten dienen die meisten Grasflächen als Viehweiden oder Felder.

Eine Antilopenherde grast in der afrikanischen Savanne.

Blumen bringen Farbe in die Steppe von Kasachstan.

Die argentinische Pampa wird heute meist als Viehweide genutzt.

In den west- und südaustralischen Steppen leben Kängurus.

ÖKOSYSTEME 169

Afrikanische Savanne

In der afrikanischen Savanne wechseln offene Grasflächen mit einzelnen, dornigen Bäumen ab. Hier leben große Herden von weidenden Säugetieren und Raubtiere, die Jagd auf sie machen; außerdem zahlreiche Vögel, Reptilien und Kleintiere. Große Teile der Savanne sind mittlerweile als Nationalparks geschützt – Wilderer sind aber noch immer ein Problem.

Tundra

Die Tundra dehnt sich nördlich des Nadelwaldgürtels aus. Wegen der Kälte, der stürmischen Winde und des dauerhaft gefrorenen Bodens (Permafrost) können dort keine großen Waldbäume wachsen. Im Sommer taut die Bodenoberfläche auf, dann wachsen Seggen in den feuchten Senken, Moose und Flechten zwischen den Felsen und Gräser und bunte Blumen auf den etwas trockeneren Flächen.

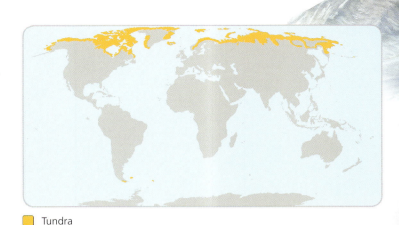

Tundra

Die Blütenpflanzen am Mount Marathon in Alaska (USA) nutzen den kurzen Sommer zwischen der Eisschmelze und dem nächsten Winter. Im folgenden Jahr keimen die Samen aus.

BEDROHTE LEBENSRÄUME

Eisbären leben in der arktischen Tundra und gehen auf dem Packeis auf die Jagd nach Robben. Der Lebensraum der Eisbären ist durch die Erderwärmung bedroht.

Der Gletscher auf einer Insel vor Kap Hoorn zieht sich zurück.

ÖKOSYSTEME

Arktische Tundra

Die Bäume an der Baumgrenze sind starken Stürmen ausgesetzt, deshalb bilden sie auf der Windseite keine Äste. Gräser, Moose, Flechten und andere niedrige Pflanzen kommen besser zurecht. Am Boden ist der Wind nicht so stark und die Temperatur etwas höher. Der warme Sommer reicht für eine kurze Vegetationsperiode.

Kampf gegen die Kälte

Der Gletscher-Hahnenfuß ist an die bittere Kälte angepasst. Er kommt mit einer kurzen Vegetationsperiode aus.

Die weißen Blütenblätter reflektieren das Sonnenlicht ins Innere der Blüte.

Die Blüten drehen sich im Lauf des Tages mit der Sonne.

Das dunkle Zentrum absorbiert die Wärme und wärmt die Blüte auf.

Kräftige Wurzeln verankern die Pflanze im Boden.

Wüsten

Weniger als 100 mm Niederschlag pro Jahr, heiße Tage und zum Teil eisig kalte Nächte bestimmen das Leben in diesen trockenen Regionen der Erde. Wichtige Wüsten der Nordhalbkugel sind die Sahara, die Arabische Wüste, die Wüste Tharr und die Wüsten im Südwesten der USA und in Mexiko. Bedeutende Wüsten der Südhalbkugel sind die Namib und Kalahari in Afrika, die Atacama in Südamerika und die Wüsten Zentralaustraliens.

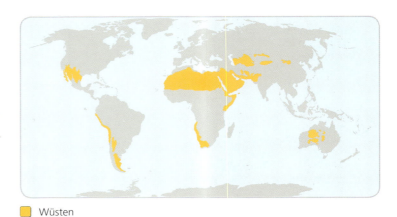

☐ Wüsten

Wegen ihrer riesigen Ausdehnung werden die Sanddünen der Sahara auch „Meer aus Sand" genannt. Wie Meereswellen sind auch Sanddünen ständig in Bewegung.

BEDROHTE LEBENSRÄUME

Nach ungewöhnlich langen Trockenperioden breiten sich die Wüsten aus. Erst wenn es wieder regnet, erobern Pflanzen die Wüste zurück. Auch zu große Viehherden auf zu kleinen Flächen zerstören die Pflanzendecke; der Boden kann sich fast nicht mehr erholen. Diesen Prozess nennt man Desertifikation. Die Karte zeigt bedrohte Flächen in Afrika.

☐ arid
☐ geringe Bedrohung
☐ bedroht

Ein giftiges Gila-Monster sonnt sich in der Wüste von Arizona (USA).

ÖKOSYSTEME

Wüste in Asien
In der Wüste Tharr (Nordwestindien und Pakistan) ragen Felsen zwischen den Sanddünen hervor.

Wüste in Australien
Die spitzen Kegel in der Pinnacle-Wüste (Westaustralien) sind Reste einer Kalksteinformation aus abgelagerten Muschelschalen.

Wüste in Nordamerika
Die hohen Saguaro-Kakteen in der Sonora-Wüste (USA) speichern Wasser und Nährstoffe in ihren grünen Stängeln.

Heiß und kalt

Fels und Sand heizen sich in der Sonne rasch auf. Wenn die Sonne untergeht, strahlen sie die Wärme genauso schnell wieder ab. Daher sind die Tage in der Wüste zum Teil extrem heiß und die Nächte kalt.

Die Oberfläche der Wüste nimmt am Tag sehr viel Wärme auf.

In der Nacht gibt die Oberfläche die gespeicherte Wärme ab.

Warum sind Wüsten trocken?

Wenn kühle, feuchte Luft an einem Gebirge aufsteigt, gibt sie die Feuchtigkeit als Regen ab. Auf der anderen Seite des Gebirges sinkt die trockene Luft wieder nach unten, heizt sich auf und wird noch trockener.

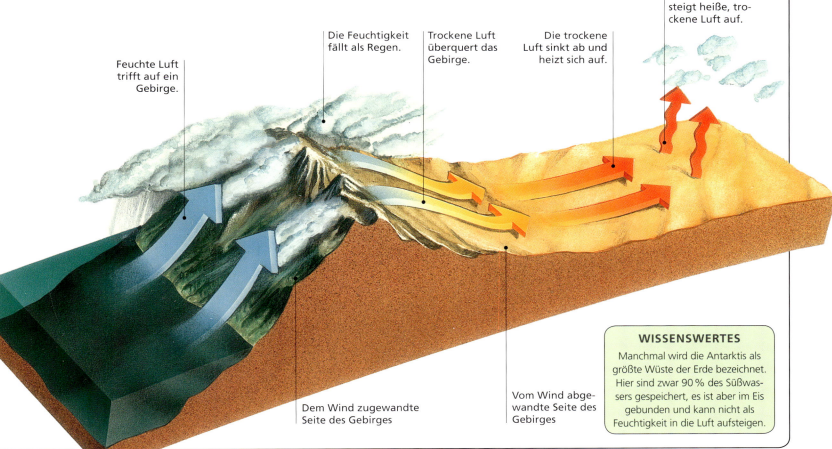

Feuchte Luft trifft auf ein Gebirge.

Die Feuchtigkeit fällt als Regen.

Trockene Luft überquert das Gebirge.

Die trockene Luft sinkt ab und heizt sich auf.

Über der Wüste steigt heiße, trockene Luft auf.

Dem Wind zugewandte Seite des Gebirges

Vom Wind abgewandte Seite des Gebirges

WISSENSWERTES
Manchmal wird die Antarktis als größte Wüste der Erde bezeichnet. Hier sind zwar 90 % des Süßwassers gespeichert, es ist aber im Eis gebunden und kann nicht als Feuchtigkeit in die Luft aufsteigen.

Wüsten

In manchen Wüsten fällt jahrelang kein Regen. Dann bricht plötzlich ein Sturm los und es regnet einige Stunden sehr heftig. Hier kann nur überleben, wer an die Hitze angepasst ist und die wenigen Niederschläge optimal nutzt. Zwar sind alle Wüsten trocken und windig, aber nicht alle sind heiß: Der kalte Wind, der über die asiatische Wüste Gobi bläst, kühlt das Land stark ab, bringt aber keinen Regen.

Wachstumsschübe
Ein Saguaro-Kaktus wächst sehr langsam. Während der Regenzeit im Sommer legt er schubweise an Größe und Dicke zu. Saguaros blühen und fruchten erst nach etwa 30 Jahren. Sie werden 150–200 Jahre alt.

10 Jahre   50 Jahre   75 Jahre   100 Jahre   150–200 Jahre

Das Leben zwischen Spinifexgräsern

In den Wüsten Australiens wächst ein ungewöhnliches Gras: Spinifex. Das Innere eines Grasbüschels besteht aus abgestorbenen Blättern, die grünen Blätter sitzen außen. Obwohl ein Grasbüschel kaum höher wird als 90 cm, leben darin viele Tiere.

 Der Bogenfingergecko sucht in den Spinifexgräsern nach Termiten.

 Kleine Schaben finden zwischen den Halmen Nahrung und Schutz.

 Der Scharlachtrugschmätzer sucht in den Gräsern nach Schaben und anderen Insekten.

 Ein Flossenfüßer frisst kleine Echsen und Geckos.

 Der Stachelskink sucht nach Termiten und Kleintieren.

 Ein winziger Ningaui macht zwischen den Gräsern Jagd auf Insekten.

Wasserspeicher
Der Köcherbaum speichert Wasser in seinen sukkulenten Blättern und im weichen Gewebe des Stamms. Die weißen Zweige und hellen Stämme reflektieren das Sonnenlicht und schützen den Baum vor Überhitzung.

Die Weißflügeltaube frisst die Blüten und saftigen, nahrhaften Früchte der Saguaro-Kakteen.

ÖKOSYSTEME

Die Wüste bei Nacht

Blüten, Früchte und Samen des Saguaro-Kaktus locken viele Tiere an. Außerdem ist er Nistplatz für einige Vögel. Seine Blüten öffnen sich vorwiegend nachts.

Um sich vor Wasserverlust zu schützen, schließen sich die Blüten des Saguaro-Kaktus um die Mittagszeit.

Der Kaktuszaunkönig baut sein Nest auf den Zweigen des Saguaro-Kaktus.

Die Sonora-Kutscherpeitschennatter raubt die Nester von Vögeln aus, die auf dem Kaktus brüten.

Weißschwanz-Antilopenziesel trinken fast nie; sie nutzen die Feuchtigkeit von Samen, Früchten und Blütennektar.

Gilaspechte bauen ihre Nisthöhlen in die Stämme der Saguaro-Kakteen.

Nachts sind die Blütenfledermäuse unterwegs; mit ihren langen Zungen lecken sie Nektar aus den Blüten.

Die Blüten der Saguaro-Kakteen öffnen sich im Mai und Juni.

Gebirge

Berge sind fast immer Teil eines Gebirges oder einer Gebirgskette (Kordillere). Manche Gebirgsketten sind sogar Bestandteil von weltumspannenden Gebirgssystemen. Eines dieser Weltgebirge zieht sich um den Pazifischen Ozean und umfasst die Anden, Rocky Mountains und die Gebirge Alaskas in Amerika, die Gebirge Indonesiens, Japans, Neuguineas und Neuseelands. Das zweite große Gebirgssystem umfasst die Alpen und den Himalaja.

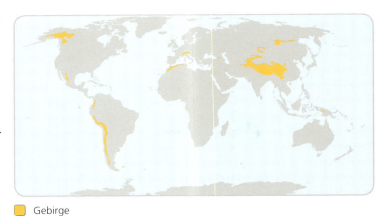

🟨 Gebirge

Das Matterhorn ist nicht nur einer der höchsten, sondern mit seiner charakteristischen Form auch einer der bekanntesten Berge der Alpen.

ÖKOSYSTEME

BEDROHTE LEBENSRÄUME

Der Mount Everest zieht viele Bergsteiger an, leider auch solche, die ihren Müll zurücklassen. Inzwischen haben Freiwillige die Abfälle entfernt und die Regierung von Nepal hat den Zugang zum Berg eingeschränkt.

Der Himalaja hebt sich noch immer, da die Indische Platte weiter nach Norden rückt. Daher wachsen die höchsten Berge der Welt jährlich etwa um weitere 0,5 cm.

Der Himalaja

Vor etwa 71 Mio. Jahren brach der indische Subkontinent vom Superkontinent Gondwana ab und wanderte nach Norden. Vor 30 Mio. Jahren stieß er auf die Eurasische Platte und drückte an der Kontaktzone den Himalaja in die Höhe. Vor 20 Mio. Jahren erreichte die Gebirgsbildung ihren Höhepunkt.

Wie entstand der Himalaja?

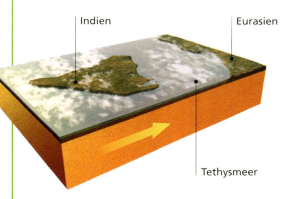

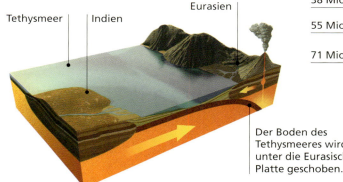

MioJ = Millionen Jahre vor heute

1 Indiens Reise beginnt
Die Indische Platte bricht von Gondwana ab und wandert nach Norden auf Eurasien zu. Das Tethysmeer beginnt sich zu schließen.

2 Auf dem Weg
Die Indische trifft auf die Eurasische Platte, der Boden des Tethysmeeres wird unter die Platte geschoben und das Sedimentgestein abgehobelt.

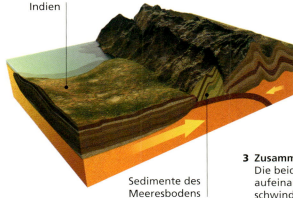

3 Zusammenstoß
Die beiden Landmassen stoßen aufeinander, das Tethysmeer verschwindet. Die Gesteine werden an der Kontaktzone nach oben gedrückt.

4 Falten und Heben
Der starke Druck auf die Eurasische Platte drückt die Gesteinsschichten zusammen. Sie werden gefaltet und in die Höhe geschoben.

Gebirge

Eine zerklüftete Landschaft, steile Hänge und ein raues Klima machen das dauerhafte Leben im Gebirge schwierig. Einige Tiere und Pflanzen haben sich jedoch an diese Bedingungen angepasst. Oberhalb der Baumgrenze gedeihen nur wenige Pflanzen, entsprechend gering ist das Nahrungsangebot für Pflanzenfresser. Große Herden finden hier keine Lebensgrundlage, aber kleine Gruppen von Bergziegen, Lamas und anderen Tieren nutzen die ökologischen Nischen der Gebirge.

Rocky Mountains Diese Pfeifhasen leben in den nordamerikanischen Rockys, die sich von New Mexico bis nach British Columbia erstrecken.

Anden Die Anden ziehen sich an der gesamten Westküste Südamerikas entlang. Hier leben u. a. Meerschweinchen und diese Lamas.

Alpen Auf den hoch gelegenen Almwiesen dieses europäischen Hochgebirges weiden unterschiedliche Tiere, z. B. Gämsen.

Tiere der Berge

Viele Bergtiere sind eng mit entsprechenden Arten im Tiefland verwandt. Andere Arten, wie die Argalis (Bergschafe), leben ausschließlich auf den steilen Hängen des Hochgebirges, wo sie vor Greifvögeln und Wildkatzen sicher sind.

Hoher Atlas Im Nordwesten Afrikas zieht sich dieses Hochgebirge über 2400 km an der Küste zum Mittelmeer entlang.

Tianshan Im Tianshan zwischen Russland und China erheben sich einige der schneebedeckten Gipfel über mehr als 6100 m.

Transantarktisches Gebirge Der Gebirgszug zieht sich etwa 4800 km durch die Antarktis. Felsen ragen aus dem Eisschild heraus.

Südalpen in Neuseeland Dieses alte, stark abgetragene Gebirge erreicht Höhen über 3660 m; es zieht sich durch die ganze Südinsel.

Tiere der Gebirge
1 Klippschliefer
2 Steinadler
3 Schneeziege
4 Puma
5 Taufrosch (Grasfrosch)
6 Laubheuschrecke
7 Weißschwanz-Jackrabbit

ÖKOSYSTEME 179

Flüsse

Viele Flüsse entspringen im Gebirge, schießen als kleine Gebirgsbäche über das Gestein, werden größer und vereinigen sich mit anderen Bächen. Andere Flüsse entspringen aus Quellen im Vorland von Gebirgen, wo das Grundwasser an die Oberfläche tritt. Mitgeführte Mineralien aus Zuflüssen liefern Nährstoffe für Wasserpflanzen. Davon leben Insekten und Fische, die ihrerseits von größeren Fischen und Vögeln gefressen werden.

BEDROHTE LEBENSRÄUME

Abfälle und Abwässer der Stadt verunreinigen den heiligen Fluss Bagmati in Katmandu (Nepal). Die meisten Flüsse leiden unter der Verschmutzung durch den Menschen. Die Situation ist aber nicht hoffnungslos, denn Flüsse können sich erholen.

Flüsse transportieren Süßwasser vom Land ins Meer. In der Ebene fließen die Flüsse langsamer und winden sich in Mäandern der Mündung zu. Die Mäander wandern, da der Fluss ein Ufer abträgt und am anderen Material ablagert.

Angel-Fälle, Venezuela (985 m)

Tugela-Fall, Südafrika (949 m)

Yosemite-Fälle, USA (739 m, komplette Fallhöhe)

Mardalsfossen, Norwegen (655 m, komplette Fallhöhe)

Empire State Building (443 m)

Wasserfälle

Die meisten Wasserfälle bilden sich an Verwerfungen im Untergrund oder an Geländestufen, wo hartes und weiches Gestein aufeinandertreffen. Der höchste Wasserfall der Welt sind die Angel-Fälle. Der breiteste Wasserfall, der Iguazú, erstreckt sich über 2,7 km an der Grenze zwischen Brasilien und Argentinien.

Der Iguazú umfasst 270 einzelne Wasserfälle; sie stürzen in den „Teufelsrachen".

Deltas

Vom Fluss zum Meer

Große Flüsse, die vor der Mündung durch eine weite Ebene fließen, verlieren an Geschwindigkeit. An Hindernissen teilen sie sich, lagern Sand und Schlick aus dem Oberlauf ab und bilden dadurch neue Hindernisse. Schließlich kann sich ein Netz aus Kanälen und Ablagerungen bilden: ein Delta.

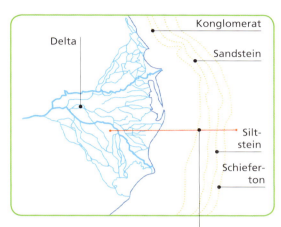

Das Delta des Nils beginnt etwa bei Kairo (Ägypten). Es ist 160 km lang und – an der Küste – 240 km breit.

Wie wächst ein Delta?

Beim Übergang ins Meer fließt der Fluss langsamer und lagert mitgeführte Sedimente ab. Da größere Flüsse ständig neues Material mitführen, lagert sich Schicht um Schicht ab und das Delta stößt weiter ins Meer vor.

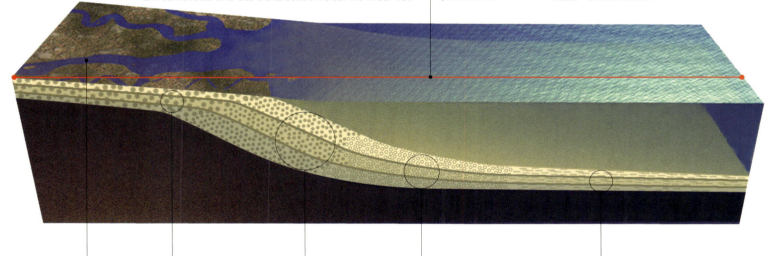

Delta | Schichten mit Konglomeraten | Schichten mit Sandstein | Schichten mit Siltstein | Schichten mit Schieferton

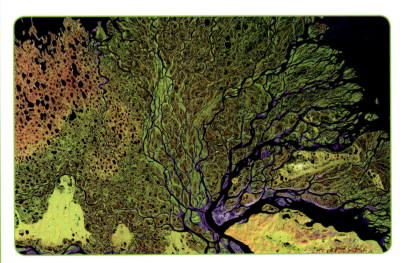

Verzweigtes Delta Flüsse, die große Sedimente transportieren, lagern sie an der Mündung ab und blockieren damit ihre eigenen Abflüsse. Das Wasser umfließt diese Hindernisse und verzweigt sich immer weiter.

Mäandrierendes Delta In Flüssen, die nur feinen Sand und Schlick transportieren, bleiben die Abflusskanäle offen. Sie bilden Mäander, die sich mit der Zeit verändern.

Flussmündungen

An der Flussmündung vermischt sich das Süßwasser eines Flusses mit dem Salzwasser des Meeres zu Brackwasser. Da der Fluss immer langsamer fließt, sinken der mitgeführte Sand und gröbere Sedimente zu Boden und bilden Sandbänke. Wo Salz- und Süßwasser aufeinandertreffen, lagern sich Bänke aus feinen Schlickpartikeln ab. Flussmündungen an Gezeitenküsten heißen Ästuarien: Die ständig wechselnden Bedingungen ziehen eine Vielzahl von Lebensformen an.

BEDROHTE LEBENSRÄUME

In Asien ist die Krabbenzucht ein wichtiger Wirtschaftszweig. Weil Krabbenfarmen vor allem in den Mangroven der Flussmündungen angelegt werden, sind viele dieser Lebensräume bedroht. Auch die Landwirtschaft gefährdet die Mangroven.

Leben in der Flussmündung

Wasservögel, Insekten, Würmer, Schalentiere, Krabben und Fische teilen sich diesen sicheren Lebensraum mit den Pflanzen. Hier sind sie geschützt und finden stets etwas zu fressen.

Ein Silberreiher späht im Wasser nach Fischen.

Ein Nebenfluss mündet in den Hauptfluss.

Meer

Hier treffen Fluss und Meer aufeinander.

Mangroven wachsen im Süß- oder Salzwasser.

Fluss

Aus der Vogelperspektive

Das Süßwasser eines Flusses mischt sich in einer geschützten Bucht mit dem salzigen Meerwasser. Bucht und Meer sind durch einen Kanal verbunden. Mangroven können auf beiden Seiten der Bucht wachsen.

Blaubarsche leben im Süß- und im Salzwasser.

Im Winter vergraben sich die Blauen Krabben im Schlamm.

Säbelschnäbler schwingen ihren Schnabel durch das Wasser, um Kleintiere zu fangen.

Geistergarnelen graben sich im Sand ein. Gegen Angreifer verteidigen sie sich mit den Scheren.

ÖKOSYSTEME

An der Mündung des Maroochy (Queensland, Australien) sind die Sandbänke deutlich zu erkennen.

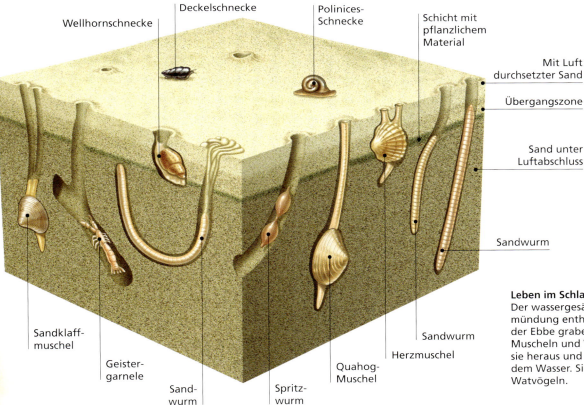

Flussmündungen

Manche Flussmündungen zum Meer wurden durch ein geologisches Ereignis verändert. Hier vier Beispiele für solche ungewöhnlichen Flussmündungen.

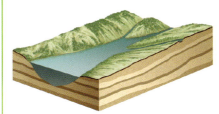

Ertrunkenes Flusstal Wenn der Meeresspiegel steigt, wird der letzte Abschnitt eines vorhandenen Flusstales überflutet.

Fjord Fjorde sind tiefe Täler mit steilen Hängen; sie wurden während der Eiszeit von einem Gletscher ausgehobelt.

Sandbank Flüsse, die viel Material mit sich führen, können vor der Mündung Sandbänke ablagern; dahinter liegt eine Lagune.

Grabenbruch Wenn ein Teil der Kontinentalscholle unter den Meeresspiegel einbricht, dringt Meerwasser ein.

Leben im Schlamm
Der wassergesättigte Schlamm in einer Flussmündung enthält keinen Sauerstoff. Während der Ebbe graben sich manche Schnecken, Muscheln und Würmer ein. Bei Flut kommen sie heraus und fischen Nahrungspartikel aus dem Wasser. Sie selbst werden zur Beute von Watvögeln.

Feuchtgebiete

In einem Feuchtgebiet ist der Boden ganz oder teilweise von einer flachen Wasserschicht bedeckt. Feuchtgebiete – Sümpfe, Marschen, Moore, Seeufer oder Flussmündungen – können im Salz- oder Süßwasser auftreten. Hier leben Pflanzen und Tiere, die viel Wasser, aber keine dauerhafte Überschwemmung benötigen. Vor allem Vögel stellen sich in Feuchtgebieten ein. Hier finden sie Brutstätten im Schilf und ausreichend Nahrung.

BEDROHTE LEBENSRÄUME

Das Pantanal in Brasilien ist das größte Feuchtgebiet der Erde. Im Sommer wird es von Flüssen überschwemmt. In den Marschen und Sümpfen leben Tausende von Pflanzen- und Tierarten. Da 99 % des Pantanal im Besitz von Viehzüchtern sind, ist das Ökosystem bedroht.

Der Mississippi-Alligator kommt in den Sümpfen, Marschen, Seen und Flüssen im Südosten der USA vor. Allein in den Everglades von Florida leben rund 1 Mio. Tiere.

VOM SEE ZUM MOOR
Wenn sich auf dem Boden eines Sees immer mehr Sedimente ansammeln, nimmt die Wassertiefe ab. Die Wurzeln von Pflanzen können am Rand Fuß fassen und sich in den See hinein ausbreiten.

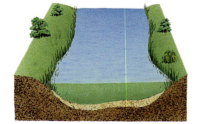

See Der See ist von festem Land umgeben. An seinen Ufern und im flachen Wasser wachsen Pflanzen.

Verlandung Pflanzen breiten sich in den See aus. Im feuchten Uferbereich wachsen Seggen und Schilf.

Flachmoor Der See ist verschwunden, Pflanzen bedecken fast die gesamte Fläche. Ein Moor ist entstanden.

ÖKOSYSTEME

Leben im Feuchtgebiet

Vögel finden im hohen Schilf Verstecke für ihre Nester und im Flachwasser Nahrung. Enten und andere Schwimmvögel suchen im offenen Wasser nach Futter. Viele Feuchtgebiete sind bedroht. Sie werden zugunsten von Landwirtschaft, Wohngebieten oder Wäldern trockengelegt.

Seeschwalben fliegen zum tieferen Wasser und tauchen dort nach Nahrung.

Im Schilf bauen Vögel ihre Nester oder ruhen sich aus.

Löffler, Säbelschnäbler und andere Watvögel finden ihre Nahrung im flachen Wasser.

Brachvogel

Krickente

Lappentaucher

Uferläufer und andere Vögel suchen im Schlamm nach Kleintieren.

Die Arktis

Auf den Inseln und in den Küstenregionen rund um das Nordpolarmeer sind die Sommer kurz. Wenn Schnee und Eis in der Tundra schmelzen, blühen die Pflanzen. Das Nordpolarmeer ist im Winter vollständig zugefroren, im Sommer taut es teilweise auf – zuerst an den Küsten. Hier im hohen Norden lauern die Eisbären den Robben auf, die Robben ernähren sich von Fischen und diese wiederum vom Krill.

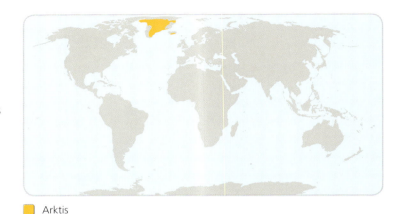

Arktis

Die Berge auf der Insel Spitzbergen, nördlich von Norwegen, liegen unter ewigem Eis und Schnee.

ÖKOSYSTEME

BEDROHTE LEBENSRÄUME

Die Arktis ist ein Gradmesser für die Klimaveränderung. Inzwischen haben sich die Meere so stark aufgewärmt, dass sich im Sommer deutlich weniger Packeis bildet. Der Rückgang der Eisdecke bedroht die traditionelle Lebensweise der Inuit und der Grönländer.

In den Polargebieten bleibt die Sonne im Sommer auch um Mitternacht über dem Horizont. Sie steigt zwar hoch und wieder ab, verschwindet aber nie völlig (Mitternachtssonne).

Inuit-Jäger
Früher lebten die Inuit als Nomaden und zogen mit Hundeschlitten umher. Heute leben sie in Städten und benutzen Schneemobile.

Polarforscher
Forscher fahren mit Eisbrechern, die sogar das Packeis durchqueren können, ins Nordpolarmeer.

Der Kampf gegen die Kälte

Die Tiere der Arktis sind gut gegen die Kälte geschützt. Landsäugetiere fressen sich für den Winter eine dicke Fettschicht an. Sie isoliert und liefert Energie. Ihr wasserdichtes, dickes Fell schließt wärmende Luft ein und die kleinen Ohren verhindern Wärmeverlust.

Rentier
Ihr dichtes Fell und eine dicke Fettschicht hält die Rentiere (Karibus in Nordamerika) warm.

Küstenseeschwalbe
Dieser Vogel verbringt den Sommer in der Arktis und fliegt im Winter bis in die Antarktis.

Junge Eisbären
Die jungen Eisbären werden mitten im Winter in einer Schneehöhle geboren. Ihre Mutter säugt sie, bis sie im Frühling die Höhle verlassen.

Walross
Walrosse ziehen sich mit ihren Stoßzähnen auf das Eis und benutzen sie, um Löcher für den Fischfang offenzuhalten.

Sattelrobbe
Die Sattelrobbe besitzt – wie alle Robben – eine isolierende Fettschicht (Blubber), die sie im Winter warm hält.

Die Antarktis

Die Antarktis ist der kälteste Ort der Erde. Große Tiere finden auf dem kalten Kontinent keine Nahrung. Nur Vögel dringen bis in die Antarktis vor. Pinguine brüten sogar auf dem Eis; ihre Nahrung finden sie im Meer. Das Südpolarmeer ernährt eine große Vielzahl von Organismen: Krillgarnelen fressen Algen, Fische und Wale ernähren sich vom Krill, Robben und Pinguine von Fischen. Das Meer friert jeden Winter zu.

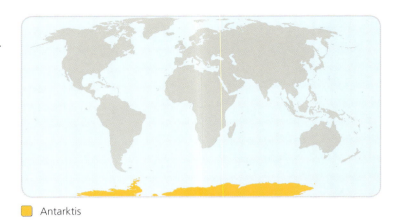

■ Antarktis

Kaiserpinguine sind die bekanntesten Bewohner der Antarktis. An Land bewegen sie sich eher schwerfällig, im Wasser dagegen sehr elegant.

ÖKOSYSTEME

Unter der Oberfläche

Gefrorenes Wasser (Eis) ist nicht so dicht wie flüssiges Wasser, deshalb schwimmt Eis an der Oberfläche. Allerdings sind etwa 80 % eines Eisbergs unter der Wasseroberfläche verborgen.

Der sichtbare Teil des Eisbergs besteht aus zusammengepresstem Schnee.

Im kalten Kern des Eisbergs herrscht eine konstante Temperatur von etwa −15° bis −20 °C.

Reisen in die Antarktis

Die Antarktis ist zum Touristenziel geworden. Die Besucher landen auf der Antarktischen Halbinsel – damit setzen sie ihren Fuß auf den antarktischen Kontinent. Eine Reise durch den Kontinent ist aber nicht möglich; das Ökosystem soll nicht belastet werden.

Jedes Jahr reisen über 15 000 Menschen in die Antarktis.

BEDROHTE LEBENSRÄUME

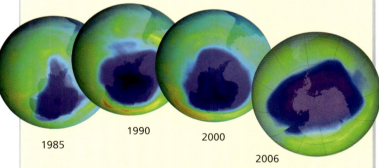

1985   1990   2000   2006

Die Ozonschicht der Erde absorbiert die UV-Strahlen der Sonne. Über der Antarktis wird sie jedes Frühjahr natürlicherweise dünner. 1985 maßen die Forscher allerdings einen deutlich stärkeren Rückgang – das „Ozonloch". Eine Ursache dafür waren Fluorchlorkohlenwasserstoffe, die z. B. in Sprühdosen vorkommen.

EISBERGE

Tafeleisberge Sie entstehen, wenn ein Teil des Schelfeises abbricht; sie sind sehr groß, weiß oder blau und an der Oberseite flach.

Trockendock Solche Eisberge sind teilweise geschmolzen; die beiden sichtbaren Teile sind unter dem Wasser miteinander verbunden.

Spitzen Diese Eisberge haben scharfe Spitzen, die wie Mini-Gebirge aus dem Wasser ragen.

Landwirtschaftliche Nutzflächen

Vor etwa 13 000 Jahren wurde im Vorderen Orient zum ersten Mal Getreide angebaut – und damit sollte sich die Geschichte der Menschen grundlegend ändern: Sie wurden sesshaft. Die ersten Bauern rodeten die Wälder, pflügten und bestellten das Land und verdrängten die Wildkräuter. Der Anbau bestimmter Pflanzenarten veränderte die Naturlandschaft: Wälder verschwanden; Wiesen, Felder und Viehweiden traten an ihre Stelle.

BEDROHTE LEBENSRÄUME

Mithilfe von Kunstdünger fällt die Ernte zwar besser aus, aber der Regen spült den überflüssigen Dünger ins Grundwasser, dann in Flüsse, Seen und ins Meer. In überdüngten Gewässern sterben die Pflanzen – und mit ihnen die Wassertiere.

Die ersten Bauernhöfe waren noch sehr klein; heute sind sie in den Industrieländern teilweise riesig und werden mit Maschinen bewirtschaftet.

ÖKOSYSTEME

Terrassenfelder

Die Bauern in Asien erkannten früh, dass sich Hänge am besten nutzen lassen, wenn man parallel zum Hang pflügt (nicht auf und ab) oder Terrassen mit kleinen, aber ebenen Feldern auf den Stufen anlegt. Dieses System verhindert auch weitgehend Erdrutsche.

Die riesigen Felder in der amerikanischen Prärie müssen bewässert werden – dieses hier aus kreisförmigen, automatischen Sprinklern.

In manchen europäischen Regionen – hier in England – prägen kleine Bauernhöfe und von Hecken umgebene Felder noch das Bild.

Städtische Siedlungen

Als die Menschen damit begannen, Felder zu bestellen, bauten sie auch ihre ersten Siedlungen. Aus Dörfern wurden kleine und immer größere Städte. Nicht alle ihre Bewohner mussten als Bauern arbeiten – und so entwickelten sich die unterschiedlichsten Berufe. Heute lebt mehr als die Hälfte der Weltbevölkerung in Städten. In Entwicklungsländern wachsen sie so rasch, dass die Zuwanderer z. B. nicht mit sauberem Wasser versorgt werden können. Millionen von Menschen leben in extremer Armut und unter gesundheitsgefährdenden Bedingungen.

BEDROHTE LEBENSRÄUME

Wir verbrauchen fossile Brennstoffe und erzeugen Müll – beides verschmutzt die Umwelt. Die Luftverschmutzung durch Autoabgase und anderes bedroht unsere Gesundheit. Schon die Trennung und das Recycling von Müll können dabei helfen, das Problem zu entschärfen.

Moderne Städte

In New York City (USA) leben über 8 Mio. Menschen auf kleinem Raum – dank der Wolkenkratzer.

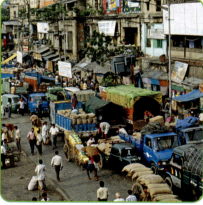

Kalkutta in Indien hat etwa 4,6 Mio. Einwohner; ein Drittel davon lebt in großer Armut in den Slums.

Çatal Hüyük

Um 6000 v. Chr. lebten in Çatal Hüyük (in der heutigen Türkei), einem der ersten Dörfer, bereits mehrere Tausend Menschen. Die Häuser standen so dicht, dass die Bewohner ihre Häuser durch das Dach betraten.

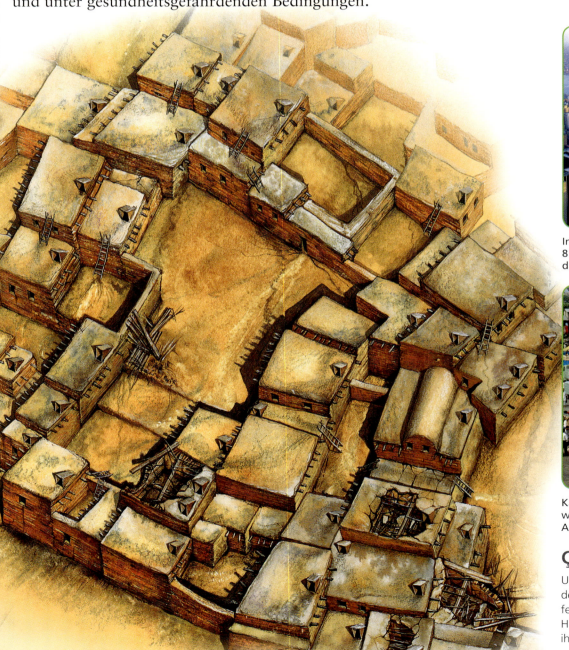

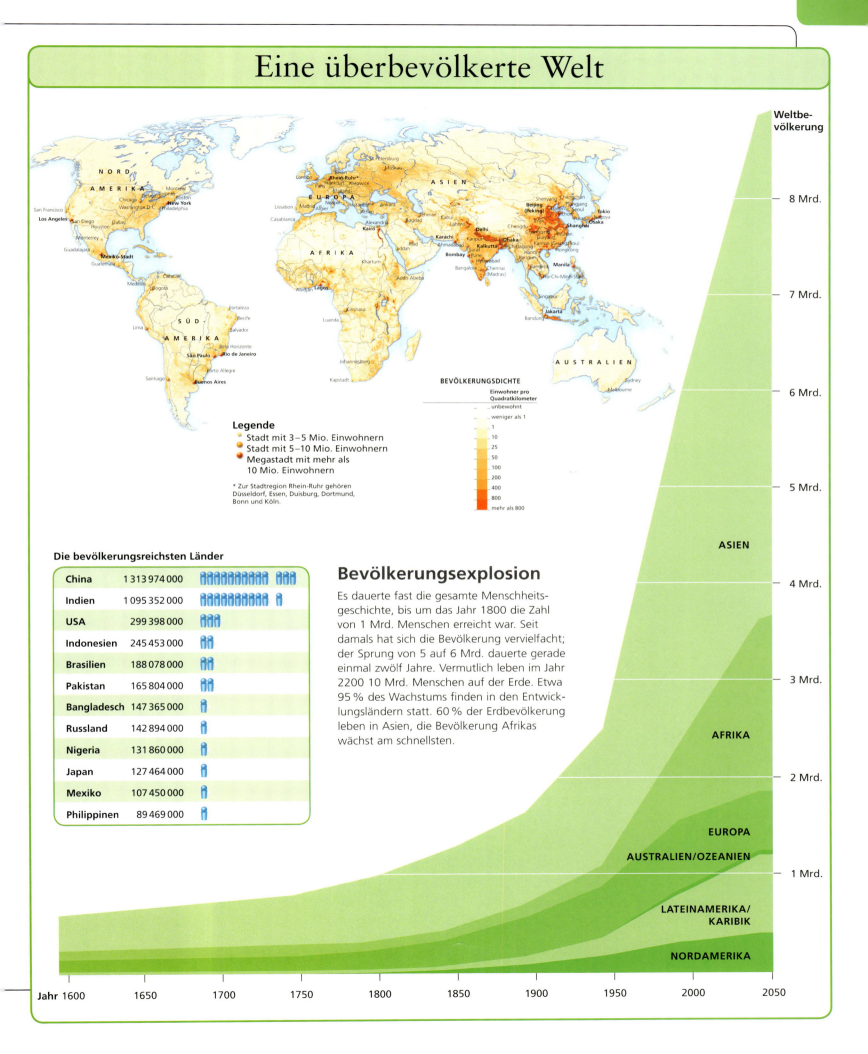

Biologische Vielfalt

Der Wald von Daintree im Nordosten Australiens ist einer der ältesten Wälder der Erde.

Mit biologischer Vielfalt oder Biodiversität beschreiben Biologen die ungeheure Menge verschiedener Lebensformen und die Art, wie sie leben und voneinander abhängig sind. Es geht also nicht nur um die Zahl der Arten, sondern um das komplizierte Zusammenspiel von Arten, Ökosystemen und Lebensgemeinschaften.

Veränderungen der Umwelt, wie das Abholzen von Wäldern, oder die Umweltverschmutzung beeinträchtigen das Leben einiger Pflanzen und Tiere; dann leidet die Biodiversität. Trotz unterschiedlicher Bewertungen sind sich alle Wissenschaftler einig darüber, dass wir die biologische Vielfalt so weit wie möglich erhalten müssen.

Biologische Vielfalt

Die Karte zeigt die biologische Vielfalt in einzelnen Ländern (nach Angaben der Regierung). In warmen Ländern ist die Biodiversität höher als in kalten Ländern. In extremen Lebensräumen, wie den Wüsten oder Polarregionen, ist sie am geringsten.

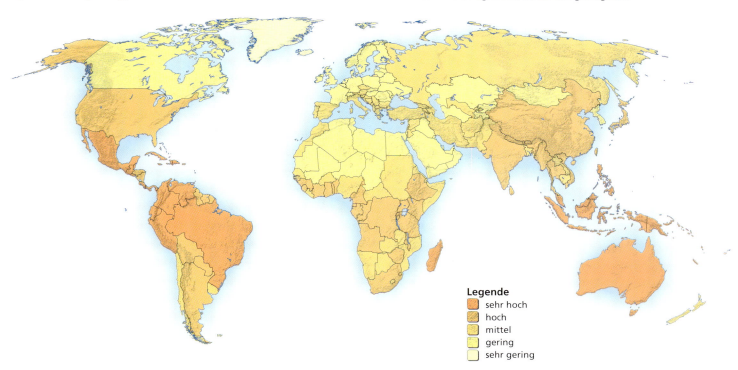

Legende
- sehr hoch
- hoch
- mittel
- gering
- sehr gering

Leben in Gefahr

Die Weltnaturschutzunion (IUCN) veröffentlicht regelmäßig eine Rote Liste mit bedrohten Tier- und Pflanzenarten. Zurzeit stehen über 16 000 Arten auf dieser Liste.

Zahl der berücksichtigten Arten

Säugetiere	4856
Vögel	9934
Reptilien	664
Amphibien	5918
Fische	2914
Insekten	1192
Weichtiere	2163
Krustentiere	537
Pflanzen	11901

Legende: ausgestorben | vom Aussterben bedroht | stark bedroht | berücksichtigte Arten

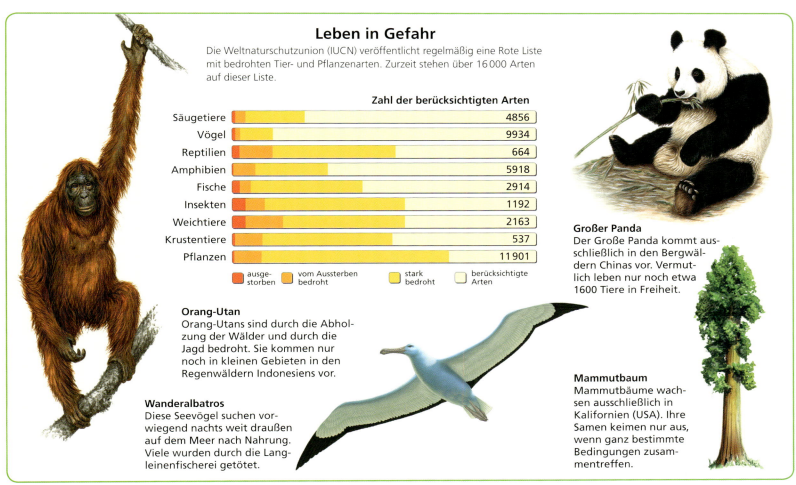

Orang-Utan
Orang-Utans sind durch die Abholzung der Wälder und durch die Jagd bedroht. Sie kommen nur noch in kleinen Gebieten in den Regenwäldern Indonesiens vor.

Wanderalbatros
Diese Seevögel suchen vorwiegend nachts weit draußen auf dem Meer nach Nahrung. Viele wurden durch die Langleinenfischerei getötet.

Großer Panda
Der Große Panda kommt ausschließlich in den Bergwäldern Chinas vor. Vermutlich leben nur noch etwa 1600 Tiere in Freiheit.

Mammutbaum
Mammutbäume wachsen ausschließlich in Kalifornien (USA). Ihre Samen keimen nur aus, wenn ganz bestimmte Bedingungen zusammentreffen.

Ökosystem Erde

Die riesige Zahl an Menschen und die Industrie, die ihre Bedürfnisse befriedigt, haben die Umweltbelastung unseres Planeten stark ansteigen lassen. Viele Wissenschaftler glauben, dass wir das Weltklima verändern: In großen Städten leidet die Luftqualität unter den Autoabgasen, in anderen Gebieten verseuchen Fabriken Luft und Wasser. Die Emissionen mancher Fabriken erzeugen sauren Regen, der Flüsse und Seen schädigt. Schlechte Bodenbearbeitung fördert die Erosion und Wüstenbildung. Wir müssen sorgsamer mit unserem Planeten umgehen – dann ist keines dieser Probleme unlösbar.

Planet in Gefahr

Die Industrialisierung der Städte Nordamerikas und Europas hat der Umwelt großen Schaden zugefügt. Heute sind Luft und Wasser dort wieder sauberer, dieselben Probleme haben sich aber in die Entwicklungsländer verlagert.

Viele Jahre der Abholzung hinterließen in Tasmanien (Australien) nur 26 % der alten Wälder.

Wüste zurückdrängen
Die Wüsten nehmen natürlicherweise zu und ab. Wenn Viehhaltung und Landwirtschaft am Rand der Wüste sorgfältig geplant werden, könnte ein dauerhafter Pflanzenwuchs die Wüste zurückdrängen.

Wälder retten
Während die Wälder der gemäßigten Breiten wieder zunehmen, werden die tropischen Wälder weiter abgeholzt. In manchen Ländern könnten die Tropenwälder gerettet werden, wenn die Bewohner den Wald nachhaltig nutzen würden.

Luftverschmutzung senken
In den alten Industrieländern gelten für Autos und Fabriken strenge Umweltschutz-Vorschriften. Es würde der Erde sehr helfen, wenn ähnliche Vorschriften überall eingehalten werden müssten.

ÖKOSYSTEM ERDE

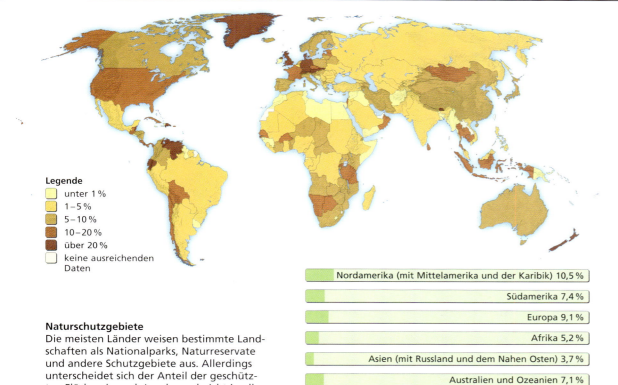

Legende
- unter 1 %
- 1–5 %
- 5–10 %
- 10–20 %
- über 20 %
- keine ausreichenden Daten

Naturschutzgebiete
Die meisten Länder weisen bestimmte Landschaften als Nationalparks, Naturreservate und andere Schutzgebiete aus. Allerdings unterscheidet sich der Anteil der geschützten Flächen je nach Land – und nicht in allen Regionen besteht derselbe Bedarf: In verstädterten Gebieten muss die Landschaft besonders dringend geschützt werden.

Nordamerika (mit Mittelamerika und der Karibik) 10,5 %
Südamerika 7,4 %
Europa 9,1 %
Afrika 5,2 %
Asien (mit Russland und dem Nahen Osten) 3,7 %
Australien und Ozeanien 7,1 %
Welt 6,4 %

geschützte Fläche   Gesamtfläche

Überweidung zerstört den Pflanzenwuchs. In Regionen wie Rajasthan (Indien) wird dadurch die Wüstenbildung gefördert.

Werden die Bäume auf Hängen gefällt, kann der Regen den Boden abschwemmen. Er gelangt in die Flüsse und tötet die Fische.

Sauren Regen bekämpfen
Ursächlich für den sauren Regen sind Fabriken, Kraftwerke und Autos. In vielen Ländern ist der Ausstoß von Schadstoffen zwar inzwischen geregelt, die Erfolge stellen sich aber nur langsam ein.

Ozonschicht schützen
Wissenschaftler haben entdeckt, dass sich die FCKWs in den Treibgasen von Sprühdosen in der Atmosphäre sammeln und das Ozonloch verursachen. Inzwischen wurden FCKWs in vielen Ländern verboten.

Wasser sauber halten
Die Regierungen müssen sicherstellen, dass keine ungeklärten Abwässer in Flüsse oder das Meer gelangen. Internationale Abkommen sollen für eine Sauberhaltung des Wassers sorgen.

Wetter und Klima

WETTER UND KLIMA

Das Wetter

Das Wetter beeinflusst unser Leben: Es bestimmt, was wir anziehen, wie wir uns fühlen oder was wir anpflanzen. Aber wie entsteht das Wetter? Tatsächlich ist das „Wetter" nur die Folge von Luftmassen, die rund um die Erde kreisen. Auf Satellitenbildern erkennt man die wirbelnde Luft über dem Land: Sie bringt Wind und Wolken, Regen und Schnee, Stürme und Hurrikane. In verschiedenen Regionen der Erde herrscht Jahr für Jahr recht ähnliches Wetter. Dieses Wettermuster über einen längeren Zeitraum hinweg nennt man Klima.

Hurrikane sind gewaltige Wirbelstürme. Auf diesem Satellitenbild ist der Hurrikan Fran zu sehen, der sich 1996 der Küste von Florida näherte. Der Wind bewegt sich in einem Wirbel gegen den Urzeigersinn.

DAS WETTER 201

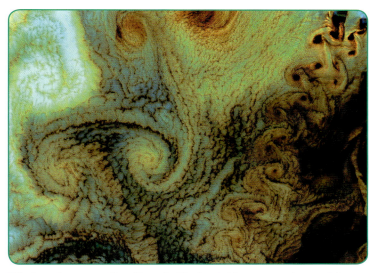

Winde wehen nur selten über ein Hindernis hinweg, sondern meist daran vorbei. Dabei bilden sich Wirbel, die sich im Satellitenbild als Wolkenwirbel zeigen.

In der kalten Luft, die über die Antarktis und das Südpolarmeer strömt, bilden sich über der Weddellsee im Nordosten des Kontinents Schnee und Eis.

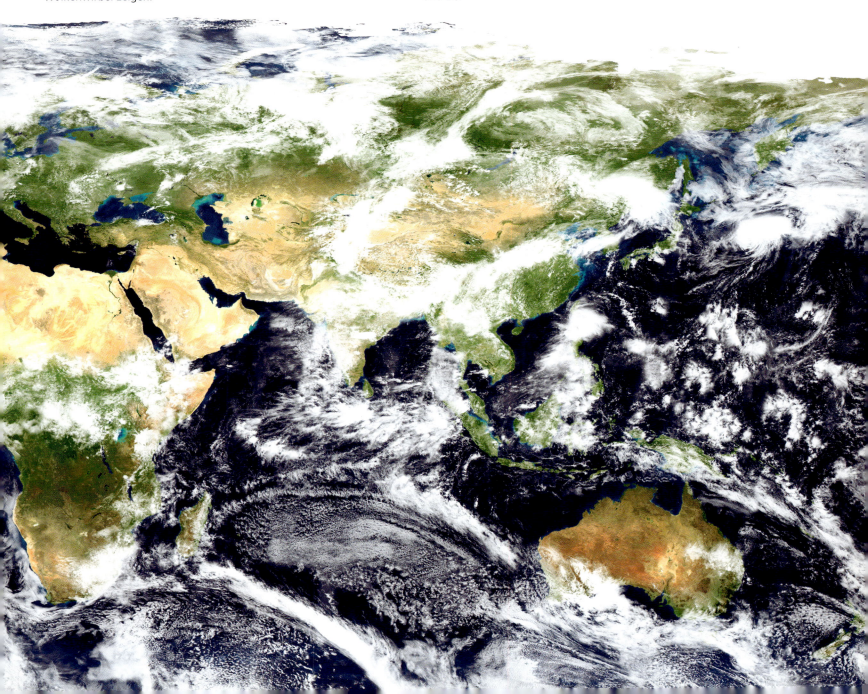

Klimazonen

Das Festland der Erde wird in Klimazonen eingeteilt: In den Tropen nördlich und südlich des Äquators ist es heiß und feucht. Am anderen Extrem stehen Nord- und Südpol mit sehr kaltem und trockenem Klima. Dazwischen liegen die warmen Subtropen mit trockenen (ariden) Wüsten – mit heißen Tagen und kalten Nächten –, Hochgebirge mit kalten, schneereichen Wintern und die gemäßigten Breiten mit ihrem ganzjährig relativ milden Klima.

Höchster Schneefall in einem Jahr
31 m auf dem Mt. Rainier (Washington, USA), 1971–1972

Größte Temperaturschwankung innerhalb eines Tages
Von +6,7 °C bis −49 °C in Browning (Montana, USA), 1916

Höchste Windgeschwindigkeit
372 km/h am Mt. Washington (New Hampshire, USA), 1934

NORDAMERIKA

SÜDAMERIKA

Trockenster Ort
0,5 mm Niederschlag/Jahr in Quillagua (Atacama, Chile), 1964–2001

Anpassungen an das Klima

Fast überall auf der Erde – sogar in extremen Klimazonen – leben Pflanzen und Tiere. Sie haben sich im Lauf der Evolution an das Klima angepasst.

Pflanzen
Kakteen kommen in sehr trockenen Wüsten vor. Sie haben keine Blätter, ein ausgedehntes Wurzelsystem und können in ihren verdickten Stängeln Wasser speichern.

Fleischige, grüne Stängel

Weit ausgebreitete, flache Wurzeln

Tiere
Der Schneeschuhhase lebt im hohen Norden. Über seine kleinen Ohren verliert er kaum Wärme. Der Antilopenhase lebt in der Wüste – und gibt über seine großen Ohren Wärme ab.

Schneeschuhhase   Antilopenhase

Heiß und kalt, feucht und trocken

Auf dieser Karte sind die großen Klimazonen der Erde eingezeichnet. Das Klima der Erde unterscheidet sich aber nicht nur zwischen diesen großen Einheiten, sondern je nach Bedingungen auch von Ort zu Ort.

Gebirge können kalt, feucht und windig sein.

An den Polen ist es das ganze Jahr über eisig kalt.

KLIMAZONEN 203

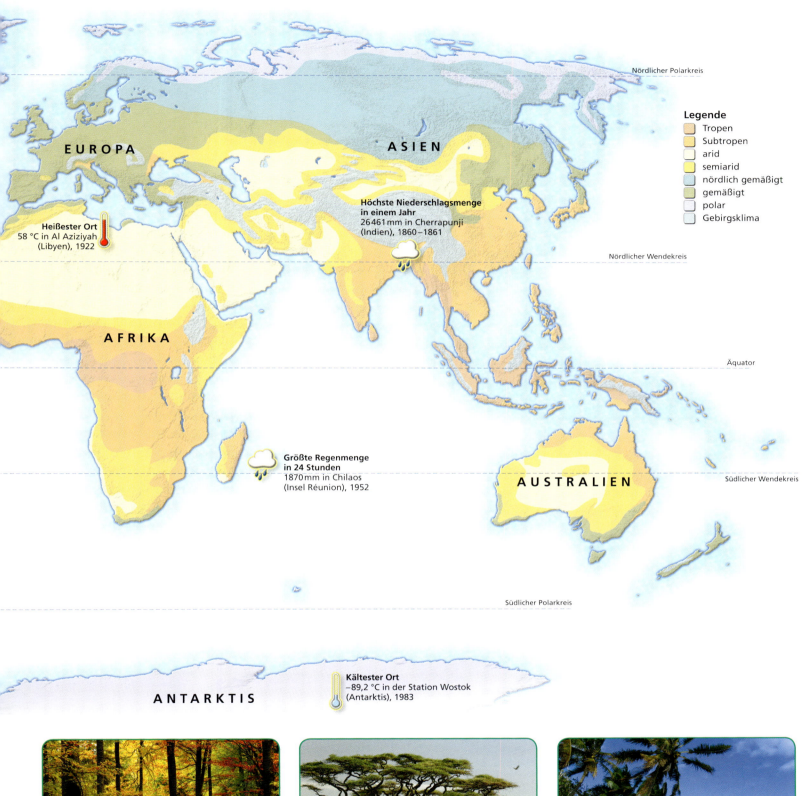

Legende
- Tropen
- Subtropen
- arid
- semiarid
- nördlich gemäßigt
- gemäßigt
- polar
- Gebirgsklima

Nördlicher Polarkreis
EUROPA
ASIEN
Nördlicher Wendekreis

Heißester Ort
58 °C in Al Aziziyah (Libyen), 1922

Höchste Niederschlagsmenge in einem Jahr
26461 mm in Cherrapunji (Indien), 1860–1861

AFRIKA
Äquator

Größte Regenmenge in 24 Stunden
1870 mm in Chilaos (Insel Réunion), 1952

AUSTRALIEN
Südlicher Wendekreis
Südlicher Polarkreis

ANTARKTIS

Kältester Ort
−89,2 °C in der Station Wostok (Antarktis), 1983

Die Winter der gemäßigten Breiten sind kalt, die Sommer mild.

In den semiariden Regionen wachsen Gräser und vereinzelte Bäume.

In den Tropen ist es das ganze Jahr über warm und feucht.

Wettermotor

Die Sonne ist der Motor unseres Wetters. Ihre Strahlen erwärmen die Erdoberfläche – am stärksten in den Tropen, am geringsten an den Polen. Etwa die Hälfte der Wärmeenergie wird von der Erde aufgenommen, die andere Hälfte erwärmt die Atmosphäre oder wird ins All zurückgestrahlt. An Land herrschen größere Temperaturunterschiede als über dem Meer. Winde sorgen für den Ausgleich zwischen unterschiedlichen Temperaturen und treiben damit eine weltumspannende Luftzirkulation an. Sie bestimmt das Wetter der Erde.

DIE SCHICHTEN DER ATMOSPHÄRE

Thermosphäre
Über 80 km
In der äußeren Schicht der Atmosphäre ist das Gas sehr dünn.

Mesosphäre
50–80 km
Die Mesosphäre ist merklich kälter als die Stratosphäre.

Stratosphäre
15–50 km
Die Luft in der Stratosphäre ist trocken und warm.

Troposphäre
0–15 km
Die Luft enthält viel Wasserdampf und Staub; hier entsteht das Wetter der Erde.

Sonne und Jahreszeiten

Da die Erdachse um 23,5° geneigt ist, gelangt im Lauf eines Jahres – während die Erde um die Sonne kreist – unterschiedlich viel Sonnenlicht auf die Nord- und Südhalbkugel. Auf diese Weise entstehen die Jahreszeiten.

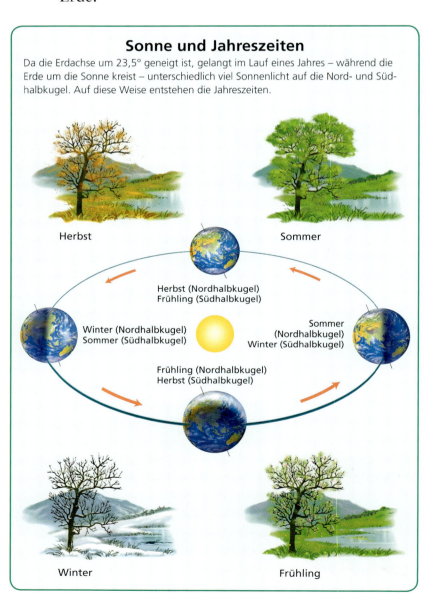

WETTERMOTOR 205

Wärme von der Sonne

Am Äquator treffen die Sonnenstrahlen senkrecht auf eine relativ kleine Fläche. An den Polen treffen sie schräg auf und fallen so auf eine größere Fläche. Die Luft über dem Äquator erwärmt sich daher stärker als an den Polen.

- Lichtstrahlen zum Äquator
- Lichtstrahlen zum Pol

Das Erdklima
In Äquatornähe steht die Sonne fast das ganze Jahr über senkrecht. Weiter vom Äquator entfernt treffen die Sonnenstrahlen im flachen Winkel auf – dort herrscht kühleres Klima.

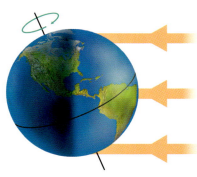 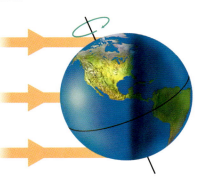

Diese Zeichnung zeigt, wie die Sonnenstrahlen während des Nordwinters (Südsommers) auf die Erde treffen.

Während des Nordsommers (Südwinters) treffen die Sonnenstrahlen so auf die Erde auf.

Die Jahreszeiten
Der Gang der Sonne bestimmt die Jahreszeiten der gemäßigten Breiten – von den neuen, frischen Blättern des Frühlings bis hin zu den nackten Zweigen des Winters.

Frühling　　　　　　　Sommer　　　　　　　Herbst　　　　　　　Winter

Windsysteme

Über dem Äquator steigt ständig warme Luft auf. Sie breitet sich aus, kühlt ab, sinkt etwa bei 30° S und 30° N wieder ab und strömt am Boden zurück zum Äquator. Solche geschlossenen Windsysteme werden Zellen genannt. Ähnliche Zellen bauen sich auch zwischen 30° und 60° und zwischen 60° und den Polen auf. Die Luftbewegung auf dem Boden bezeichnet man als Winde. Durch die Drehung der Erde wird der Wind abgelenkt: nach rechts auf der Nord-, nach links auf der Südhalbkugel (Corioliskraft).

Windzellen

Die Windzellen am Äquator, die Hadley-Zellen, wurden 1753 von dem englischen Wissenschaftler George Hadley beschrieben. Die Ferrel-Zellen tragen den Namen des amerikanischen Wissenschaftlers William Ferrel, der sie 1856 entdeckte.

Windmuster
Da heiße Luft aufsteigt und kalte absinkt, erzeugt die ungleiche Erwärmung durch die Sonne die unten dargestellten Windkreisläufe. Winde bestimmen das Klima der Erde maßgeblich.

Wo sich warme und kalte Winde treffen, entsteht stürmisches, regenreiches Wetter.

Kalte Ostwinde von den Polen

60° N

Von Südwesten strömt Luft zum Pol

30° N

Von Nordosten strömt Luft zum Äquator.

Äquator

Polare Zelle
Am Pol sinkt kalte Luft zu Boden und strömt Richtung Äquator; bevor sie auf die Ferrel-Zelle trifft, steigt sie wieder auf.

Jetstream
Starke, aus Westen wehende Höhenwinde

Hadley-Zelle
Am Äquator steigt warme Luft auf und bewegt sich auf die Pole zu; bei etwa 30° N und 30° S sinkt sie wieder zu Boden.

Ferrel-Zelle
Ein Teil der Luft aus den Hadley-Zellen fließt Richtung Pol und steigt erst bei 60° N und 60° S wieder auf.

Abgekühlte Luft sinkt nach unten und schafft trockene Bedingungen.

Warme, feuchte Luft steigt am Äquator auf, Wolken bilden sich; es regnet.

WETTERMOTOR 207

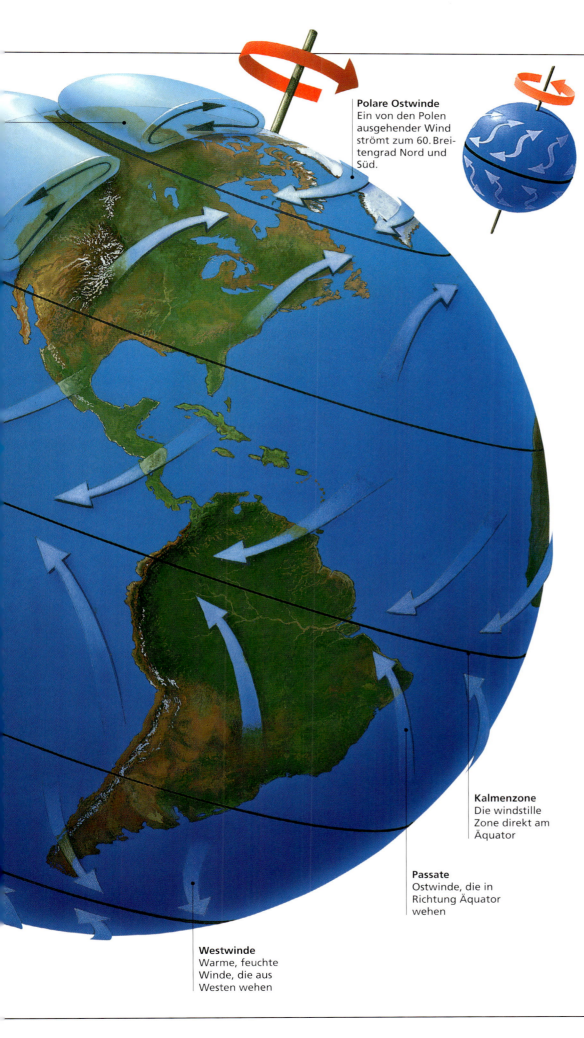

Polare Ostwinde
Ein von den Polen ausgehender Wind strömt zum 60. Breitengrad Nord und Süd.

Kalmenzone
Die windstille Zone direkt am Äquator

Passate
Ostwinde, die in Richtung Äquator wehen

Westwinde
Warme, feuchte Winde, die aus Westen wehen

Auf der Nordhalbkugel wird die Luft eines Hochdrucksystems im und die Luft um ein Tiefdruckgebiet gegen den Uhrzeigersinn abgelenkt. Auf der Südhalbkugel ist es umgekehrt.

Der Monsun

Die weltweiten Luftströmungen beeinflussen auch lokale Windsysteme wie den Monsun. Er tritt jahreszeitlich auf und bringt Indien, Bangladesch und anderen subtropischen Ländern schwere Regenfälle.

Die Einwohner Indiens und Bangladeschs müssen mit schweren Monsunregen zurechtkommen.

Trockenzeit Im Winter fließt Luft aus einem Hochdruckgebiet ab; die Winde drücken feuchte Luft von Indien und Bangladesch weg.

Regenzeit Ein Tiefdruckgebiet im Sommer zieht feuchte Meeresluft an, die über dem Indischen Subkontinent abregnet.

Wasserkreislauf

Ein Teil des Wassers bewegt sich in einem ewigen Kreislauf zwischen Atmosphäre, Land und Meer. Dieser Wasserkreislauf ist ein wichtiger Teil des Wetters und versorgt uns mit Süßwasser. Wenn die Sonne Meer und Seen erwärmt, steigt Wasser als Dampf in die Atmosphäre auf. Auch die Pflanzen geben im Zusammenhang mit der Photosynthese Wasser ab. In der Atmosphäre sammelt sich der Wasserdampf in Wolken und fällt als Regen wieder zur Erde. Das Wasser versickert, versorgt die Pflanzen oder fließt in Bächen und Flüssen wieder zum Meer.

Über einem Regenwald in Kolumbien (Südamerika) sammeln sich schwere Regenwolken und Nebel.

Einmal Meer und zurück

Wasser verdunstet, steigt auf und der Wasserdampf kondensiert zu Wolken. Der Wind trägt die Wolken über das Land. Das Wasser fällt als Regen und fließt zurück zum Meer – der Kreislauf ist geschlossen.

Die Wolken ziehen über das Land.

Wasser verdunstet und sammelt sich in Wolken.

WETTERMOTOR 209

Aus den Wolken fällt Regen.

Werden die Wassertropfen in einer Wolke zu schwer, fallen sie als Regen zu Boden.

Das Regenwasser sammelt sich in Seen, Flüssen und unterirdischen Hohlräumen und fließt zurück zum Meer.

In den dunkelblauen Zonen auf diesem Satellitenbild sammelt sich besonders viel Wasserdampf in der Atmosphäre. Hier kommt es zu den stärksten Regenfällen.

Wolken

Wolken bestehen aus winzigen Wassertröpfchen und Eiskristallen, die in der Atmosphäre schweben. Wasserdampf, der in warmer Luft aufsteigt, kühlt sich ab, verwandelt sich zurück in flüssiges Wasser und lagert sich als Tröpfchen an Staubteilchen an (Kondensation). Diese winzigen Tröpfchen sind vom Boden aus als Wolken sichtbar. Wenn sehr viel warme, feuchte Luft über ein kühleres Luftpolster aufsteigt, kann der ganze Himmel mit einer Wolkenschicht bedeckt sein.

Die Farbe der Wolken

Das weiße Licht der Sonne besteht aus sämtlichen Farben des Regenbogens. Da die Wassertröpfchen alle Farben gleichmäßig zerstreuen, sehen Wolken weiß aus – außer sie schatten sich selbst ab.

Wassertröpfchen in einer Wolke

Die Farben des weißen Sonnenlichts

Dicke Kumulonimbuswolken über dem Poopo-See in Bolivien bringen einen Sturm mit starken Niederschlägen.

Wie bilden sich Wolken?

Wolken bilden sich immer dann, wenn warme Luft aufsteigt. Durch die Abkühlung in der Höhe kondensiert das Wasser und wird als Wolke sichtbar.

Es gibt drei Möglichkeiten der Wolkenbildung: durch aufsteigende Luft (Konvektion), durch Aufwinde an Gebirgen oder an Kaltluftfronten.

Kondensationsschicht

Konvektion Wenn sich der Boden erwärmt, wird auch die Luft darüber warm und steigt auf.

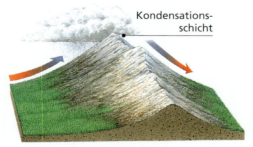

Kondensationsschicht

Aufwinde Eine Gebirgskette zwingt die Luft zum Aufsteigen. Über den Bergen bilden sich Wolken.

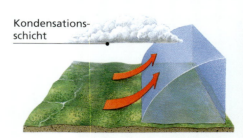

Kondensationsschicht

Kaltluftfront Kalte Luft zwingt die leichtere Warmluft zum Aufsteigen; Wolken bilden sich.

WETTERMOTOR 211

Zirrokumulus

Kumulonimbus

Wolkenhimmel
Wolken werden nach ihrer Höhe und Form benannt. Die Wetterforscher benutzen dazu die Vorsilben *cirro* (hoch), *alto* (mittelhoch) und *strato* (tief) in Kombination mit *stratus* (Schicht), *zirrus* (Schleier) und *kumulus* (Haufen). Regenwolken heißen Nimbus – je nach Form also Nimbostratus oder Kumulonimbus.

5000 m

Altostratus

Altokumulus

2000 m

Stratokumulus

Kumulus

Stratus

Meereshöhe

Wolkenformen

Keine Wolke gleicht der anderen. Sie werden üblicherweise nach ihrer Höhe über dem Boden in Gruppen eingeteilt und trotz unterschiedlicher Form in zwei Kategorien gegliedert: haufenförmige, lockere Wolken und flach geschichtete Wolken. Haufenwolken bilden sich, wenn warme Luft aufsteigt, Wolkenschichten entstehen, wenn sich eine feuchte Luftmasse horizontal zwischen kühleren Luftschichten ausbreitet.

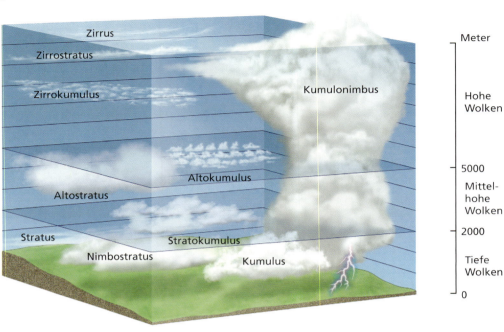

Hohe Wolken

Zirruswolken
Werden Zirruswolken von starken Winden in die Länge gezogen, könnte sich ein Sturm nähern.

Große Zirruswolken
Wenn der Wind in der Höhe nur schwach weht, bilden die Zirruswolken kompakte Flächen.

Zirrokumuluswolken
Diese Wolken bestehen aus Eiskristallen und bilden Felder oder Haufen.

Mittelhohe Wolken

Altokumuluswolken
Solche Kumuluswolken bilden sich in sehr feuchter Luft bei schwachem Wind, der sie nicht auseinanderweht.

Altostratuswolken
In der Nähe der Polargebiete verdecken dicke Wolken den Himmel und bringen Schnee.

Tiefe Wolken

Stratokumuluswolken
An den Küsten der Subtropen bilden sich die Wolken über dem Meer und ziehen landeinwärts.

Stratuswolken
Wenn kalte Luft über das Land zieht, bildet sich an den Berghängen eine dicke Schicht aus Stratuswolken.

Flache Kumuluswolken
An schönen Tagen sehen Kumuluswolken aus, als seien sie oben abgeschnitten.

Winde

Wenn die Sonne das Land und die Atmosphäre erwärmt, beginnt die Luft, sich zu bewegen. Warme Luft dehnt sich aus, steigt durch die kalte Luft nach oben und wird gleichzeitig durch kühlere Luft ersetzt. Diese Bewegung nennt man Konvektion. Aufsteigende Luft erzeugt tiefen, absteigende Luft hohen Druck. Die Geschwindigkeit des ausgleichenden Windes vom hohen zum tiefen Druck hängt vom Druckunterschied ab.

Die Jetstreams in der oberen Atmosphäre transportieren Wärme vom Äquator ab. Das Satellitenbild zeigt einen Jetstream über Ägypten.

Die Beaufort-Skala

Stärke	Geschwindigkeit m/s	km/h	Beschreibung	Wirkung
0	0–0,2	0–1	Windstille	Rauch steigt senkrecht auf.
1	0,3–1,5	1–5	Leiser Zug	Rauch wird leicht abgelenkt.
2	1,6–3,3	6–11	Leichter Wind	Wind ist im Gesicht spürbar.
3	3,4–5,4	12–19	Schwacher Wind	Blätter bewegen sich.
4	5,5–7,9	20–28	Mäßiger Wind	Kleine Zweige bewegen sich.
5	8–10,7	29–38	Frischer Wind	Kleine Bäume schwanken.
6	10,8–13,8	39–49	Starker Wind	Starke Äste bewegen sich.
7	13,9–17,1	50–61	Steifer Wind	Bäume schwanken.
8	17,2–20,7	62–74	Stürmischer Wind	Zweige brechen ab.
9	20,8–24,4	75–88	Sturm	Dächer werden beschädigt.
10	24,5–28,4	89–102	Schwerer Sturm	Bäume werden entwurzelt.
11	28,5–32,6	103–117	Orkanartiger Sturm	Verbreitete Schäden
12	ab 32,7	ab 118	Orkan	Schwere Verwüstungen

Meteorologen beschreiben die Windgeschwindigkeit mithilfe der Beaufort-Skala.

MEER- UND LANDWINDE
An der Küste weht der Wind nachmittags vom Meer aufs Land. Am Spätnachmittag ist diese kühle Brise besonders stark. Nachts weht der Wind vom Land aufs Meer.

Abwärts
Über dem Meer und anderen kalten Flächen sinkt die Luft ab.

Landeinwärts
Kühle Luft strömt vom Meer zum Land – als Ausgleich für die aufsteigende warme Luft.

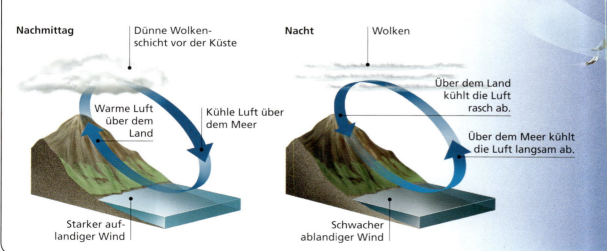

WETTERMOTOR

Winde an der Küste

An warmen, sonnigen Tagen weht ein kühler Wind vom Meer aufs Land. Er wird durch die Druckunterschiede zwischen warmem Land und kühlem Meer angetrieben.

In der Höhe
Die warme Luft breitet sich in der Höhe aus.

Winde im Gebirge

In Gebirgstälern weht sowohl am Tag als auch in der Nacht ein kühler Wind. Am Tag erwärmt die Sonne die Hänge. Die aufsteigende warme Luft kühlt sich ab; der Wind weht in die Mitte des Tals. Nachts strömt er über die Berghänge ein.

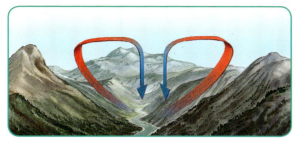

Tag Die warme, aufsteigende Luft kühlt sich in der Höhe ab und weht als Fallwind ins Tal.

Nacht Nachts geben die Hänge ihre Wärme sehr schnell ab. Die Luft darüber kühlt aus und strömt ins Tal.

Aufwärts
Am Tag heizen sich Land und Stadt auf und geben Wärme an die Luft ab. Die warme Luft steigt in die Atmosphäre auf.

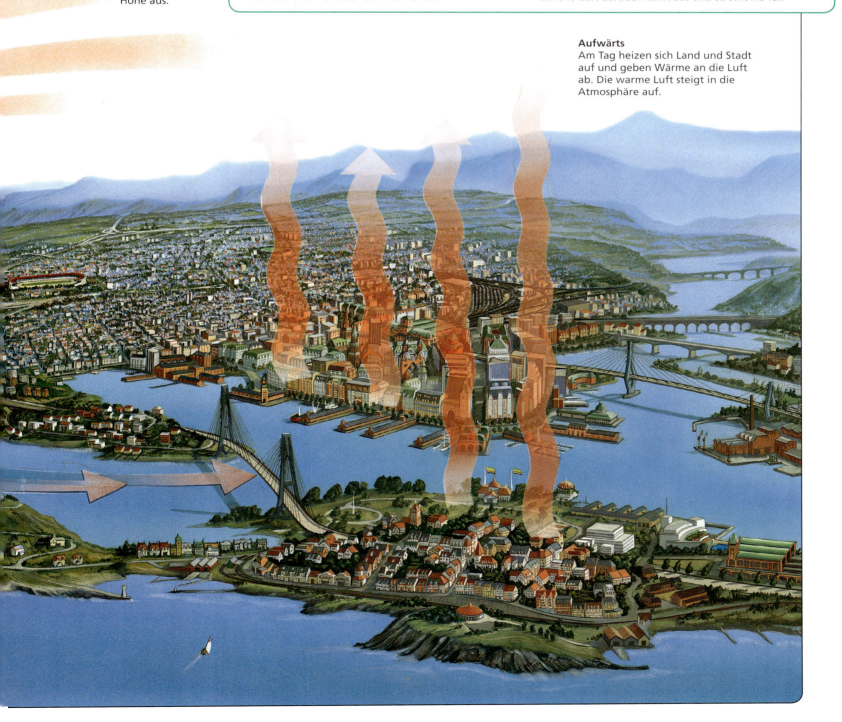

Regen, Hagel und Schnee

Niederschlag fällt flüssig oder gefroren zu Boden, je nach Zustand als Regen, Nieselregen, Eisregen, Hagel oder Schnee. Die Form des Niederschlags hängt von den Bedingungen innerhalb der Wolke und von der Außentemperatur ab. Schwebt die Wolke oberhalb des Gefrierpunkts am Himmel, verwandeln sich die Wassertröpfchen in ihrem Inneren in Eis. Der Gefrierpunkt liegt je nach Wetter und Breitengrad zwischen 300 und 5000 m Höhe.

Schneeflocken
Schneeflocken bestehen aus locker gepackten Eiskristallen. Obwohl alle eine sechseckige Grundstruktur haben, gibt es keine zwei identischen Schneeflocken.

Regen
Wassertröpfchen lagern sich an winzige Eiskristalle an. Sobald sie schwer genug sind, fallen sie zu Boden.

Hagel
Luftströmungen treiben die Eiskristalle in der Wolke umher. Sie lagern weitere Eiskristalle auf, bis sie als schwere Hagelkörner zu Boden fallen.

Schnee
Schnee bildet sich in tief hängenden Wolken; die Eiskristalle fallen zu Boden, ohne vorher zu schmelzen.

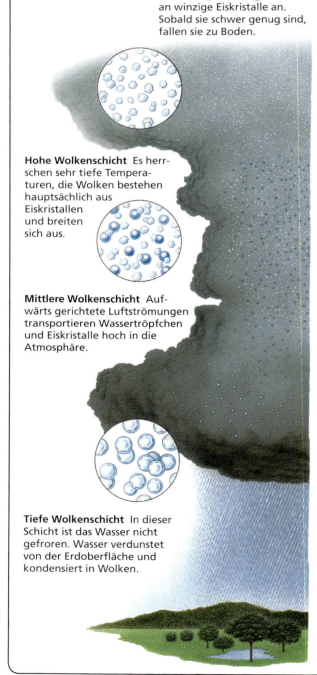

Hohe Wolkenschicht Es herrschen sehr tiefe Temperaturen, die Wolken bestehen hauptsächlich aus Eiskristallen und breiten sich aus.

Mittlere Wolkenschicht Aufwärts gerichtete Luftströmungen transportieren Wassertröpfchen und Eiskristalle hoch in die Atmosphäre.

Tiefe Wolkenschicht In dieser Schicht ist das Wasser nicht gefroren. Wasser verdunstet von der Erdoberfläche und kondensiert in Wolken.

Regen, Hagel oder Schnee?

In einer großen Kumulonimbuswolke können alle Arten von Niederschlag entstehen. Was auf dem Boden ankommt, richtet sich nach den Luftströmungen, der Höhe und Temperatur der Wolke und der Lufttemperatur zwischen Wolke und Erde.

Überschwemmungen

Ursache und Wirkung

Wenn in relativ kurzer Zeit sehr viel Niederschlag fällt, können Flüsse über ihre Ufer treten. Im Oktober 2000 kam es in Norditalien zu einer verheerenden Katastrophe: Die Flüsse konnten die Sturzregen nicht mehr fassen und überschwemmten die Städte. Straßen verwandelten sich in Flüsse und Dämme wurden zerstört.

Schutz vor dem Wasser

Seit Tausenden von Jahren bauen die Menschen Deiche, um das Land vor dem Hochwasser der Flüsse oder vor Sturmfluten des Meeres zu schützen.

Uferdeiche aus Erde sollen den Fluss daran hindern, über seine Ufer zu treten. Sie können z. B. durch Erosion zerstört werden.

Deiche und andere Bauwerke an der Meeresküste schützen das tief liegende Hinterland vor Sturmfluten. Auf der Seeseite sind sie flacher als auf der Landseite.

Staudämme aus Beton stauen Flüsse zu Stauseen auf. Sie werden sehr massiv gebaut, damit sie dem Wasserdruck standhalten können.

Überschwemmung des Jangtsekiang

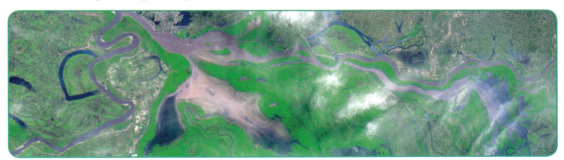

Die rosafarbenen Bänder auf diesem Satellitenfoto zeigen den Lauf des Jangtsekiang in China vor der Überschwemmung im August 2002.

Nach der Überschwemmung: Der Fluss hat sich in einen riesigen See verwandelt und bedeckt weite Teile des Landes.

218 WETTER UND KLIMA

Stürme

Stürme bilden sich, wenn warme, aufsteigende Luftströmungen in der mittleren und oberen Atmosphäre auf kalte Luft treffen. Feuchte Luft kühlt beim Aufsteigen ab, der Wasserdampf wird zur Wolke. Sie wächst zu einer Gewitterwolke (Kumulonimbus) heran, wenn sich nach oben gerichtete, warme Luftströmungen an kalten Luftmassen in mittleren bis großen Höhen abkühlen. Die kalte Luft im oberen Abschnitt der Wolke ist schwerer als die warme Luft – sie sinkt nach unten und erzeugt abwärts gerichtete Winde. Auf- und Abwinde wirbeln die Wasser- und Eiströpfchen durcheinander; sie wachsen und werden zu Regen oder Hagel. Die dabei entstehenden elektrischen Spannungen entladen sich als Blitze.

Warmluftfront   Kaltluftfront   Stadt

Wetteränderungen

Die Abbildung unten zeigt ein Tiefdruckgebiet, das über Europa hinwegzieht. Die Wetterkarte oben gibt die genaue Lage an: Eine Kaltluftfront sorgt für stürmisches Wetter in Westeuropa. Die Warmluftfront weiter im Osten bringt leichten Regen über Polen. Wenn die Fronten nach Osten abwandern, können sie sich abschwächen oder verstärken.

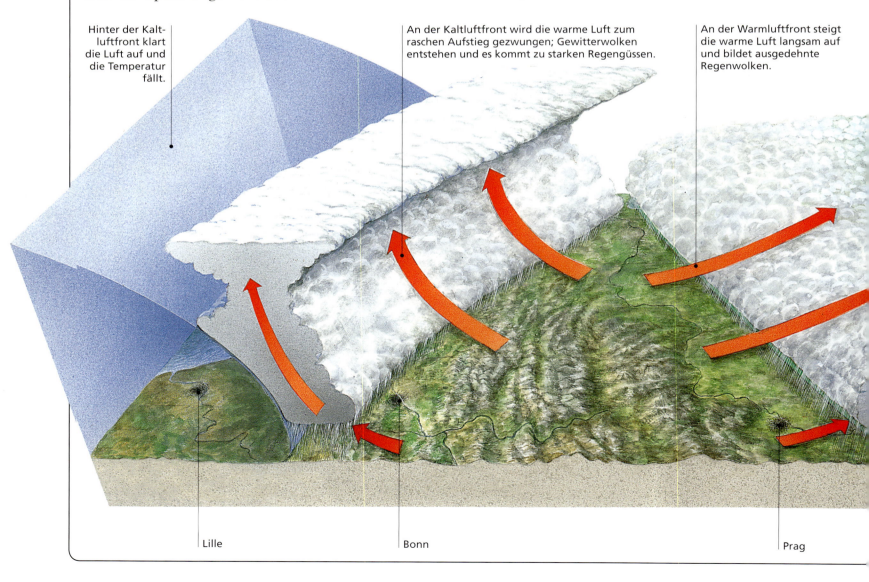

Hinter der Kaltluftfront klart die Luft auf und die Temperatur fällt.

An der Kaltluftfront wird die warme Luft zum raschen Aufstieg gezwungen; Gewitterwolken entstehen und es kommt zu starken Regengüssen.

An der Warmluftfront steigt die warme Luft langsam auf und bildet ausgedehnte Regenwolken.

Lille   Bonn   Prag

Wie entsteht ein Gewitter?

Fast alle Gewitter entwickeln sich in drei Stadien. Zuerst bilden sich Kumuluswolken, in denen die Luft nach oben und unten strömt. Die starken Auf- und Abwinde innerhalb der Wolke wirbeln die Teilchen durcheinander; sie prallen zusammen und werden elektrisch aufgeladen. Ist der Ladungsunterschied groß genug, entlädt sich die Spannung – es blitzt. Der gesamte Kreislauf kann 15 Minuten oder aber mehrere Stunden dauern.

Wolkenbildung In der aufsteigenden Luft kondensiert der Wasserdampf; es bilden sich Kumuluswolken.

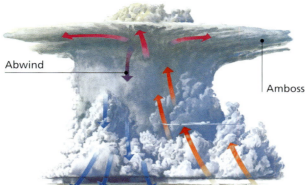

Gewitter Häufig ist die Kumulonimbuswolke ambossförmig oder oben abgeflacht. Die sinkende Luft erzeugt einen Abwind.

Auflösung Die Abwinde werden so stark, dass der Gewitterwolke der Nachschub an warmer Luft ausgeht.

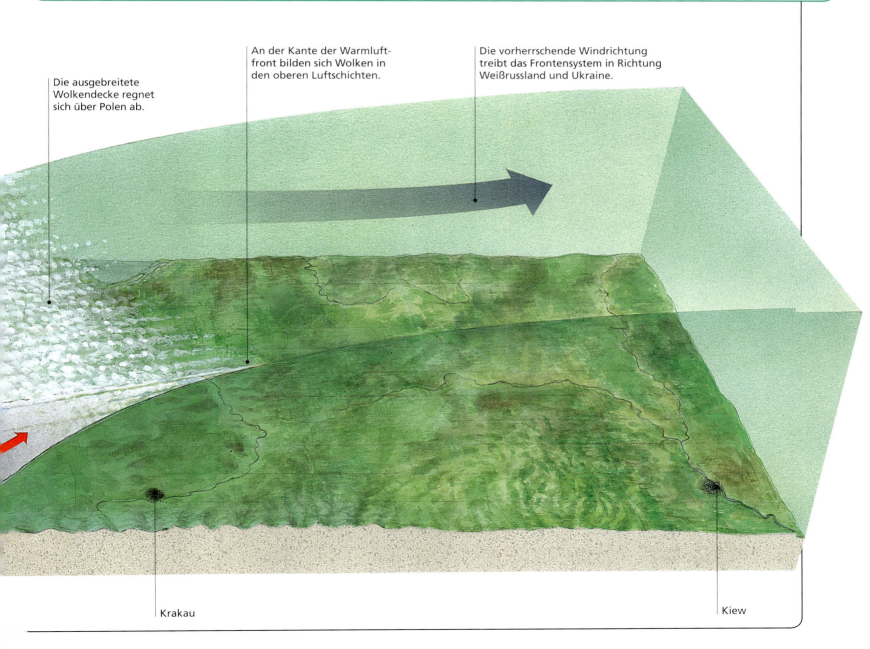

Die ausgebreitete Wolkendecke regnet sich über Polen ab.

An der Kante der Warmluftfront bilden sich Wolken in den oberen Luftschichten.

Die vorherrschende Windrichtung treibt das Frontensystem in Richtung Weißrussland und Ukraine.

Krakau

Kiew

Tornados

Tornados bilden sich in heißen und feuchten Regionen. Vom dunklen Zentrum einer sehr großen Gewitterwolke reicht ein trichterförmiger Schlauch aus wirbelnder Luft bis zur Erde. Der enorme Wirbel reißt Staub und Trümmer nach oben. Tornados können einen Durchmesser von bis zu 1,5 km haben und sich mit Geschwindigkeiten von über 100 km/h bewegen. Dabei entstehen Windgeschwindigkeiten von bis zu 480 km/h.

Wo und wann? Die Karte zeigt die Verbreitungsgebiete und die durchschnittliche Zahl der Tornados pro Jahr in den USA.

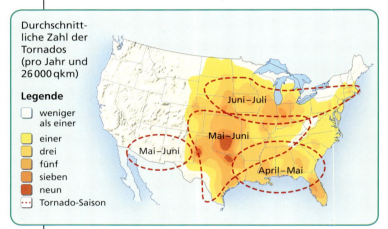

Wie entsteht ein Tornado?

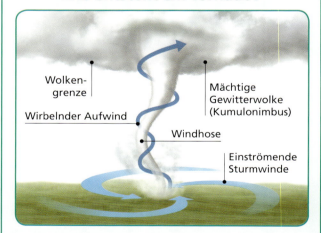

Typische Tornados erinnern an Elefantenrüssel, die aus einer Gewitterwolke herausragen. Innerhalb des „Rüssels" herrscht sehr geringer Luftdruck: Der Wasserdampf der Luft kondensiert und macht den Wirbel sichtbar. Oben mündet der Tornado in einer geschlossenen Wolkendecke. Bei bestimmten Wetterlagen bilden sich Stürme mit zahlreichen Tornados.

Ein Tornado zieht durch Pampa (Texas, USA). Außerhalb des Rüssels sind die hochgeschleuderten Trümmer zu erkennen. Die Wucht eines Tornados kann Menschen, Autos, Bäume und Häuserteile in die Luft schleudern.

Hurrikane

Ein Hurrikan ist ein riesiger Wirbelsturm, der mit Gewitterwolken in tropischen Breiten seinen Ausgang nimmt. Sobald diese den 5. Breitengrad Nord oder Süd überqueren, beginnen sie zu rotieren. Je weiter sich ein Hurrikan vom Äquator entfernt, desto schneller und verheerender wird er. Manche Hurrikane bringen Sturzregen, 300 km/h Windgeschwindigkeit und gewaltige Flutwellen mit sich.

Der Hurrikan Katrina erreichte 2005 die Südküste der USA. Stürme und Flutwellen zerstörten die Deiche des tief liegenden New Orleans.

Im Inneren eines Hurrikans

Ein Hurrikan beginnt als Gewitter über einer warmen Wasserfläche.

Warmes Wasser heizt die Luft auf und bringt feuchte Luft zum Aufsteigen.

Kalte Luft wird nach unten gesaugt, um die Aufwinde auszugleichen.

Im Auge des Sturms herrscht Windstille.

Der Hurrikan rotiert und saugt feuchte Meeresluft an; dabei nimmt seine Stärke zu.

Hohe Kumulonimbuswolken türmen sich auf.

Sturmwinde
Hurrikane werden von starken Stürmen begleitet. Ein Hurrikan kann über Wochen bestehen bleiben und Tausende von Kilometern zurücklegen.

Entwicklung eines Hurrikans

Tag 1 Gewitterwolken türmen sich auf.

Tag 2 Der Sturm beginnt zu rotieren.

Tag 3 Er nimmt eine Spiralform an.

Tag 6 Das Auge des Hurrikans wird sichtbar.

Tag 12 Der Hurrikan schwächt sich ab.

Blitze

Blitze sind die spektakulärsten Begleiter eines Gewitters. Die genauen Abläufe dabei sind noch ungeklärt, sicher ist aber, dass daran elektrische Ladungen beteiligt sind. Wahrscheinlich transportieren Aufwinde positive elektrische Ladungen innerhalb der Gewitterwolke nach oben und Abwinde negative Ladungen nach unten. Gegensätzliche Ladungen ziehen sich an – die Spannung entlädt sich in einem Blitz.

Zwischen Wolke und Wolke

Die meisten Blitze entstehen zwischen Wolken. Häufig ziehen sich die positiven Ladungen in einer Wolke und die negativen Ladungen in einer anderen Wolke an – es blitzt. Ein Blitz kann auch innerhalb einer Wolke entstehen.

Positive Ladungen im oberen Teil der Wolke

Negative Ladungen im unteren Teil der Wolke

Zwischen Wolke und Luft

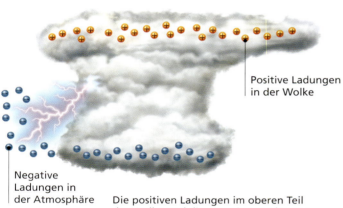

Positive Ladungen in der Wolke

Negative Ladungen in der Atmosphäre

Die positiven Ladungen im oberen Teil der Wolke und die negativen Ladungen in der Atmosphäre neben der Wolke sind sich sehr nahe: Die Spannung entlädt sich in einem Blitz.

Wenn sich ein Blitz entlädt, herrscht zwischen Wolken und Erde eine Spannung bis zu 100 Mio. Volt. Ein Einschlag in einer Stadt, wie hier in Istanbul (Türkei), kann die Stromversorgung lahmlegen.

Zwischen Wolke und Boden

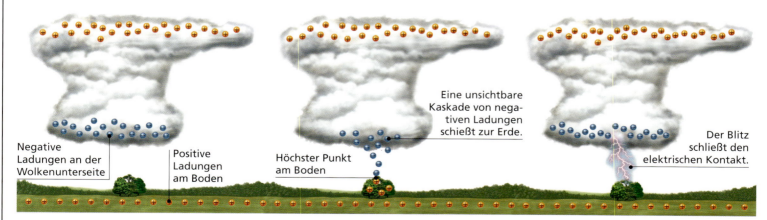

Negative Ladungen an der Wolkenunterseite

Positive Ladungen am Boden

Eine unsichtbare Kaskade von negativen Ladungen schießt zur Erde.

Höchster Punkt am Boden

Der Blitz schließt den elektrischen Kontakt.

In manchen Gewittern erzeugen die starken negativen Ladungen an der Unterseite einer Kumulonimbuswolke eine positive Ladung der Erdoberfläche. Ein Blitz schließt den elektrischen Kontakt zwischen den beiden Ladungen. Blitze schlagen auf dem Boden, in einem Baum oder hohen Punkt ein.

Die Farben des Himmels

Wie entsteht ein Regenbogen?
Das weiße Licht der Sonne besteht aus allen Farben des Regenbogens. Wenn Sonnenstrahlen durch Glas oder Wasser fallen, werden sie abgelenkt, jede Wellenlänge (Farbe) um einen anderen Betrag; das Weiß wird in die sogenannten Spektralfarben zerlegt. Wir sehen einen Regenbogen, wenn die weißen Sonnenstrahlen durch Regentropfen gebrochen werden.

Warum ist der Himmel blau?
Sonnenlicht ist aus allen Farben (Wellenlängen) des Spektrums zusammengesetzt: Rot, Orange, Gelb, Grün, Blau, Indigo und Violett. Sie werden unterschiedlich stark von den Teilchen in der Atmosphäre zerstreut. Die kleinste Wellenlänge Violett wird am stärksten, Rot am wenigsten zerstreut. Steht die Sonne hoch, werden Violett, Indigo, Blau und etwas Grün zerstreut: Wir sehen blauen Himmel.

Bei Sonnenuntergang spiegeln sich blaue, rote und gelbe Töne im Wasser.

Um die Mittagszeit werden die bläulichen Farben zerstreut und sind sichtbar.

Vor dem Sonnenuntergang muss das Licht einen längeren Weg zurücklegen. Nun werden Rot und Gelb zerstreut.

Beim Sonnenaufgang sieht der Himmel am Horizont rötlich und in der Höhe blau aus.

Eiszeiten

In den letzten Millionen Jahren hat sich das Erdklima mehrmals geändert. Während der Eiszeiten sank die Temperatur stark ab und gewaltige Gletscher breiteten sich aus. Sie hobelten Boden und Felsen ab und hinterließen Senken und tiefe Täler. Da das Wasser im Eis gebunden war, sank der Meeresspiegel. In den Warmzeiten zwischen den Eiszeiten füllten sich die Senken mit Wasser und verwandelten sich in Seen. Fossilien, die sich in ehemaligen Meeresböden erhalten haben, helfen bei der Untersuchung vergangener Klimaperioden.

Die „kleine Eiszeit"

Zwischen 1430 und 1850 litt Nordeuropa unter einer „kleinen Eiszeit". Damals fror die Themse in London im Winter zu. Von 1607 bis 1814 feierten die Menschen „Frost-Feste" auf der Themse: Sie bauten Stände, tanzten und spielten auf dem Eis.

Tiere der Eiszeit
In der sogenannten Würm-Eiszeit (vor etwa 120 000 – 20 000 Jahren) streiften große Mammutherden über die Ebenen des heutigen Sibirien.

Klimaentwicklung
Diese Kurve zeigt, wie sich das Klima im Lauf der Erdgeschichte gewandelt hat und ob das Klima wärmer oder kälter war als unser heutiges Klima (weiße Linie).

3,7 MrdJ Das Klima war 10 °C wärmer als heute.

330 MioJ Beginn einer langen Eiszeit

2,7 – 1,8 MrdJ Ausgebreitete Eisbedeckung

450 MioJ Kurze Eiszeit

245 MioJ Klimaerwärmung, die Dinosaurier erscheinen

Heutige Durchschnittstemperatur   MrdJ = Milliarden Jahre vor heute   MioJ = Millionen Jahre vor heute   v. h. = Jahre vor heute

EISZEITEN 225

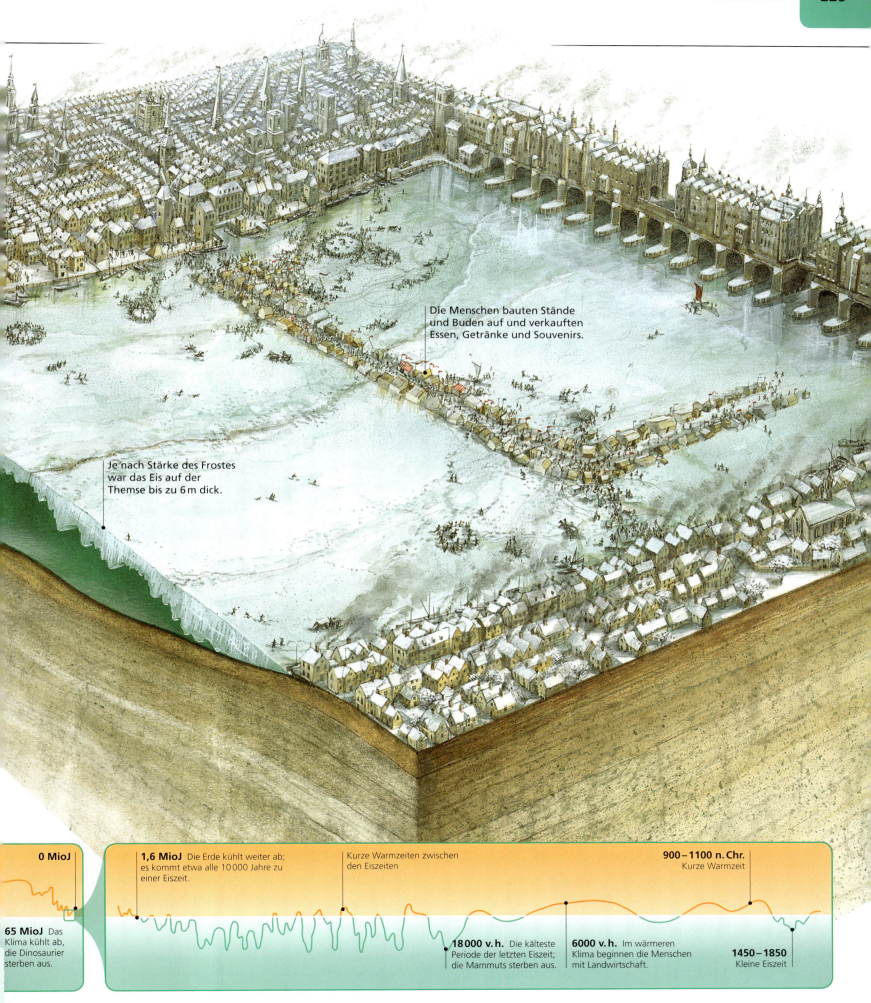

Die Menschen bauten Stände und Buden auf und verkauften Essen, Getränke und Souvenirs.

Je nach Stärke des Frostes war das Eis auf der Themse bis zu 6 m dick.

0 MioJ

65 MioJ Das Klima kühlt ab, die Dinosaurier sterben aus.

1,6 MioJ Die Erde kühlt weiter ab; es kommt etwa alle 10 000 Jahre zu einer Eiszeit.

Kurze Warmzeiten zwischen den Eiszeiten

18 000 v. h. Die kälteste Periode der letzten Eiszeit; die Mammuts sterben aus.

6000 v. h. Im wärmeren Klima beginnen die Menschen mit Landwirtschaft.

900–1100 n. Chr. Kurze Warmzeit

1450–1850 Kleine Eiszeit

Globale Erwärmung

Die Erde wird beständig wärmer – allein im letzten Jahrhundert um 0,6 °C. Diese Zunahme wird als globale Erwärmung (Erderwärmung) bezeichnet und könnte auf dem Treibhauseffekt beruhen. Treibhausgase, wie etwa Wasserdampf und Kohlendioxid, sind zwar ein natürlicher Bestandteil der Atmosphäre, allerdings erzeugen die Menschen beispielsweise zu viel Kohlendioxid: Wir verbrennen Erdöl, Kohle und Benzin und reichern die Atmosphäre mit diesem Treibhausgas an.

In einem Treibhaus
Treibhäuser sind aus Glas gebaut und haben schräge Dächer, um möglichst viel Sonne einzufangen. Die Sonnenstrahlen gelangen hinein, die Wärmestrahlen aber nicht mehr hinaus.

Der Treibhauseffekt

Treibhausgase schließen die Sonnenwärme ein und machen das Leben auf der Erde erst möglich. Inzwischen haben sich Kohlendioxid, Methan und andere Treibhausgase allerdings in der Atmosphäre angereichert. Die Erde heizt sich auf wie ein planetarisches Treibhaus.

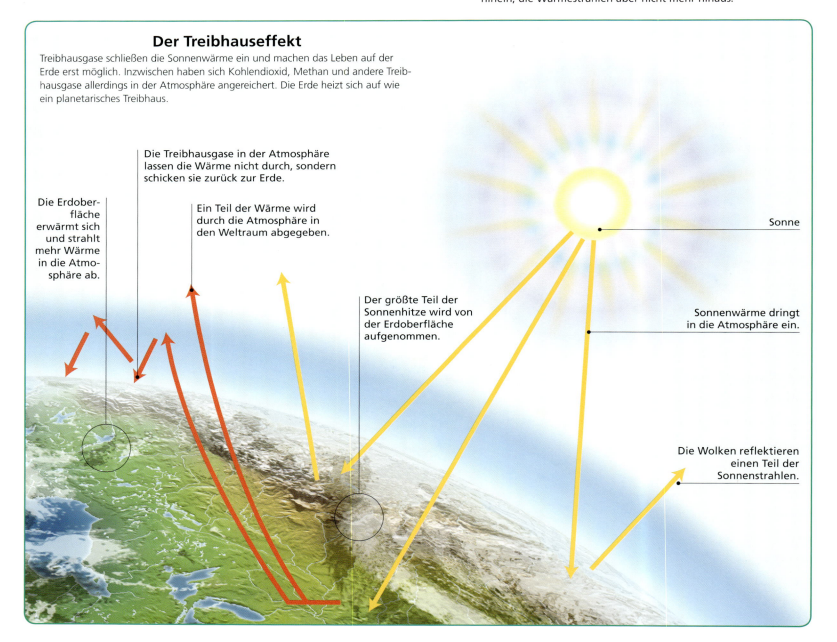

Die Erdoberfläche erwärmt sich und strahlt mehr Wärme in die Atmosphäre ab.

Die Treibhausgase in der Atmosphäre lassen die Wärme nicht durch, sondern schicken sie zurück zur Erde.

Ein Teil der Wärme wird durch die Atmosphäre in den Weltraum abgegeben.

Der größte Teil der Sonnenhitze wird von der Erdoberfläche aufgenommen.

Sonne

Sonnenwärme dringt in die Atmosphäre ein.

Die Wolken reflektieren einen Teil der Sonnenstrahlen.

GLOBALE ERWÄRMUNG

Kohlendioxid-Abgase

Obwohl die Vereinigten Staaten von Amerika nur 5 % der Weltbevölkerung stellen, erzeugen sie über 25 % der Treibhausgase. Die Grafik zeigt den relativen Ausstoß an Kohlendioxid (Gesamtmenge geteilt durch die Einwohnerzahl des Landes). Jeder Amerikaner gibt also jährlich 20 t Kohlendioxid ab, gefolgt von den Australiern.

Temperaturanstieg

Die folgende Grafik zeigt die Veränderung der Welttemperatur seit 1850. Die 1990er-Jahre waren die bisher wärmsten Jahre der Messreihe. Bis zum Ende des Jahrhunderts sollen die Temperaturen weiter ansteigen, insgesamt um bis zu 1–4 °C.

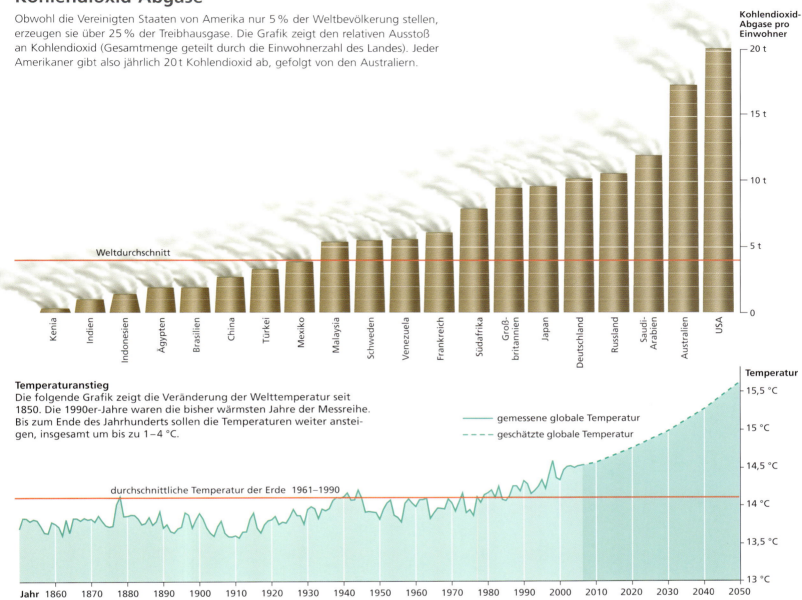

Autos und Lastwagen stoßen große Mengen Kohlendioxid aus. In den Industrieländern gehört dichter Verkehr zum Alltag.

Mit Kohle betriebene Kraftwerke, hier eines in Großbritannien, geben neben Kohlendioxid auch andere Schadstoffe in die Atmosphäre ab.

Folgen der globalen Erwärmung

Die Erde hat sich im Lauf von Jahrmillionen immer wieder erwärmt und abgekühlt. Die heutige Erwärmung geht aber wahrscheinlich zu einem großen Teil auf vom Menschen verursachte Treibhausgase zurück. Wenn dieser Trend nicht gestoppt wird, werden Eiskappen und Gletscher schmelzen, der Meeresspiegel wird ansteigen und Inseln und Küstenländer überfluten. Afrika und Indien drohen verheerende Dürreperioden, wenn sich die Großwetterlage ändert.

Wie äußert sich die Erderwärmung?
Wissenschaftler haben erste Folgen der Erderwärmung festgestellt, z. B. Veränderungen in Temperatur und Eisdecke der Arktis, in Windsystemen und im Salzgehalt der Meere; außerdem Überschwemmungen und Dürren sowie extreme Wetterlagen wie Hitzewellen, Waldbrände und Hurrikane.

Der Jökulsarlon ist der größte Gletschersee Islands. Er bildete sich 1934 und hat seither durch die Schmelzwässer der Gletscher ständig an Größe zugenommen.

Kioto-Protokoll
Mit der Unterzeichnung des Kioto-Protokolls (1997) haben sich wichtige Industrienationen dazu verpflichtet, den Ausstoß von Treibhausgasen zu reduzieren.

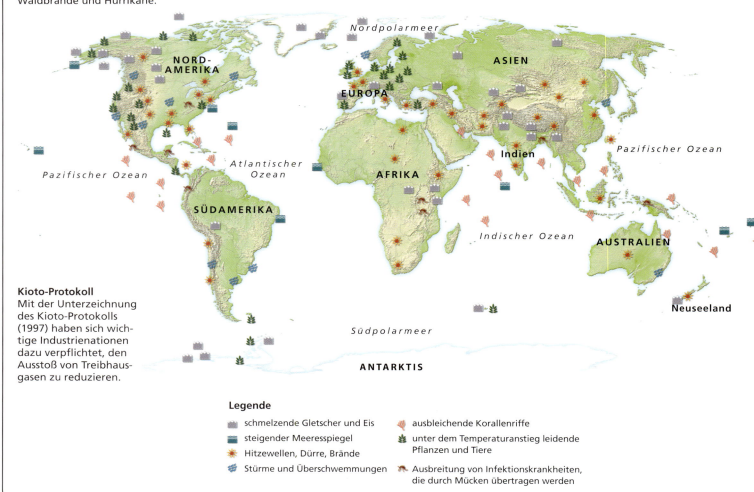

Legende
- schmelzende Gletscher und Eis
- steigender Meeresspiegel
- Hitzewellen, Dürre, Brände
- Stürme und Überschwemmungen
- ausbleichende Korallenriffe
- unter dem Temperaturanstieg leidende Pflanzen und Tiere
- Ausbreitung von Infektionskrankheiten, die durch Mücken übertragen werden

GLOBALE ERWÄRMUNG

El Niño

In ungleichen Zeitabständen verändert die ungewöhnlich warme Meeresströmung El Niño (vor der südamerikanischen Küste) die Wetterverhältnisse: In manchen Regionen fallen extrem starke Niederschläge, in anderen herrscht Dürre.

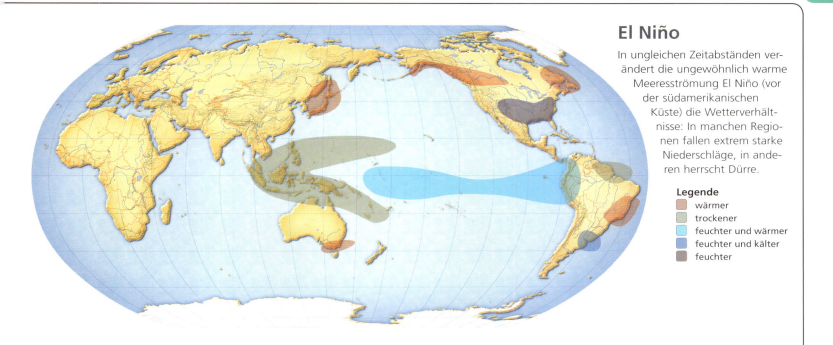

Legende
- wärmer
- trockener
- feuchter und wärmer
- feuchter und kälter
- feuchter

Früher ankerte dieses Fischerboot am Ufer des Aralsees (Kasachstan). Heute liegt es kilometerweit entfernt vom kleiner werdenden See.

Die Eiskappe der Arktis schrumpft: Das Eis auf Meer und Land schmilzt stärker, als neues durch Schneefall nachgeliefert wird.

Abnehmende Niederschlagsmengen können Dürren auslösen. Damit steigt die Waldbrandgefahr.

Rückzug der Gletscher

In Zentralasien, Peru, Nepal und anderen Ländern liefern Gletscher das lebenswichtige Trinkwasser. Wenn die Gletscher weiter schmelzen, könnte das Wasser knapp werden.

1917 Der Gipfel des Kilimandscharo in Tansania ist von Gletschern bedeckt.

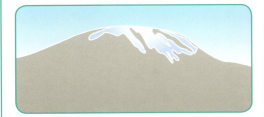

2007 Über 80 % des Gletschereises auf dem Kilimandscharo sind inzwischen geschmolzen.

Wissenschaftler schätzen, dass der Berg Mitte des 21. Jahrhunderts völlig eisfrei sein wird.

Die Ressourcen der Erde

Schätze der Erde

Die Erde versorgt uns mit allem, was wir zum Leben brauchen. Die sogenannten erneuerbaren Ressourcen – z. B. Wasser, Pflanzen und Tiere – stehen uns tatsächlich für alle Zeiten zur Verfügung, wenn wir sorgsam mit ihnen umgehen. Fossile Brennstoffe wie Kohle, Erdöl und Erdgas, Mineralien oder Edelsteine sind jedoch begrenzt verfügbar und nicht erneuerbar. Kohle, Erdöl und Erdgas werden als „fossile" Brennstoffe bezeichnet, weil sie einst in tiefen Sedimentgesteinen aus den Resten von Pflanzen und Tieren entstanden.

ANGEBOT UND NACHFRAGE
Die drei fossilen Brennstoffe (Kohle, Öl und Gas) sind die wichtigsten Energiequellen. Die USA verbrauchen rund ein Viertel der gesamten Energie.

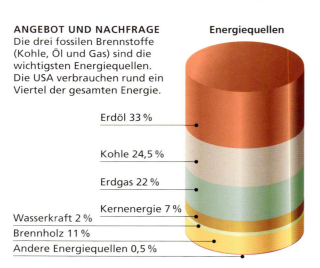

Energiequellen:
- Erdöl 33 %
- Kohle 24,5 %
- Erdgas 22 %
- Kernenergie 7 %
- Wasserkraft 2 %
- Brennholz 11 %
- Andere Energiequellen 0,5 %

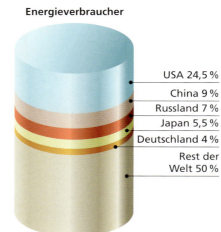

Energieverbraucher:
- USA 24,5 %
- China 9 %
- Russland 7 %
- Japan 5,5 %
- Deutschland 4 %
- Rest der Welt 50 %

NORDAMERIKA

SÜDAMERIKA

Wo findet man Ersatz?

Wenn Kohle-, Erdöl- und Erdgasvorräte abnehmen, werden andere Energiequellen wie Wind und Sonne zunehmend wichtiger.

Erdöl und Erdgas
Bohrtürme auf dem Land und im Meer fördern Erdöl und Erdgas aus den Lagerstätten im Sedimentgestein.

Kohle
Kohle ist der häufigste fossile Brennstoff. Sie wird an der Oberfläche oder aus Bergwerken tief unter der Erde gefördert.

Uran
Uran und einige andere Elemente geben beim Zerfall energiereiche Teilchen ab. Diese Energie wird in Kernkraftwerken in Strom umgewandelt.

Erdwärme
In einigen Regionen der Erde erhitzt heißes vulkanisches Gestein das Grundwasser. Der aufsteigende Wasserdampf wird zur Energiegewinnung genutzt.

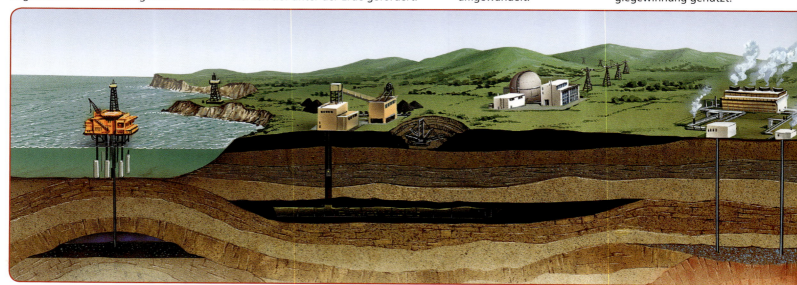

SCHÄTZE DER ERDE

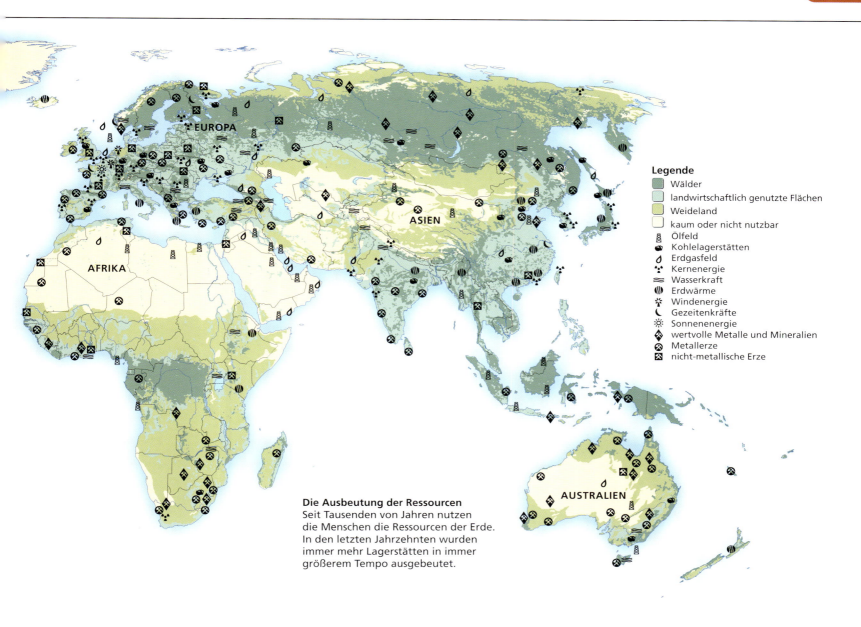

Legende
- Wälder
- landwirtschaftlich genutzte Flächen
- Weideland
- kaum oder nicht nutzbar
- Ölfeld
- Kohlelagerstätten
- Erdgasfeld
- Kernenergie
- Wasserkraft
- Erdwärme
- Windenergie
- Gezeitenkräfte
- Sonnenenergie
- wertvolle Metalle und Mineralien
- Metallerze
- nicht-metallische Erze

Die Ausbeutung der Ressourcen
Seit Tausenden von Jahren nutzen die Menschen die Ressourcen der Erde. In den letzten Jahrzehnten wurden immer mehr Lagerstätten in immer größerem Tempo ausgebeutet.

Wasserkraft
Die Kraft des Wassers aus Stauseen oder von großen Flüssen wird mithilfe von Turbinen in elektrischen Strom umgewandelt.

Windenergie
Windräder wandeln die Kraft des Windes in elektrischen Strom um. Die Propeller treiben nach dem Dynamoprinzip elektrische Generatoren an.

Sonnenenergie
In Regionen mit starker Sonneneinstrahlung lenken Spiegelfelder das Sonnenlicht auf einen Sonnenofen. Die enorme Hitze wird in elektrischen Strom verwandelt.

Gezeitenkraft
In Meeresbuchten mit großem Unterschied zwischen Ebbe und Flut treibt die Kraft der Gezeiten Turbinen in einem Kraftwerk an.

Erdöl und Erdgas

Erdöl und Erdgas sind die wichtigsten Energielieferanten. Daher wird ständig nach neuen Vorkommen gesucht und noch werden neue Lagerstätten entdeckt, die im Lauf von Jahrmillionen entstanden sind. Die moderne Industrie und die wachsende Weltbevölkerung verbrauchen aber immer mehr Öl und Gas. Irgendwann werden alle Vorräte verbraucht und alle Lagerstätten ausgebeutet sein. Dann müssen wir unseren Energiebedarf aus anderen Quellen decken – aus Sonne, Wind und Wasser.

Große Pumpen über Bohrlöchern – wie diese in Alberta (Kanada) – pumpen das Rohöl aus einer Ölquelle an die Oberfläche.

Begrenzte Vorräte
Diese Grafik macht deutlich, wie lange die bekannten Vorräte an fossilen Brennstoffen noch reichen werden, wenn der Verbrauch das heutige Maß nicht übersteigt.

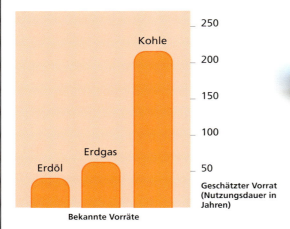

Auf einer Ölplattform

Ölplattformen sind gewaltige Inseln aus Stahl und Beton mitten im Meer. Mehrere Hundert Menschen arbeiten hier in Schichten von jeweils einigen Wochen. Die meisten dieser Plattformen sind etwa 25 Jahre lang in Betrieb.

Drehkran

Abgefackeltes Erdgas

Pumpanlagen
Sie transportieren Öl und Gas auf die Plattform.

Weiterverarbeitung

VORRÄTE AN FOSSILEN BRENNSTOFFEN
Die ganze Welt ist abhängig von fossilen Brennstoffen, doch nur wenige Länder verfügen über ausreichende Lagerstätten. Länder mit großen Vorkommen verkaufen die Rohstoffe an andere Länder – dieser Handel treibt die weltweite Wirtschaft an. Die größten Vorräte lagern in den Ländern des Nahen Ostens.

Erdgasvorräte
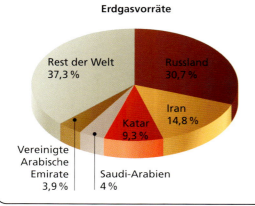

Erdölvorräte
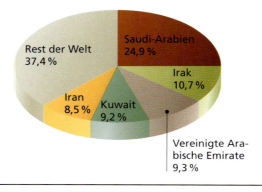

Kohlevorräte
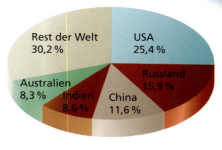

SCHÄTZE DER ERDE 235

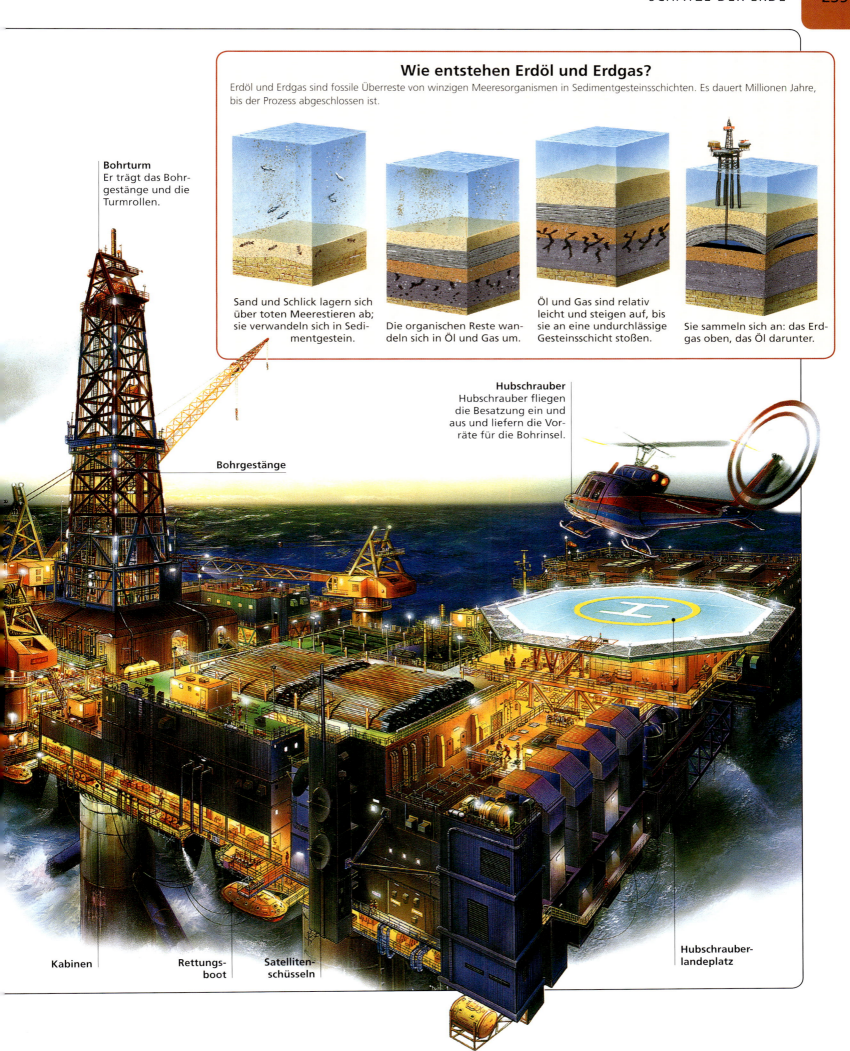

Wie entstehen Erdöl und Erdgas?
Erdöl und Erdgas sind fossile Überreste von winzigen Meeresorganismen in Sedimentgesteinsschichten. Es dauert Millionen Jahre, bis der Prozess abgeschlossen ist.

Sand und Schlick lagern sich über toten Meerestieren ab; sie verwandeln sich in Sedimentgestein.

Die organischen Reste wandeln sich in Öl und Gas um.

Öl und Gas sind relativ leicht und steigen auf, bis sie an eine undurchlässige Gesteinsschicht stoßen.

Sie sammeln sich an: das Erdgas oben, das Öl darunter.

Bohrturm
Er trägt das Bohrgestänge und die Turmrollen.

Bohrgestänge

Hubschrauber
Hubschrauber fliegen die Besatzung ein und aus und liefern die Vorräte für die Bohrinsel.

Kabinen

Rettungsboot

Satellitenschüsseln

Hubschrauberlandeplatz

Kohle

Die Verbrennung von Kohle liefert Wärme und Energie. Kohle besteht aus den fossilen Resten alter Sumpfpflanzen. Sterben sie ab, bleiben sie zunächst als feuchter Torf in immer dickeren Schichten liegen. Wird darüber schweres Sediment abgelagert, das die Torfschichten zusammendrückt, wandelt sich Torf in Braunkohle um. Erhöht sich der Druck durch weitere Sedimentlagen, wird sie zu Fettkohle. Unter optimalen Bedingungen verwandelt sich die Fettkohle in harte, schwarze Steinkohle.

Steinkohle lagert meist tief unter der Erde. Braunkohlelager dagegen reichen an manchen Stellen bis knapp unter der Oberfläche. Dann wird die Kohle im Tagebau gefördert, wie hier in Deutschland.

Wie entsteht Kohle?
Über Tausende von Jahren wird das Pflanzenmaterial zusammengedrückt und Wasser, Sauerstoff und andere Gase werden ausgepresst. Dabei nimmt der Anteil an Kohlenstoff zu, bis sich die fossilen Pflanzen in Kohle verwandelt haben.

Förderturm und Versorgung der Schächte

Die Kohle wird in großen Containern im Förderschacht nach oben gebracht.

Die abgebaute Kohle fällt auf ein Förderband und wird zur Förderanlage transportiert.

Eine große, rotierende Fräsmaschine schabt die Kohle ab.

Torf

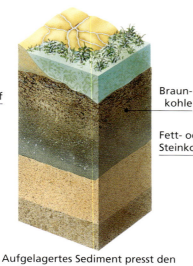

Braunkohle

Fett- oder Steinkohle

Anthrazitkohle

Abgestorbene Pflanzen verwandeln sich in Torf. Er enthält sehr viel Wasser und Gase.

Aufgelagertes Sediment presst den Torf zusammen. Unter dem Druck wandelt er sich in Braunkohle um.

Unter höherem Druck wandelt sich die Braunkohle in Fett- oder Steinkohle um.

Anthrazit, die beste Qualität der Steinkohle, ist besonders dicht; sie setzt beim Verbrennen viel Energie frei.

SCHÄTZE DER ERDE | 237

Die Kohle wird in Güterwaggons geladen und abtransportiert.

Die Bergleute fahren in einem eigenen Personenschacht ins Bergwerk ein; Pumpen versorgen sie mit Atemluft.

Die Bergleute treiben Stollen durch den Berg. Die Decke wird mit Metallstreben abgestützt.

Der Aufzug, mit dem die Bergleute einfahren, wird traditionell Fahrkorb genannt.

Kohlebergwerke

Heutzutage erledigen Maschinen die meisten Arbeiten in einem Bergwerk. In modernen Bergwerken werden die Kohleflöze (Lagerstätten) im vollautomatischen Dauerbetrieb abgebaut.

Stahlwerke

Stahl ist eine Verbindung aus Eisen und Kohlenstoff, die sich bei der Verbrennung mit Kohle bildet. Stahl ist der Rohstoff für Werkzeuge, Bleche für Autos und Eisenbahnen und viele andere Produkte.

Die Rohstoffe

Zuerst muss das reine Eisen aus dem Eisenerz geschmolzen werden.

Aus Steinkohle hergestellter Koks wird sehr heiß; damit wird das Eisenerz geschmolzen.

Kalk entfernt Verunreinigungen aus dem geschmolzenen Eisen.

Die Produktion

Koks und Eisen werden in einem großen Hochofen erhitzt. Wenn das flüssige Eisen zu Boden sinkt, wird Kalk zugefügt.

In einem Konverter bläst man reinen Sauerstoff in das flüssige Eisen. Der Gehalt an Kohlenstoff nimmt ab, das Eisen verwandelt sich in Stahl.

Der flüssige Stahl wird auf einer Walzstraße zwischen Metallrollen in Form gebracht und abgekühlt.

Die Endprodukte

Drähte sind ein wichtiges Erzeugnis aus Stahl.

Stahlbleche werden für viele Produkte verwendet.

Stahlträger stabilisieren den Beton in Gebäuden.

Aus Stahl werden Rohre in unterschiedlichen Größen hergestellt.

Sonnen- und Windenergie

Die Sonne könnte den gesamten Energieverbrauch auf unserem Planeten decken. Sonnenenergie (Solarenergie) lässt sich vielfältig nutzen: Die Sonnensegel von Satelliten etwa sind mit Sonnenzellen ausgestattet, die Sonnenlicht in Strom verwandeln. Sonnenkollektoren auf Dächern heizen mit der Sonnenenergie Wasser auf. Die Sonne liefert „saubere" Energie, die auch dann noch zur Verfügung stehen wird, wenn die fossilen Brennstoffe verbraucht sind. Windenergie lässt sich über Windräder nutzen, in denen ein Generator Strom erzeugt.

Die Nutzung von Sonnenenergie

Solarzellen verwandeln Sonnenenergie in Strom. Das Licht fällt auf eine Siliziumschicht mit überzähligen Elektronen (n-Schicht). Es folgt eine Siliziumschicht mit Elektronenmangel (p-Schicht). Die Sonnenenergie lässt die Elektronen von der n- zur p-Schicht „springen"; dabei fließt Strom.

Aufbau einer Solarzelle — Sonnenlicht, Glasscheibe, n-Schicht, p-Schicht

In Sonnenkraftwerken fangen große Sonnensegel die Energie der Sonne ein. Sie stehen an sonnigen Standorten, z. B. im Südwesten der USA.

Windräder

Die Kraft des Windes kann über große Rotoren in Strom umgewandelt werden. An windreichen Standorten sind oft mehrere solcher Anlagen in Windparks zusammengefasst. Die Drehung des Rotors treibt einen Generator an, der wie ein Dynamo Strom erzeugt.

Rotor
Der Anstellwinkel der Rotorblätter kann an die Stärke und Richtung des Windes angepasst werden.

Getriebe
Ein Getriebe passt die Drehgeschwindigkeit des Rotors an den Generator an.

Welle
Eine rotierende Welle überträgt die Drehung des Propellers auf den Generator.

Generator
Im Generator wird die Drehung der Welle in elektrischen Strom umgewandelt.

Turmkopf (Gehäuse)
Der Turmkopf enthält die technische Ausrüstung des Windrads und dreht den Rotor in den Wind.

Turm
Der Turm trägt den Rotor in einer sicheren Höhe. Der Strom wird durch Kabel abgeleitet.

Leitungen
Stromleitungen transportieren den elektrischen Strom zu den Verbrauchern.

Wasserkraft

In Wasserkraftwerken wird die Bewegungsenergie des Wassers in elektrischen Strom umgewandelt. Die meisten Kraftwerke werden an Stauseen betrieben, die in bergigen und niederschlagsreichen Regionen liegen. In geothermischen Kraftwerken wird Wasser in Rohren in die Erde geleitet und dort durch die Erdwärme erhitzt. Der freigesetzte Dampf treibt Turbinen an, die Strom erzeugen.

Wasserkraftwerke nutzen eine erneuerbare Energiequelle; Wasser wird durch den natürlichen Kreislauf immer wieder ersetzt.

Das geothermische Kraftwerk Svartsengi im Südwesten Islands ist eine von fünf großen Anlagen, die ein Viertel des isländischen Stroms liefern.

Das Wairakei-Kraftwerk auf der Neuseeländischen Nordinsel erzeugt seit 1958 Strom durch die Kraft der heißen Quellen.

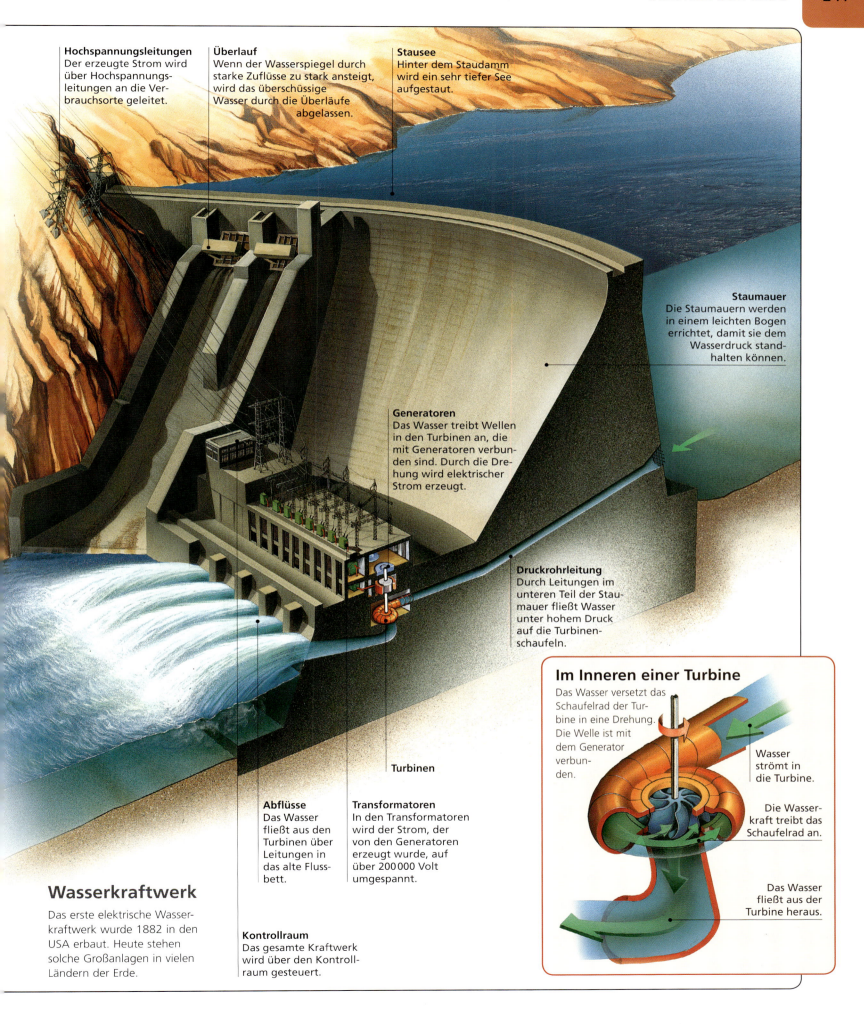

Geografische Rekorde

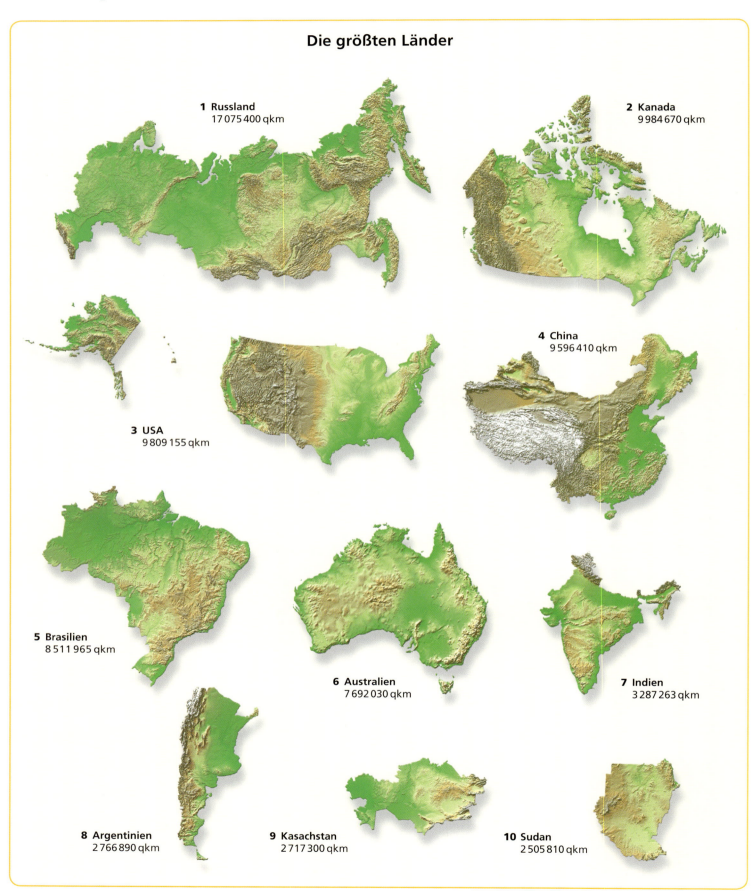

Die größten Länder

1 Russland 17 075 400 qkm
2 Kanada 9 984 670 qkm
3 USA 9 809 155 qkm
4 China 9 596 410 qkm
5 Brasilien 8 511 965 qkm
6 Australien 7 692 030 qkm
7 Indien 3 287 263 qkm
8 Argentinien 2 766 890 qkm
9 Kasachstan 2 717 300 qkm
10 Sudan 2 505 810 qkm

DIE ERDE: FAKTEN

Die größten Seen

1 Kaspisches Meer, Asien/Europa 370 990 qkm
2 Oberer See, Nordamerika 82 100 qkm
3 Victoriasee, Afrika 68 790 qkm
4 Huronsee, Nordamerika 59 600 qkm
5 Michigansee, Nordamerika 57 800 qkm
6 Tanganjikasee, Afrika 32 900 qkm
7 Großer Bärensee, Kanada 31 330 qkm
8 Baikalsee, Russland 30 500 qkm
9 Malawisee (Njassasee), Afrika 30 040 qkm
10 Großer Sklavensee, Kanada 28 570 qkm

Die längsten Flüsse

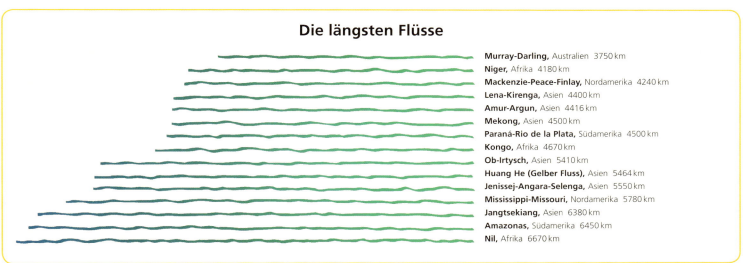

Murray-Darling, Australien 3750 km
Niger, Afrika 4180 km
Mackenzie-Peace-Finlay, Nordamerika 4240 km
Lena-Kirenga, Asien 4400 km
Amur-Argun, Asien 4416 km
Mekong, Asien 4500 km
Paraná-Rio de la Plata, Südamerika 4500 km
Kongo, Afrika 4670 km
Ob-Irtysch, Asien 5410 km
Huang He (Gelber Fluss), Asien 5464 km
Jenissej-Angara-Selenga, Asien 5550 km
Mississippi-Missouri, Nordamerika 5780 km
Jangtsekiang, Asien 6380 km
Amazonas, Südamerika 6450 km
Nil, Afrika 6670 km

Die höchsten Berge

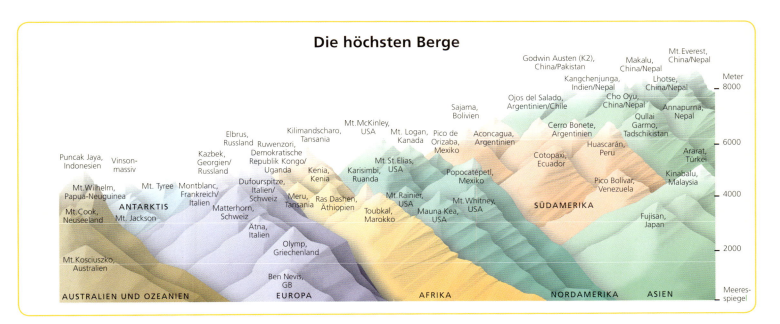

Planet Erde

Erdzeitalter

Die Geschichte der Erde lässt sich in mehrere Epochen untergliedern, die als Erdzeitalter und Perioden bezeichnet werden. Jedes Zeitalter ist durch bestimmte Pflanzen und Tiere charakterisiert – die Dinosaurier beherrschten z. B. das Mesozoikum.

200 Mio. Jahre vor heute

30 Mio. Jahre vor heute

Heute

Die Welt verändert sich
Die Landmassen der Erde waren und sind ständig in Bewegung. Damit veränderten sich natürlich auch die Überlebenschancen von Pflanzen und Tieren.

Erdzeitalter und Perioden

Erdzeitalter	Periode	Epoche	Beginn (MioJ)
PHANEROZOIKUM			
	Quartär	Holozän	0,1
		Pleistozän	1,8
Känozoikum	Neogen	Pliozän	5,3
		Miozän	23
	Paläogen	Oligozän	34
		Eozän	55
		Paläozän	65
Mesozoikum	Kreide	Oberkreide	100
		Unterkreide	146
	Jura	Oberer Jura	161
		Mittlerer Jura	176
		Unterer Jura	200
	Trias	Obere Trias	228
		Mittlere Trias	245
		Untere Trias	251
Paläozoikum	Perm	Oberes Perm	260
		Mittleres Perm	271
		Unteres Perm	299
	Karbon	Oberkarbon	318
		Unterkarbon	359
	Devon	Oberdevon	385
		Mitteldevon	398
		Unterdevon	416
	Silur	Obersilur	423
		Untersilur	444
	Ordovizium	Oberes Ordovizium	461
		Mittleres Ordovizium	472
		Unteres Ordovizium	488
	Kambrium	Oberes Kambrium	501
		Mittleres Kambrium	513
		Unteres Kambrium	542
PROTEROZOIKUM			2500
ARCHAIKUM			3800
HADAIKUM (HADEAN)			4600

Die Schichten des Bodens

Boden besteht aus den verwitterten Resten des anstehenden Gesteins, vermischt mit den organischen Resten toter Pflanzen und Tiere. Regenwürmer und andere Tiere schichten den Boden um und der Regen wäscht Minerale aus.

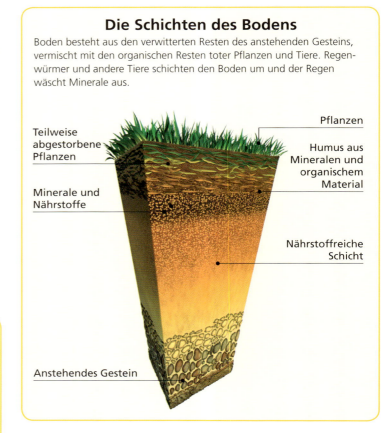

Teilweise abgestorbene Pflanzen — Pflanzen — Humus aus Mineralen und organischem Material — Minerale und Nährstoffe — Nährstoffreiche Schicht — Anstehendes Gestein

Edelsteine und Juwelen

Licht wird stark gebrochen. — Licht wird schwach gebrochen.
Weißes Licht — Weißes Licht
Diamant — Quarz

Warum glitzern Diamanten?
In einem durchsichtigen Kristall wird weißes Licht abgelenkt (gebrochen) und dabei in die Spektralfarben zerlegt. In Diamanten ist der Brechungswinkel sehr groß, daher sind die Farben deutlicher voneinander getrennt – der Diamant glitzert.

DIE GRÖSSTEN DIAMANTEN DER WELT

Ring 1 Karat

Blue Hope 45,5 Karat

Regent 140,5 Karat

Millennium Star 203 Karat

Großer Stern von Afrika 530,2 Karat

Vulkane

Dekaden-Vulkane

Weltweit werden 16 Vulkane unter internationaler Beteiligung ständig beobachtet beziehungsweise untersucht. Es handelt sich um große Vulkane, die häufig ausgebrochen sind. Außerdem liegen sie alle in der Nähe größerer menschlicher Siedlungen.

Legende
▲ Dekaden-Vulkan

Die 10 schwersten Vulkanausbrüche

Jahr	Vulkan	Standort	Opfer	Begleiterscheinungen
1815	Tambora	Indonesien	92 000	Asche, Tsunami, Krankheiten, Hungersnot
1883	Krakatau	Indonesien	36 000	Tsunami, Asche
1902	Mont Pelée	Martinique	26 000	Ascheströme
1985	Nevado del Ruiz	Kolumbien	23 000	Schlammströme
79	Vesuv	Italien	16 000 (geschätzt)	Asche, Ascheströme
1792	Unzen	Japan	14 500	Einsturz des Vulkans, Tsunami
1586	Kelut	Indonesien	10 000	unbekannt
1783	Laki	Island	9350	Krankheiten, Hungersnot
1919	Kelut	Indonesien	5000	Schlammströme
1631	Vesuv	Italien	4000	Schlamm- und Lavaströme

Nicht nur auf der Erde

Vulkanische Eruptionen gibt es nicht nur auf der Erde, sondern auch auf mehreren Monden im Sonnensystem. Der Vulkanismus hat das Bild der vier inneren Planeten (Merkur, Venus, Erde, Mars) und einiger Monde der äußeren Gasriesen geprägt.

Neptunmond Triton
Die Geysire auf Triton brechen mit extrem kaltem, flüssigem Stickstoff aus. Das Material wird etwa 8 km hochgeschleudert und regnet dann als Stickstoff-Eisregen wieder ab.

Erdenmond
Die dunklen Flecke sind erkaltete Lavaseen.

Venus
Schwefelvulkane bildeten die dichte Atmosphäre.

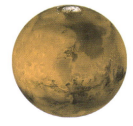

Mars
Marsvulkane sind viel größer als irdische Vulkane.

Jupitermond Io
Seine Vulkane speien Schwefeldioxid aus.

Neptunmond Triton
Die Geysire auf Triton sind nicht heiß, sondern eisig kalt.

246 DIE ERDE: FAKTEN

Erdbeben

Erdbebengefahr

Die Gefahr, von einem Erdbeben überrascht zu werden, ist auf unserem Planeten ungleich verteilt. In manchen Regionen bebt die Erde regelmäßig und jederzeit könnte ein großes Beben eine Katastrophe auslösen. An anderen Orten bewegt sich die Erde so gut wie nie.

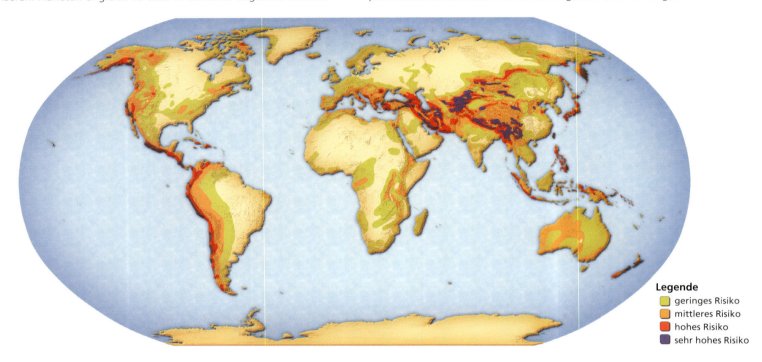

Legende
- geringes Risiko
- mittleres Risiko
- hohes Risiko
- sehr hohes Risiko

Erdbebentheorien

Schon seit Urzeiten suchen die Menschen nach Erklärungen für dieses Naturphänomen. Wir verstehen jedoch erst seit relativ kurzer Zeit, was unter unseren Füßen geschieht.

Hinduistischer Mythos
Die Erde wird von einem Elefanten getragen. Dieser steht auf einer Schildkröte, welche wiederum auf einer Kobra balanciert. Sobald eines dieser Tiere sich bewegt, wackelt die Erde.

Hinduistischer Kosmos

Moderne Erklärungen
Seit Beginn des 20. Jahrhunderts wird die Plattentektonik des deutschen Forschers Alfred Wegener diskutiert. Er ging von einem einzigen Urkontinent aus, der sich in einzelne, wandernde Kontinente auflöste. Die Bewegung der Platten kann Erdbeben und viele andere Phänomene erklären.

So stellte man sich 1665 einen Querschnitt durch die Erde vor.

Europa nach dem Mittelalter
Mitte des 17. Jahrhunderts schlug der französische Philosoph René Descartes folgende Theorie vor: Einst war die Erde heiß wie die Sonne. Sie kühlt immer noch ab und zieht sich zusammen. Dabei kommt es zu Gebirgsbildungen und Erdbeben.

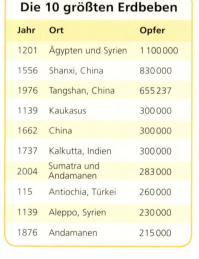

Seismograf

Die 10 größten Erdbeben

Jahr	Ort	Opfer
1201	Ägypten und Syrien	1 100 000
1556	Shanxi, China	830 000
1976	Tangshan, China	655 237
1139	Kaukasus	300 000
1662	China	300 000
1737	Kalkutta, Indien	300 000
2004	Sumatra und Andamanen	283 000
115	Antiochia, Türkei	260 000
1139	Aleppo, Syrien	230 000
1876	Andamanen	215 000

Die 5 größten Tsunamis

Jahr	Ort	Opfer
2004	Sumatra und Andamanen	283 000
1755	Lissabon, Portugal	100 000
1908	Italien	70 000
1782	China und Taiwan	40 000
1883	Krakatau, Indonesien	36 000

Extreme der Erde

Tornados und Hurrikane

Der Weg der Zerstörung
Die Windhose eines Tornados rast wie ein gewaltiger Staubsauger über das Land. Sie saugt alles in die Luft und zerstört auf ihrem Weg Häuser, Bäume und Autos. Alles, was direkt neben dieser Bahn liegt, bleibt verschont.

Fujita-Skala

Die Fujita-Skala bestimmt die Stärke von Tornados anhand der Schäden, die sie anrichten.

Skalenwert	Geschwindigkeit (km/h)	Schäden
F0	bis 117	leicht
F1	117–180	mäßig
F2	181–253	beträchtlich
F3	254–332	stark
F4	333–418	verheerend
F5	über 418	völlig zerstörerisch

Saffir-Simpson-Skala

Die Saffir-Simpson-Skala bewertet die Stärke von Hurrikanen und berücksichtigt den Luftdruck an der Oberfläche und die Wellenhöhe.

Skalenwert	Druck (Hektopascal)	Windgeschwindigkeit (km/h)	Wellenhöhe (m)	Schäden
1	über 980	118–153	1,20–1,60	minimal
2	965–980	154–177	1,70–2,50	mäßig
3	945–964	178–209	2,60–3,80	stark
4	920–944	210–249	3,90–5,50	extrem
5	unter 920	über 249	über 5,50	verheerend

Hurrikan Emily bildete sich ab 12. Juli 2005 vor der Küste Brasiliens. Bis 16. Juli erreichte er Windgeschwindigkeiten von 230 bis 290 km/h. Am 18. Juli traf Emily auf das Land, wandte sich dann zurück aufs Meer und traf am 20. Juli in Mexiko als Hurrikan der Kategorie 5 wieder auf das Land.

 12. Juli 2005
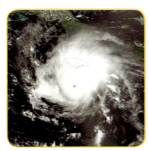 16. Juli 2005
 19. Juli 2005
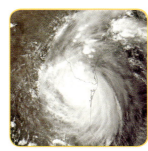 20. Juli 2005

Extreme Wetterlagen

Feuchtester Ort
Cherrapunji (Indien) durchschnittlich 26461 mm Niederschlag/Jahr

Trockenster Ort
Arica in der Atacama (Chile) weniger als 0,5 mm Niederschlag/Jahr

Kältester Ort
Wostok (Basisstation, Antarktis) −89,2 °C am 21. Juli 1983

Höchste Windgeschwindigkeit (außer Tornados)
Mount Washington (USA) 372 km/h am 12. April 1934

Schwerster Hagelsturm
Gopalganj (Bangladesch) 1 kg schwere Hagelkörner bei einem Hagelsturm am 14. April 1986; 92 Menschen starben.

Regenreichster Ort
Mount-Waialeale-Krater (Kauai, Hawaii-Inseln) bis zu 350 Tage Regen/Jahr

Höchste Temperatur
Al Aziziyah (Libyen) 58 °C im Schatten am 13. September 1922

Größte Temperaturschwankung
Werchojansk (Zentralsibirien) Sommer: bis 37 °C, Winter: bis −68 °C

Höchste Windgeschwindigkeit in einem Tornado
Oklahoma (USA) 512 km/h im Mai 1999

Heißeste Gegend
Sahelzone durchschnittliche Tagestemperatur von 34 °C (1960–1966) am Vulkan Dallol (Äthiopien)

Glossar

Abwind Zur Erdoberfläche wehender Wind (von oben nach unten).

Äquator Gedachte Linie um die Erde (Breitenkreis 0°); er teilt die Erde in die Nord- und Südhalbkugel.

Arid Klimazone mit hohen Temperaturen und geringen Niederschlägen; hier ist keine Landwirtschaft möglich.

Asche Überreste verbrannten Materials. Vulkanische Asche enthält kleine Felsbrocken und Lava.

Ästuar Trichterförmige Flussmündung ins Meer. Hier vermischen sich wegen der Gezeiten Salz- und Süßwasser.

Atmosphäre Gasschicht, die sich wie eine Hülle um einen Planeten oder Mond legt. Sie wird durch die Anziehungskraft festgehalten. Unsere Atmosphäre hat mehrere Schichten, z.B. Troposphäre, Stratosphäre und Mesosphäre.

Atoll Kreisförmiges Korallenriff um eine Lagune. Atolle bilden sich um die Spitze von Vulkaninseln, die im Lauf der Zeit vollständig unter dem Meeresspiegel verschwinden können.

Aufwind Ein Wind, der von unten nach oben weht.

Biodiversität (biologische Vielfalt) Gesamtheit der Pflanzen- und Tierarten, die auf der Erde oder in einem bestimmten Teilgebiet leben.

Blitz Elektrische Entladung zwischen positiv und negativ geladenen Polen. Blitze können innerhalb von Wolken oder zwischen Wolken und Erdboden auftreten.

Boden Oberste Schicht der Erdkruste; besteht aus Mineralien, vermischt mit Resten von organischem Material.

Caldera Meist runde, eingesenkte Form in der Landschaft; sie entsteht, wenn das Dach der Magmakammer unter einem Vulkan einbricht.

Canyon Tiefes Tal mit steilen Wänden, das von einem Fluss ins Gestein eingeschnitten wurde.

Delta Die etwa dreieckige Mündung eines langsam fließenden Flusses ins Meer oder in einen See.

Eisberge Riesige, im Meer treibende Eismassen, die sich am Rand der polaren Meere von einem Gletscher oder dem Schelfeis gelöst haben (sie „kalben").

Eiskappen Gewaltige Gletscher, die ganze Kontinente überdecken können.

El Niño Ungewöhnlich warmer, unregelmäßig auftretender Oberflächen-Meeresstrom, der auf die Westküste von Südamerika zufließt.

Epizentrum Zentrum eines Erdbebens auf der Erdoberfläche; genau darunter liegt das Hypozentrum, der eigentliche Entstehungsort eines Erdbebens.

Erdbeben Wenn sich große Felsformationen tief unter der Erde gegeneinander verschieben, baut sich eine starke Spannung auf. Sobald sich diese Energie ruckartig entlädt, ist sie oberirdisch als Erdbeben spürbar.

Erdkern Innerster Teil der Erde mit einem festen inneren und einem flüssigen äußeren Kern, beide aus Eisen.

Erdkruste Äußerste Schicht der Erde; sie besteht aus solidem Gestein.

Erdmantel Der Teil der Erde zwischen der Unterseite der Erdkruste und dem äußeren Erdkern; er besteht aus weichem Gestein, etwa von der Konsistenz von Knetgummi.

Erdwärme (geothermische Energie) Hitze aus einer unterirdischen Quelle (Gestein oder Wasser), die viel heißer ist als die Umgebung; kann in geeigneten Regionen der Erde zur Energiegewinnung genutzt werden.

Erdzeitalter Große Abschnitte der Erdgeschichte. Geologen unterteilen die Zeitalter in Perioden.

Erosion Das Gestein an der Erdoberfläche und der Boden werden kontinuierlich von Wind, Wasser, Frost, Eis und Erdrutschen abgetragen; die Gesamtheit dieser Vorgänge wird als Erosion oder Abtragung bezeichnet.

Erz Mineral oder Gestein, das wertvolle Bestandteile enthält; Metallerze enthalten die Metalle in Verbindung mit anderen chemischen Elementen.

Falte Durch Bewegungen der Erdkruste werden flach lagernde Sedimente wie eine Decke in Falten gelegt.

FCKWs (Fluorchlorkohlenwasserstoffe) Industriell hergestellte Chemikalien (Treibgase), die in Sprühdosen, Kühlschränken und Klimaanlagen verwendet werden. FCKWs sind mitverantwortlich für die Zerstörung der Ozonschicht.

Feuchtgebiet Ständig von Wasser durchzogene und teilweise überflutete Landschaft, hier wachsen nur besonders angepasste Pflanzen.

Feuerring Bezeichnung für den Kranz von Vulkanen, der sich um den Pazifischen Ozean zieht.

Fjord Lange, schmale und sehr tiefe Meeresbucht mit steilen Ufern; Fjorde sind ehemalige Gletschertäler, die nun unter dem Meeresspiegel liegen.

Fossil Überreste oder Abdrücke (Fußspuren) eines lebenden Organismus, die sich im Stein erhalten haben.

Fossile Brennstoffe Material, das aus den Resten von Pflanzen und Tieren entstand; Torf, Braun- und Steinkohle, Erdöl und Erdgas sind fossile Brennstoffe.

Front Grenze zwischen zwei Luftmassen mit unterschiedlichem Druck und Temperatur.

Gefrieren Der Übergang von flüssigem Wasser in festes Eis.

Gemäßigte Klimaregionen Klima der mittleren Breitengrade mit vier ausgeprägten Jahreszeiten; hier ist es weder sehr heiß noch sehr kalt.

Geysir Spalte in der Erdkruste, durch die in regelmäßigen Abständen heißes Wasser an die Oberfläche schießt.

Gezeiten Das regelmäßige Auftreten von Ebbe und Flut an den Meeresküsten. Die Gezeiten werden durch die Anziehungskraft des Mondes ausgelöst; die Sonne kann je nach Position von Erde und Mond besonders hohe Fluten bzw. niedrige Ebben hervorrufen.

Gletscher Große Eismasse aus verfestigtem Schnee; ein Gletscher fließt langsam unter seinem eigenen Gewicht zu Tal.

Grabenbruch Durch die Bewegung der Erdkruste können Gesteinsmassen brechen. Liegen die beiden Bruchlinien parallel, sinkt der Teil dazwischen als Grabenbruch ein.

Grundwasser Wasser, das in unterirdischen Höhlen und Spalten steht.

Hot Spot Region mit sehr starker vulkanischer Aktivität. Hot Spots sind ortsfest und nicht an Plattenränder gebunden.

Hurrikan Tropischer Wirbelsturm, der sich aus Tiefdruckgebieten über dem Atlantik oder der Karibik entwickelt (siehe Tiefdruckgebiet).

Hypozentrum Ursprung eines Erdbebens unter der Erdoberfläche; hier entlädt sich die zwischen Gesteinsmassen aufgebaute Spannung.

Jetstream Starke Winde, die in schmalen Bändern in 10–15 km Höhe durch die Atmosphäre wehen.

Klima Langfristiges, wiederkehrendes Wettergeschehen an einem bestimmten Ort der Erde.

Kondensation Übergang von einem Gas in flüssige Form; der Wasserdampf der Luft kondensiert bei sinkenden Temperaturen zu Tröpfchen und bildet Wolken.

Kontinent Eine große, in der Regel zusammenhängende Landmasse oberhalb des Meeresspiegels. Auf der Erde werden sieben Kontinente unterschieden: Afrika, Antarktis, Asien, Australien, Europa, Nordamerika und Südamerika.

Kontinentaldrift Langsame Bewegung einzelner Kontinentalplatten (Erdkruste) auf dem Untergrund des Erdmantels. Antriebskraft der Bewegung sind Konvektionsströmungen im Mantel.

Kontinentalsockel (Schelf) Der vom Meer bedeckte Rand eines Kontinents. Die Wassertiefe nimmt vom Land zum Meer langsam zu. Das Schelfmeer ist relativ flach und besonders fischreich.

Konvektion (allgemein) Aufwärtsbewegung einer zusammenhängenden Luft- oder Wassermasse. Antrieb der Bewegung ist die im Vergleich mit der Umgebung höhere Temperatur. Durch Konvektion aufsteigende Luft kühlt ab, die Kondensation verwandelt den Wasserdampf in Wolken.

Konvektion (Erdmantel) Wie Luft und Wasser kann auch das flüssige Magma des Erdmantels in einer Konvektionsströmung aufsteigen. Abgekühltes Magma sinkt wieder nach unten. Wahrscheinlich treibt diese Bewegung die Plattentektonik an.

Korallenriff Lebensgemeinschaft von Riff bildenden Korallen mit Meerestieren und -pflanzen. Das feste Kalkskelett der Korallen wird von weichen Korallenpolypen ausgeschieden.

Krater Kreisförmiges Landschaftselement. Vulkankrater entstehen durch vulkanische Aktivität, Einschlagskrater werden von Meteoriten in die Erdoberfläche geschlagen.

Kristall Äußerlich sichtbare Form eines Minerals; die Elemente eines Minerals ordnen sich in regelmäßigem Muster zu Kristallen an.

Lagune Flacher See an der Küste, der durch einen Landstreifen fast vollständig vom offenen Wasser abgetrennt ist.

Lava Geschmolzenes Gestein, das aus einem Vulkan an der Erdoberfläche austritt; unterirdisch Magma genannt.

Lebensgemeinschaft In Abhängigkeit vom Klima entwickeln sich besonders angepasste Pflanzengesellschaften und darin lebende Tiere. Große Lebensgemeinschaften bestehen beispielsweise in der Tundra, in Wüsten oder im tropischen Regenwald.

Lebensraum Die Umgebung, in der Pflanzen und Tiere leben, die sich an sie angepasst haben.

Lithosphäre Die feste Oberflächenschicht der Erdkruste und die äußersten, spröden Teile des Erdmantels.

Luftfeuchtigkeit Die Menge von gasförmigem Wasser (Wasserdampf) in der Luft.

Luftmasse Relativ kompaktes, zusammenhängendes Luftvolumen, z. B. über einem Meer oder einem Kontinent. Innerhalb einer Luftmasse herrschen überall gleiche Dichte, Temperatur und Luftfeuchtigkeit.

Mäander Gewundener Verlauf eines Flusses in sehr ebenem Gelände.

Magma Heißes, flüssiges Gestein und Mineralien unter der Erdoberfläche. Bei einem Vulkanausbruch gelangt Magma an die Erdoberfläche und wird nun Lava genannt.

Magmatisches Gestein Entstanden aus abgekühlter Lava. Die ersten Gesteine der Erde waren magmatischer Natur.

Meeresströmungen Tiefe Meeresströmungen bewegen sich wie ein kalter oder warmer Fluss durch die Meere – meist über weite Entfernungen. Oberflächenströmungen werden durch Wind angetrieben, der über die Meeresoberfläche streicht.

Metall Chemische Elemente, die den Strom und Wärme leiten; die meisten Metalle sind bei Zimmertemperatur fest und sehen glänzend aus.

Metamorphe Gesteine Gesteine, die durch Druck und Temperatur aus anderen Gesteinen umgewandelt werden; dabei verändern sie ihre Eigenschaften.

Meteor Kleiner Himmelskörper, der beim Eintritt in die Erdatmosphäre als „Sternschnuppe" verglüht.

Meteorit Himmelsköper, der die Erdatmosphäre durchquert und auf den Erdboden einschlagen kann.

Mineral Natürliche Substanz mit typischem Aufbau aus chemischen Elementen und einer genau definierten Kristallform. Gesteine bestehen aus Mineralien.

Mittelozeanischer Rücken Eine Kette von vulkanischen Bergen am Meeresboden. An den mittelozeanischen Rücken weichen zwei tektonische Platten auseinander. Lava dringt aus dem Erdmantel nach oben, füllt die Lücke und bildet lang gestreckte Gebirgsketten.

Monsun Wetterphänomen in Südostasien und anderen tropischen und subtropischen Regionen; Monsune treten jahreszeitlich auf und bringen schwere Regenfälle mit sich.

Niederschlag Wasser, das in Form von Nebel, Niesel, Regen, Hagel, Eis oder Schnee vom Himmel auf die Erde fällt.

Ökosystem Lebensgemeinschaft von Pflanzen, Tieren und ihrer natürlichen, von Klima und Wetter abhängigen Umwelt innerhalb eines begrenzten Raumes.

Ozeane oder Weltmeere Die fünf großen Ozeane (Pazifischer, Atlantischer, Indischer Ozean, Nord- und Südpolarmeer) bedecken 71 % der Erdoberfläche.

Ozeangraben Sehr tiefe Einschnitte im Meeresboden, häufig Tausende von Kilometern lang.

Ozon Es besteht im Unterschied zum Luftsauerstoff (O_2 mit 2 Atomen) aus drei Atomen Sauerstoff (O_3).

Ozonschicht Dünne Schicht in der Stratosphäre, etwa 20–32 km über dem Meeresspiegel. Hier ist das Ozon besonders stark konzentriert und hält schädliche Sonnenstrahlung ab.

Pangäa Einstiger Superkontinent, in dem alle jetzigen Kontinente vereinigt waren; brach vor rund 200 Mio. Jahren in Gondwana und Laurasia auseinander.

Passate Konstant in Richtung Äquator wehende Winde; auf der Nordhalbkugel wehen sie von Nordosten, auf der Südhalbkugel von Südosten.

Periode Abschnitt der Erdgeschichte, Untereinheit eines Erdzeitalters.

Photosynthese Prozess, mit dem Pflanzen Zucker bilden. Sie benötigen dazu Wasser, Kohlendioxid und als Energiequelle das Licht der Sonne. Dabei entsteht Sauerstoff, den sie an die Luft abgeben.

Plattengrenze Die Linie, an der zwei tektonische Platten aneinanderstoßen. Die Platten können aneinander vorbeigleiten, sich trennen oder gegeneinanderdrücken.

Plattentektonik Theorie, nach der die Erdkruste aus einzelnen Platten besteht, die auf dem Erdmantel schwimmen und sich gegeneinander bewegen.

Polargebiete Die Regionen rund um den Nord- und Südpol.

Polarkreise Der nördliche Polarkreis ist eine gedachte Linie auf 66,5° N, der südliche auf 66,5° S Breite. Hier geht die Sonne an einem Tag des Jahres nicht unter und erscheint an einem anderen Tag des Jahres nicht über dem Horizont.

Regenwald Ökosystem, in dem extrem viel Regen fällt oder ständig Nebel herrscht; tropische Regenwälder liegen am Äquator.

Saurer Regen Niederschlag mit saurem pH-Wert; er entsteht, wenn bestimmte Abgase aus der Verbrennung fossiler Brennstoffe in die Atmosphäre geleitet werden und sich mit dem Wasserdampf der Luft zu Säure verbinden.

Schelfeis Auf dem Meer schwimmendes Eis, das aber noch mit dem Land verbunden ist.

Schelfrand Am Rand des Schelfs fällt der Boden steil bis zu den Tiefseeebenen ab. Der Hang wird durch tiefe Täler zerschnitten.

Schwemmebene Teil eines Flusstales, in dem sich die mitgeführten Sedimente auf einer weiten Ebene abgelagert haben. Die fruchtbaren Schwemmebenen entstehen an Flüssen, die regelmäßig über die Ufer treten.

Sedimentgesteine Gesteine, die sich aus dicken Sedimentablagerungen bilden. Die Sedimente verwandeln sich durch den Druck der aufgelagerten Schichten in festes Gestein.

Subduktion Abtauchen einer tektonischen Platte unter eine andere. Gewöhnlich werden die schwereren ozeanischen Platten unter die Kontinentalplatten gedrückt.

Sumpf Eine ganzjährig von flachem Wasser bedeckte Landschaft. Bäume und einige Pflanzen erheben sich bis über die Wasseroberfläche.

Tektonische Platten Einheiten der Lithosphäre; sie bilden die Erdkruste aus. Die tektonischen Platten werden in ozeanische und kontinentale Platten unterteilt.

Tiefdruckgebiet Luftmasse mit niedrigem Luftdruck, meist begleitet von dunklen Wolken und Regen. Die Luft um ein Tiefdruckgebiet dreht sich auf der Nordhalbkugel gegen den Uhrzeigersinn, auf der Südhalbkugel mit dem Uhrzeigersinn (siehe Hurrikan).

Tiefseeebene Der gleichmäßige, ebene Boden eines Meeres; erstreckt sich zwischen dem Kontinentalschelf und den mittelozeanischen Rücken.

Tornado Sehr schnell wirbelnde, trichterförmige Luftmasse, die von einer großen Gewitterwolke bis zur Erde reicht.

Treibhauseffekt Gase (z. B. Kohlendioxid) in der Atmosphäre lassen die Sonnenstrahlen durch, halten aber die Wärmestrahlung der Erde fest. Dadurch erwärmt sich die Erde.

Tropen Die klimatische Region zwischen dem nördlichen (23,5° N) und südlichen (23,5° S) Wendekreis der Sonne. In den Tropen steht die Sonne zumindest an einem Tag des Jahres zur Mittagszeit genau senkrecht über der Erde.

Tsunami Gewaltige, plötzlich auftretende Meereswelle. Tsunamis werden durch Erdbeben, Vulkanausbrüche oder heftige Erdrutsche unter dem Meer ausgelöst. Unmittelbar vor dem Ufer türmen sich die Wellen eines Tsunamis zu enormer Höhe auf.

Verdampfung Der Übergang eines Stoffes vom flüssigen in den gasförmigen Zustand.

Verwerfung Eine Bruchlinie in der Erdkruste, an der sich zwei Platten oder Schollen gegeneinander bewegen oder einbrechen.

Verwitterung Gesteine und Mineralien werden im Laufe von Jahrmillionen durch Frost, Chemikalien im Regenwasser und durch unterirdischen Druck und Hitze langsam abgebaut – sie verwittern.

Vulkan Von Lava und Asche bei Ausbrüchen gebildete Landschaftsform. Viele Vulkane haben eine regelmäßige Kegelform.

Welle Sichtbare oder unsichtbare Form der Energieübertragung. Wellen treten in Wasser, Flüssigkeiten oder Gasen auf.

Wolke Zu Tröpfchen oder Eis kondensierter Wasserdampf in der Atmosphäre.

Wüste Dürre Landschaft, die dort entsteht, wo im Jahr mehr Wasser verdunstet als zur gleichen Zeit durch den Niederschlag nachgeliefert wird.

Register

A

Aa-Lava 87
Abholzung 165, 196
Abwinde 218f., 222
Achat 70
Aconcagua 151
Afrika 153
– Gebirge 178
– Savanne 168f.
Alaska 154, 170
– Erdbeben (1964) 102
Alaskastrom 131
Alexandrit 72
Algen 31, 77, 122, 137, 139f., 188
Alligator 184
Allosaurus 83
Alpen 176, 178
– Neuseeland 178
Altokumuluswolken 211ff.
Altostratuswolken 211ff.
Aluminium 75
Alvin 140
Amazonas 151
Amazonasbecken 151, 165
Amazonit 68ff.
Amethyst 73
Ammonit 79
– Pyrit-Ammonit 78
Amphibolit 62
Anakonda 163
Anden 151, 176, 178
Andesit 58f.
Andromeda (Galaxie) 13
Angel-Fälle 151, 180
Anglerfisch 141
Annapurna 154
Anolis 163
Anomalocaris 31
Anpassung 160, 174, 178, 187, 202
Antarktis 106, 173, 188–189
Antarktischer Kontinent 126, 149, 201
Anthrazitkohle 63, 236
Antilopenhase 202
Apatit 69
Aquamarin 73
Arabisches Meer 122
Aragonit 70
Ararat (Berg) 154
Araucaria 37
Archaeocyathid 31
Archaeopteryx 40, 76, 80
Archaikum 26
Aride Klimazonen 202
Arktis 170–171, 186–187, 229
Armstrong, Neil 22
Arsinoitherium 42
Arthropoden 30, 34
Arthur's Seat 94
Asbest 68
Asche, vulkanische 86, 91f., 96
Aschenvulkan 87, 94

B (continued A)

Asien 154
– Gebirge 178
– Wüsten 173f.
Aso (Vulkan) 96
Asteroiden 15, 18
Ästuare /Ästuarien 182
Atacama 151, 172, 202
Atlantischer Ozean 53, 116f., 120–121
Atmosphäre 17, 116, 204, 208
Ätna (Vulkan) 152
Atolle 88f., 158–159
Aufforstungen 167
Aufwind 218f., 221f.
Aussterben, Massen- 26, 36, 40
Australien und Ozeanien 155
– Steppen 168
– Wüsten 172f.
Australopithecinen 44
Ayers Rock 155
Azoren 121
Azurit 72

B

Baffin-Insel 157
Bagmati (Fluss) 180
Bakterien 26
Bandfisch 141
Baryonyx 82–83
Baryt 69
Basalt 58, 94f., 158
Basaltmandelstein 58
Baumfarne 28
Baumfrosch 163
Baumschleiche 162
Baumstachler 163
Beaufort-Skala 214
Bedrohte Arten 195
Beilbauchfisch 141
Belemnites 41
Bergbau,
– Kohle- 236–237
Berge, siehe Gebirge und Eigennamen
Bergziegen 178
Beringstraße 124, 154
Bernstein 76, 79
Beryllium 69
Bevölkerung
– Afrika 153
– Asien 154
– Australien und Ozeanien 155
– Europa 152
– Nordamerika 150
– Südamerika 151
– Überbevölkerung 193
– Wachstum 193
Bevölkerungsexplosion 193
Bewässerung 191
Big Bang 12
Bimsstein 58
Biodiversität 194–195

C (continued B)

Biologische Vielfalt, siehe
– Biodiversität
Biosphäre 160
Biotit 56, 63
Blasenkoralle 137
Blaubarsche 182
Bleiglanz 68, 71
Blitze 218f., 222
Bohrturm 235
Bonete 151
Bonito 140
Bora Bora 159
Borealer Nadelwald 166
Borneo 157
Brachiopoden 78
Brände 228f.
Braunkohle 236
Brekzien 60f.
Bright Angel-Tonschiefer 65
Bromelien 162f.
Bronze 74
Brüllaffe, Roter 163
Buschmeister-schlange 163
Bwindi-Regenwald 164

C

Calapoecia 33
Caldera 91, 94, 96
– Entstehung 96–97
Cameroceras 32f.
Canyonbildung 61, 64–65, 111ff.
Capybara 163
Carnotaurus 41
Çatal Hüyük 192
Cephalopoden 32
Ceres 14
Chalzedone 70
Chasmosaurus 83
Chimborazo 151
China 154
Chrysopras 69
Cladoselache 35
Climacograptus 33
Clownsfische 123
Coconino-Sandstein 65
Coelophysis 38f.
Compsognathus 40
Corioliskraft 206
Crinoiden, siehe Seelilien
Ctenacanthus 35
Cuprit 71
Cyclonema bilix 33
Cynognathus 42
Cyrtoceras 77

D

Darling 155
Deiche 217
– New Orleans 221
Deinonychus 82
Dekkan-Plateau 94

E (continued D)

Delfine 120, 140
Delta 181
Desertifikation 172, 196
Desmatosuchus 38f.
Devon 27, 34–35, 77
Diamant 68f., 72f.
Dickinsonia 77
Dickschnabellumme 125
Dimetrodon 42
Dinogorgon rubidgei 36
Dinosaurier 38, 40–41, 76, 224
– Rekonstruktion 82–83
Diplodocus 82
Discosauriscus 76
Dnjepr 152
Dodo 157
Donau 152
Dornenkronenseestern 137
Dreibeinfisch 141
Dünger 190
Dunkleosteus 34f.
Dürre 228f.

E

Ectenocrinus 33
Eis 116, 189, 201
– eingefrorene Tiere 81
– Eisschilde 106–107
– Klimaänderung 187, 228
– Nordpolarmeer 124
– Pack- 125, 187
– Regionen 124–125, 149, 161
– Südpolarmeer 126, 188
Eisbären 124, 170, 186f.
Eisberge 189
Eisen 48, 74f.
Eisenstein, gebänderter 60
Eiskappen, schrumpfende 229
Eiszeiten 224–225
El Niño 229
Elasmosaurus 40f.
Elbe 152
Elbrus (Berg) 152
Elemente 68
Energie, Quellen 232ff., 236, 238
Energieverbrauch 232
Entwaldung 165, 190, 196
Epiphyten 162f.
Epizentrum 98
Erdbeben 50, 98–99
– Auftreten 102–103
– Messung 98–99
– Unterwasserbeben 100
Erdbebenwellen 99
Erde 12, 14ff.
– Entstehung 18–19, 52–53
– innerer Aufbau 48–49
– Umfang 148

Erdgas, begrenzte
  Reserven 234
  –Entstehung 235
  –Reserven 232,
  234–235
Erdkern 18, 48 ff.
Erdklima 205, 224
Erdkruste 16, 18, 48 ff.,
  68 f., 128
Erdmantel 48 f., 88, 128
Erdöl 120 ff., 232 ff.
  –begrenzte Reserven 234
  –Entstehung 235
Erdölpumpen 234
Erdrutsche 108
Eris 14
Erosion 17, 50, 56–57,
  59, 64, 72, 94,
  110–113
Ertrunkenes Flusstal 183
Eruptionen, vulkanische 91
  –hawaiianisch 91
  –peleanisch 91
  –plinianisch 91
  –strombolianisch 91
Eruptivgesteine 56–59
Erze 70
Esperanza 127
Eudimorphodon 39
Europa 152
Eusthenopteron 34, 77
Evaporit 61
Evolution 26–45

F

Farne 28, 48, 164
FCKWs 189, 197
Feldspat 56
Felsenhahn 163
Felsnadeln 112–113
Felssäulen 112–113
Ferrel, William 206
Ferrel-Zellen 206
Fettkohle 236
Feuchtgebiete 184–185
Feuerring 53, 92, 102
Feuerstein 60, 66
Feuersteinwerkzeuge 60 f.,
  66
Fische 34, 134, 140–141,
  145, 182, 186, 188
Fischfang
  –Atlantischer Ozean 120
  –Indischer Ozean 122
Fjord 183
Flachlandtapir 163
Fledermaus, Blüten- 175
Fleischflosser 34
Flossenfüßer 174
Fluorit 68 f.
Flüsse 180–181
  –Afrika 153
  –Asien 154
  –Australien und
  Ozeanien 155
  –Europa 152

–Feuchtgebiete 184–185
–Nordamerika 150
–Südamerika 151
–Verschmutzung 180,
190
Flussmündungen 182–183
  –Feuchtgebiete 184–185
  –Sandbank 183
Fossile Brennstoffe 232–233
  –Entstehung 235
  –Erdgas 120, 122, 232
  –Erdöl 120 ff., 226, 232,
  234–235
  –Kohle 63, 226 f., 232,
  236–237
  –Reserven 234
Fossilien 27, 43, 45,
  76–83, 224
  –Entstehung 76–77
  –Rekonstruktion 82–83
  –Spurenfossilien 82
Fosterit 72
Fraser-Insel 155
Frontensysteme 210, 218
Fundybai 133
Fußspuren, fossile 45,
  82–83

G

Gabbro 58 f.
Galunggung 93
Gambia 153
Gaukler 140
Gebirge 17, 161,
  176–179, siehe
  auch Eigennamen
  –Afrika 153, 178
  –Asien 154, 178
  –Australien und
  Ozeanien 155, 178
  –Europa 152
  –Klima 178, 202
  –Nordamerika 150, 178
  –Südamerika 151, 178
  –unter dem Meer 135,
  148
  –Winde 215
Gebirgsbildung 50 f., 177
Gebirgssysteme 176
Geistergarnelen 182
Gelber Fluss 154
Gemäßigte Breiten 202 f.
  –Grassteppen 161
  –Meere 134
  –Wälder 161, 166–167
Geoffroys
  Klammeraffe 163
Geothermale
  Regionen 104
Geothermische
  Energie 232, 240
Gestein 56 ff.
Gesteinstürme am
  Meer 111 ff.
Getreide 190
Gewitter 218 ff.

Geysire 104–105, 150
Gezeiten 132–133
  –Ästuare 182
  –Nipp- 133
  –Spring- 133
Gezeitenenergie 233
Gezeitenkraftwerk 233
Gezeitentümpel 139
Gezeitenzone 139
Giant's Causeway 95
Gila-Monster 172
Gilaspecht 175
Ginkgo 28, 43
  –Fossilien 79
Gips 69 f.
Glas 69
Gletscher 64, 106–107, 111
  –Rückgang der 170, 228 f.
Gletscher-Hahnenfuß 171
Glimmer 56, 62, 71
Glimmerhaltiger Quarzit 62
Glimmerschiefer 63, 65
  –Granat- 63
Globale Erwär-
  mung 226–229
Globales Förderband 131
Globales Ökosys-
  tem 196–197
Glyptodon 42
Gneis 62 f.
  –Bänder- 56, 62
Gobi, Wüste 174
Godwin Austen (K2) 154
Gold 74 f.
Golf von Bengalen 122
Golfstrom 130 f.
Gondwana 177
Gräben 17, 50, 116, 120,
  129, 135
Grabenbruch 129
  –Flussmündung 183
Granat 62, 68, 73
Grand Canyon 61,
  64–65, 150
Grand Prismatic
  Spring 104
Granit 56, 59, 64 ff.
Granulit 63
Grasländer 168–169
  –gemäßigte Breiten 161
  –subtropische 160
Grenadierfische 141
Grewingkia 33
Grönland 156 f., 187
Großes Barriereriff 155
Grüne Hundskopfboa 163
Guanxi 113
Gunung Bromo 94
Gunung Semeru 54, 94

H

Hadley, George 206
Hadley-Zellen 206
Hagel 216 ff.
Haie 34, 36
  –Menschen- 140

Halkieria 31
Hallucigenia 31
Hämatit 74
Hare Shetan 96
Harpyie 163
Hawaii
  –Tsunamis 103
  –Vulkane 89 ff.
Heiße Quellen 51,
  104–105
Helicoprion 36 f.
Hermit-Tonschiefer 65
Hesperornis 41
Heuschrecke 178
Himalaja 51, 55, 112,
  154, 177
  –Entstehung 177
Himmel, Farbe 223
Hirnkoralle 137
Hitze
  –Magma 50, 56, 63, 128,
  143, 159
  –Sonne 14, 20, 205 f.,
  208, 214
  –Treibhauseffekt 226
Hoher Atlas 178
Höhlenbildung 112
Höhlenmalerei 45
Homo erectus 81
Homo habilis 81
Homo sapiens 44, 81
Hongkong 138
Hornfels 63
Hornstein 60 f.
Hot-Spot-Vulkane 50,
  88–89
Hualalai 90
Huang He,
  Gelber Fluss 154
Huascarán 151
Huntonia 34 f.
Hurrikane 200, 221
  –Entwicklung 221
  –Fran (1996) 200
  –Katrina (2005) 221
Hyaenodon 42
Hydrokoralle 137
Hydrothermale
  Quellen 142–143
Hypozentrum 98

I

Ignimbrit 58
Iguazú-Fälle 180
Illimani (Berg) 151
Indischer Ozean 116,
  122–123
Indonesien,
  –Vulkane 93, 94
Industrie 196
Inostrancevia 37
Inseln 156–157
  –kontinentale 156
  –ozeanische 156
  –vulkanische 88 f., 94,
  158–159

Inuit 81, 125, 187
Io, Vulkane auf 97
Island
 – heiße Quellen 105
 – Vulkane 89, 92
Izmit, Erdbeben (1999) 98

J

Jahreszeiten 204 f.
Jangtsekiang (Fluss) 154, 217
Japan
 – Erdbeben 99
 – heiße Quellen 105
Jaspis, gebänderter 61
Jenissej-Angara-Selenga (Fluss-
 system) 154
Jetstream 206, 214
Jökulsarlon 228
Jungfrau 152
Jupiter 14 f.
Jura 26, 29, 40, 76, 81

K

K2 154
Kaibab-Kalkstein 65
Kaktus 173 ff., 202
Kaktuszaunkönig 175
Kalifornische Hydro-
 koralle 137
Kalkstein 61, 63, 65 f., 158
 – bei der Stahl-
 herstellung 237
 – Erosion 112
Kalmare 141
Kalmenzone 207
Kalzit 68 f.
Kalziumkarbonat 70, 112
Kambrische Explosion 26, 30
Kambrium 26, 30 – 32, 77
Kangchenjunga 154
Känozoikum 26
Kaolinit 68, 71
Kap Hatteras 130
Karbon 26, 28, 36, 77
Karibu 187
Karst 112 – 113
Kasachstan
 – Aralsee 229
 – Steppe 168
Kasai (Fluss) 153
Kaschmir, Erdbeben
 (2005) 103
Kaspisches Meer 154
Katzenauge (Chrysoberyll) 72
Keimung 167
Kenia (Berg) 153
Kern
 – der Erde 18, 48 ff.
 – des Mondes 23
Kernenergie 232
Kernfusion 20
Kieferlose Fische 32
Kilauea 90 ff.
Kilimandscharo 153, 229

Kimberlit 58, 72
Kioto-Protokoll (1997) 228
Kleine Eiszeit 224 – 225
Klima 200, siehe auch
 Temperatur
Klimaänderung 196 – 197
 – Arktis 187
 – Auswirkungen/
 – Folgen 228 – 229
 – Eiszeiten 224 – 225
 – Erderwärmung 196 – 197,
 226 – 229
Klimaepochen 224 – 225
Klimazonen 202 – 203
Klippschliefer 178
Kobe, Erdbeben 99
Köcherbaum 174
Kohala (Vulkan) 90
Kohle 63, 232, 236 – 237
 – Anthrazit- 63, 236
 – Entstehung 236
 – Fett- 236
 – Stein- 236 f.
 – Treibhausgase 226 ff.
Kohlendioxid 226
Kohlendioxidausstoß/
 -abgase 227
Kohlenstoff 237
Kokosinseln 159
Koks 237
Komet Hale Bopp 15
Kommunizma 154
Konglomerat 56, 60, 181
Kongo (Fluss) 153
Königspinguin 126
Kontinentalschelf 116,
 133, 135, 156
Kontinentalverschie-
 bung 52 – 53
Kontinente 150 – 155
 – Australien und
 Ozeanien 155
 – Afrika 153
 – Asien 154
 – Europa 152
 – Karte 148 – 149
 – Nordamerika 150
 – Südamerika 151
Konvektion 210, 214
Konvektionsströme 49 f.
Korallen 32, 35
 – Cays 159
Korallenatolle 88 f., 158,
 159
Korallenbleiche 228
Korallenriffe 134,
 136 – 137
Korund 69
Krakatau 93
Krásnohorská-Höhle 152
Krater 94, 96
 – Entstehung 22
Krebse 142, 182
Kreide 27, 29, 40 – 41, 76
Krill 186, 188
Kristalle 68, 70 f.
Krokodile 38

Kuiper-Gürtel 14
Kumulonimbus-
 wolken 210 ff.,
 216, 218 f., 221
Kumuluswolken 211 ff.,
 219
Kupfer 68, 74 f.
Küsten 123 – 139
Küstenseeschwalbe 187
Küstenwinde 214 – 215
Kyanit 70

L

La Paz 151
Labradorit 68
Lachlan (Fluss) 155
Lakkolith 86, 95
Lamas 178
Landmassen 148
Landschaften
 – abgetragene/
 geformte 112 – 113
 – unter Wasser 135
 – vulkanische 94 – 95
Landwinde 214 f.
Landwirtschaft 190 – 191
 – Ausdehnung der
 Wüsten 172
 – Geschichte 190
 – Nutzflächen 190 – 191
 – Nutzung der Feucht-
 gebiete 184 f.
 – Nutzung der Gras-
 steppen 168
 – Roden der Wälder 165,
 190
 – Zerstörung von Fluss-
 mündungen 182
Lapislazuli 70
Lariosaurus 39
Laternenfische 141
Lava 48, 51, 57 f., 86 f., 90,
 96 – 97
Lavaröhre 87, 89
Lawinen 108
Lebensräume 160 – 161,
 siehe auch Ökosysteme
 – Biodiversität 194 – 195
 – Feuchtgebiete 184 – 185
 – Fluss 180
 – Flussmündungen 182 – 183
 – Gebirge 178 – 179
 – Küsten 138 – 139, 182
 – Meer 134 – 135
 – Tropen 162 – 163
 – Wüsten 174 – 175
 – Zerstörung 165, 168,
 170, 182, 184 f.
Lemuren 157
Lena-Kirenga (Fluss) 154
Lithosphäre 49
Löffler 185
Loire (Fluss) 152
Lokale Gruppe 12 f.
Lucy 44
Luftdruck 214, 218

Luftströmungen 206, 214,
 216
Luftverschmutzung 192, 196
Lungenfische 34

M

Mäander 131, 180
Mäandrierendes
 Delta 181
Mackenzie-Peace-Finlay
 (Fluss) 150
Madagaskar 157
Magma 50 f., 56, 58, 63,
 86 ff., 91 f., 96 – 97,
 128, 143, 159
Magmakammer 86 ff., 91,
 96 – 97, 104
Magmatische
 Gesteine 56 – 59
Malachit 68 f., 71
Malediven 158
Mammoth Cave 150
Mammutbaum 195
Mammuts 224
Mangroven 182
Mantarochen 141
Mardalsfossen 180
Marella 31
Margherita Peak 153
Marianengraben 17, 50,
 116
Marlin 140
Marmor 62 f., 66
Mars 12, 14 f.
 – Vulkane 17, 97
Marsch 184
Matterhorn 152, 176
Mauna Kea 90
Mauna Loa 90, 92, 97,
 150
Mawsonites 79
Maxwell Montes 17
Meere, siehe Ozeane
Meeresalgen 140
Meeresküsten 138 – 139
Meeresströmungen 130 – 131
Meerwind 214
Meganeura 77
Megazostrodon 42
Mekong (Fluss) 154
Melanesien 155
Menapis armata 37
Menschen 44 – 45
 – Klimaänderung
 und 226 ff.
Menschenhaie 140
Mercalli-Skala 96
Merkur 14 f.
Meru (Berg) 153
Mesosphäre 17, 204
Mesozoikum 26
Metalle 74 – 75
Metamorphe
 Gesteine 56 – 57,
 62 – 63
Metamorphose 63
Meteoritenkrater 18

REGISTER 253

Mexiko-Stadt, Erdbeben
  (1985) 102
Mikronesien 155
Milchstraße 12 f.
Milwaukee Deep 120
Mineralien 68–71, 142
  –Edelsteine und Halb-
  edelsteine 72–73
  –Reserven im Meer 120,
  122
Mir 140
Mississippi (Fluss) 150
Missouri (Fluss) 150
Mittelatlantischer
  Rücken 55, 92, 120
Mittelozeanische
  Rücken 50, 55, 128–129,
  142–143
Mitternachtssonne 187
Mohs'sche Härteskala 69
Monatssteine 73
Mond 22–23
  –Einfluss auf die
  Gezeiten 132 f.
  –Entstehung 18
Mondfisch 141
Mondlandungen 22
Mondphasen 22–23
Mondstein 69
Monsun 207
Montblanc 152
Monte Rosa 152
Monument Valley 113
Moor 184
Moräne 107
Mount Balbi 155
Mount Cook 155
Mount Everest 17, 154,
  177
Mount Kosciuszko 155
Mount Logan 150
Mount Marathon 170
Mount McKinley 150
Mount St. Elias 150
Mount Tasman 155
Mount Victoria 155
Mount Whitney 150
Mount Wilhelm 155
Muav-Kalkstein 65
Murray (Fluss) 155
Murray-Darling 155
Murrumbidgee (Fluss) 155

N

Nadelbäume 28 f., 166
  –Entwicklungszyklus 167
Nachbeben 102 f.
Nadelwälder 161,
  166–167
Nahrungsketten im
  Meer 144–145
Naturkatastrophen
  –Erdbeben, siehe dort
  –Hurrikane 200, 221
  –Schlammströme/
  -lawinen 109

  –Stürme 214, 218–219
  –Tornados 220
  –Überschwemmungen 217
  –Vulkanausbrüche 91 ff.,
  109
Natürliche Ressourcen, siehe
  Ressourcen
Naturschutzgebiete 197
Neandertaler 45
Nemograptus gracilius 33
Neogen 27
Neptun 14 f.
Neuguinea 155, 157
Neuseeland 155, 178
Nevado del Ruiz,
  Ausbruch (1985) 109
Niederschlag 216–217
Nieselregen 216
Niger (Fluss) 153
Nil 153, 181
Nimbostratuswolken 211 f.
Nimbuswolken 211
Nippflut 133
Nodosaurus 41
Nordamerika 150
  –Gebirge 178
  –Tornados 220
  –Wüsten 173
Nordhalbkugel 117, 149
Nordlicht 21
Nordpolarmeer 116,
  124–125, 149
Nostoceras 78

O

Oberflächenwellen 99
Ob-Irtysch (Fluss) 154
Obsidian 58
Obsidian-Lava 58
Ojos del Salado 151
Ökosystem Erde 196–197
Ökosysteme 160–161
  –Biodiversität 194–195
Oktopus 140
Ölbohrinseln 234–235
Olympus Mons 17, 97
Opale 69, 73
Opipeuter 33
Orang-Utan 195
Ordovizium 27, 32–33,
  77
Orinoco (Fluss) 151
Orion-Nebel 12
Orizaba, Pico de 150
Ornithosuchus 39
Orthograptus 33
Orthoklas 69
Ostafrikanischer Graben-
  bruch 55
Ostaustralstrom 131
Ötzi 81
Ozeanbecken 128
Ozeane 32–33, 116–145,
  148, 160
  –Ausdehnung 128–129,
  228

  –Gezeiten 132–133
  –Klimazonen 134,
  140–143
  –Lebensräume 134–135
  –Nahrungsketten 144–145
  –steigende Tempera-
  turen 187
  –Temperatur 130–131,
  134, 142, 187
  –Wellen 132–133,
  138
Ozonschicht 189, 197

P

Pahoehoe-Lava 87
Palaeocycas 39
Palaeoniscum 37
Paläogen 27, 29,
  42–43, 76
Paläozoikum 26
Pallasit-Meteorit 59
Palmfarne, Fossilien 76
Pampa 161, 168
Panda, Großer 195
Pangäa 38, 53
Pantanal 184
Papageitaucher 144
Paracyclotosaurus 38 f.
Paraná (Fluss) 151
Parasaurolophus 41, 83
Passate 207
Patos-Lagune 151
Pazifischer Ozean 116,
  118–119
Pegmatit 71
Pele (Vulkangöttin) 90
Pelée (Vulkan) 92
Penumbra 21
Peridot 73
Perle 73
Perm 26, 28, 36–37, 76
Permafrost 170
Pfeifhasen 178
Pfeilgiftfrösche 162 f.
Pflanzen 28–29
  –Anpassung 160, 174,
  178, 202
  –Auswirkungen der
  Klimaänderung 228
  –bedrohte 195
  –der Feucht-
  gebiete 184–185
  –der Flussmündungen 182
  –der Gebirge 178
  –der Grasländer 168
  –der Laubwälder 166–167
  –der tropischen
  Wälder 162, 164
  –der Tundra 170–171,
  186
  –der Wüste 174–175
  –fossile 78–79
Phillipsia 37
Photosynthese 144, 208
Phyllit 63
Phytoplankton 144

Pikaia 31
Pilze 164
Pinatubo (Vulkan) 93
Pinguine 126, 188
Pinnacle-Wüste 173
Pisolith im Eisenerz 60
Piton de la Fournaise
  (Vulkan) 123
Placerias 39
Placodermata 34
Planeten 14–15, 19 f.
Plotosaurus 40 f.
Pluto 14 f.
Polare Luftzelle 206
Polargebiete 17,
  124–127, 149, 161
  –Antarktis 188–189
  –Arktis 170–171,
  186–187
  –Meere 134
  –Temperatur 170, 186,
  188
  –Tundra 161, 170–171,
  186
  –Winde 207
Pollen 167
Polynesien 155
Polypen 136–137
Popocatépetl 150
Postosuchus 38 f.
Präkambrium 77
Prärie 161, 168, 191
Primaten 42
Proterozoikum 26
Pteranodon 40 f.
Pterosaurier 40
Puerto-Rico-Graben 120
Puma 178
Purus (Fluss) 151
P-Wellen 99
Pyamide des Zauberers 67
Pyrit 69, 72, 78
Pyroklastischer Fluss 86

Q

Qualle 140
Quarz 56, 69, 70, 73
Quarzit 62
Quetzalcoatlus 40 f.

R

Ras Dashen 153
Raumsonden 12, 21
Raumfahrt, -programme
  –Apollo 22, 23
  –Clementine 23
  –Luna 23
  –Ranger 23
  –Surveyor 23
Recycling 192
Redwall-Kalkstein 65
Regen 208–209, 216 ff.
  –gemäßigte Breiten 161
  –Klimaänderung 228 f.

–Monsun 207
–Rekorde 202–203
–saurer 197
–Savanne 168
–Tropen 160, 162
–Wasserkreis-
lauf 208–209
–Wüsten 160, 172 ff.
Regenbogen 223
Regenzeit 207
Rentier 187
Reptilien 38
Ressourcen
–Atlantischer
Ozean 120–121
–Erdgas 232, 234–235
–Erdöl 120 ff., 226, 232,
234–235
–geothermische
Energie 104, 232, 240
–Gezeitenkräfte 233
–Indischer Ozean 122–123
–Karte 232–233
–Kohle 63, 226 f., 232,
236–237
–Mineralien 68–73, 120,
122, 142
–Pazifischer
Ozean 118–119
–Sonnenenergie 233,
238–239
–Uran 232
–Wälder 233
–Wasserkraft 233, 240–241
–Windenergie 233,
238–239
Rhein 152
Rhodochrosit 68, 70
Rhyolit 58
Richter-Skala 98–99
Riesengürteltier 163
Riesenschildkröten 122
Riesentukan 163
Rio Grande (Fluss) 113,
150
Robben 127, 145, 186 ff.
Rochen, Tiefsee- 141
Rocky Mountains 178
Roter Brüllaffe 163
Rubin 72 f.
Russland 154
Ruwenzori 153

S

Säbelschnäbler 182, 185
Saguaro-Kaktus 173 ff.
Sahara 153, 172
Salz
–Meer- 131
–Stein- 71
Salzseen 71
Sambesi (Fluss) 153
San-Andreas-
Verwerfung 51, 55
Sandbank 138, 182
Sanderosion 111

Sandstein 60 f., 63, 65 f.,
68, 181
São Francisco (Fluss) 151
Saphir 72 f.
Sardinen 140
Satellit 12
–Sonnensegel 238
–Wetter- 200
Sattelrobbe 187
Saturn 14 f.
Säugetiere 42–45
Säulen 112–113
Saurer Regen 197
Saures Regen-
wasser 110 ff.
Savanne 160, 168 f.
Schachtelhalme 28
Schadstoffausstoß 196
–Kohlendioxid 227
Schiefer 62, 66
Schieferton 60 f., 63, 65 f.,
181
Schildkröte, Karett- 121
Schildvulkan 87, 91
Schlamm 105, 183
Schlammströme/
-lawine 109
Schnecke 78
Schnee 216–217
Schneeflocken 216
Schneeschuhhase 202
Schopflunde 138
Schwämme 30, 141, 144
–Fossilien 78 f.
Schwarze Raucher 142–143
Schwefel 68, 70, 142
Schwerkraft
(Gravitation) 18
–Auswirkung auf die
Gezeiten 132 f.
Scutosaurus 37
Seamounts 88 f., 135
Sedimentgesteine 56–57,
60–61, 64
Seeigel 79
Seelilien 32, 37, 77, 79
Seen 184
–Baikalsee 154
–Oberer See 150
–Titicacasee 151
–Verlandung 184
–Volta-Stausee 153
Seepferdchen 134
Seismische Wellen 99
Selenit 69 f.
Semiaride Regionen 203
Sepik (Fluss) 155
Serpentin 59
Shinkai 140
Ship Rock 95
Shispar (Berg) 108
Silber 75
Silizium 238
Sill 86, 95
Siltstein 181
Silur 27, 34, 77
Skarn 62 f.

Slums 192
Smaragd 72 f.
SOHO Sonnen-
observatorium 21
Solarenergie, siehe
Sonnenenergie
Sonne 12, 14, 18,
20–21
–Abstand der
Planeten 14 ff., 20
–Entstehung 20
–Photosynthese 144, 208
–Sonnenenergie 233,
238–239
–Wärme und
Energie 14, 20,
205 f., 208
–und Wetter 204 ff., 208,
214
Sonnenaufgang 223
Sonnenenergie 233, 238
Sonneneruption 21
Sonnenflecken 21
Sonnenlicht 204–205
Sonnenlicht, Zone des
(unter Wasser) 135,
140
Sonnensystem 12 ff., 19
Sonnenuntergang 223
Sonora-Kutscherpeitschen-
natter 175
Sonora-Wüste 173
Sowerbyella 33
Spaltenvulkan 87
Spektrum 223
Sphaeragnosthus 33
Spinifex 174
Spitzbergen 125, 186
Springflut 133
Spritzwasserzone 139
Städte 192, 215
Stahl 66, 237
Stalagmiten 112, 152
Stalaktiten 112
Stativfisch 141
Staudamm, Wasser-
kraft 240–241
Steamboat Geysir 150
Steinadler 178
Steinkohle 236 f.
Steinsalz 71
Steinzeit 44
Steinzeitwerkzeuge 60 f., 66
Steppe 161, 168
Stethacanthus 34 f.
Stonehenge 67
Strand 138
Stratokumulus-
wolken 211 ff.
Stratosphäre 17, 92, 204
Stratovulkan 87, 96
Stratuswolken 211 ff.
Strom aus
Sonnenenergie 238
Stromatolithen 27
Strömungen 130–131,
138

–Konvektions- 49 f.
–Oberflächen- 131
–Tiefen- 131
Stürme 214, 218–219
–Entwicklung 219
–Klimaerwärmung 228
–Windgeschwindigkeit 221
Styracosaurus 40 f.
Subduktion 92
Subtropen 160, 202
Südamerika 151
Sudan 153
Südlicher Blauflossen-
thunfisch 140
Südhalbkugel 117, 149
Südpolarmeer 116,
126–127
Suezkanal 154
Sumatra-Andamanen,
Tsunami (2004) 100
Sümpfe 184
Superkontinent 38, 53
S-Wellen 99

T

Tafeleisberge 189
Taj Mahal 67
Täler
–Bildung 50 f., 55, 61, 129
–Gletscher- 107, 111
–Wind in 215
Talk 69, 71
Tangshan, Erdbeben von
(1976) 103
Tapeats-Sandstein 65
Tarawera 93
Tauchboote 140
Tektonische Platten 50–55,
88 f., 92, 98 f., 102, 117,
128–129, 177, 183
Temperatur, siehe auch Klima
–globale Erwärmung 196 f.,
226–229
–in den Polargebieten 170,
186, 188
–in den Tropen 162,
206
–in Wüsten 172 f., 174
–Luft 216
–Meere 130–131, 134,
137, 142, 187
–Rekorde 153,
202–203
–und Biodiversität 195
Temple Butte-
Kalkstein 65
Tentaculites 33
Termiten 165, 174
Terrassenfelder 191
Tethysmeer 177
Tharr (Wüste) 172 f.
Theia 18
Therapsiden 36
Thermokline 133
Thermosphäre 17, 204
Tianshan (Gebirge) 178

Tiefsee 135
Tiefseeaale 141
Tiefseeasseln 141
Tiefseeebene 128–129, 135, 142–143
Tiere
–Anpassung 160, 174, 178, 187, 202
–der Arktis 186–187
–der Feuchtge-biete 184–185
–der Flussmündungen 182
–der Gebirge 178
–der Grasländer 168 f.
–der Laubwälder 166
–der tropischen Regen-wälder 162 ff.
–der Wüste 174–175
–Einfluss der Klima-erwärmung 228
–Fossilien, siehe Fossilien
Tokio 154
Ton 66
Topas 69, 73
Torf 236
Tornados 220
Toroweap-Sandstein 65
Torres del Paine 54
Totes Meer 154
Toubkal (Berg) 153
Transantarktisches Gebirge 178
Transsibirische Eisenbahn 154
Treibhauseffekt 226
Treibhausgase 226 ff.
Trias 28, 38–39, 42, 76
Trilobiten 30 ff., 34, 36, 77, 79
Triton, Vulkane 97
Trockendock-Eisberge 189
Trockenzeit 207
Troodon 40 f.
Tropen 17, 160, 202 f.
–Meere 134
–Temperatur 162, 206
Tropfsteinhöhlen 112
Tropische Wälder 162–165, 196
Troposphäre 17, 92, 204
Tsunami 100–101
Tugela-Fall 180
Tumulites 78
Tundra 161, 170–171, 186
Turbinen, Wasser-kraft 240–241
Türkis 68, 73
Turmalin 73
Tyrannosaurus 40 f., 76, 81

U

Ubangi-Uëlle (Fluss) 153
Überbevölkerung 193
Überschwemmungen 217

Überweidung 197
Uferläufer 185
Uluru 155
Umbra 21
Umweltverschmutzung 194
–in den Städten 192
–reduzieren 196–197
–Wasser 180, 190, 197
Universum 12–13
Unterwasserzone (Küste) 139
Ural (Gebirge) 152, 154
Uran 232
Uranus 14 f.
Urknall 12

V

Valdivia, Erdbeben (1960) 103
Vatikanstadt 152
Vauxia 31
Venus 14 f.
–Vulkane 97
Verdunstung 208
Vermehrung, Nadel-bäume 167
Versteinerter Wald 78
Verwerfungen 54–55
Verwitterung 110 ff.
–chemische 110
–physikalische 110
Verzweigtes Delta 181
Vesuvianit 69
Viperfisch 141
Vishnu-Glimmer-schiefer 65
Vögel
–der Antarktis 188
–der Feuchtgebiete 185
–Evolution 40
Voronja-Höhle 49
Vulkanausbruch, Arten 91
Vulkane 16, 50–51, 53, 56, 64, 86–97, 123, siehe auch Eigennamen
–Dyke 59, 86, 94 f.
–Entstehung 54
–Formen 87
–Hot Spot 50, 88–89
–Lavapfropf 59, 94 f.
–Sonnensystem 17, 97
–Vorkommen 92–93
Vulkanische Land-schaften 94–95
Vulkanischer Tuff 58
Vulkansäulen 95

W

Wälder
–als Rohstoffquelle 233
–der gemäßigten Breiten 161, 166–167

–Entwaldung 165, 190, 196
–Nadel- 161,166–167
–neue Nutzungen 165, 190
–Rettung der 196
–tropische 161, 162–165, 196
Wale 42, 121, 134, 140, 145, 188
Wallace, Alfred 52
Walross 120, 187
Wanderalbatros 127, 195
Wanderungen, Mensch 45
Wasser 16, 116
–Bewässerung 191
–Erosion 17, 50, 56–57, 59, 64, 72, 94, 110–113
–heiße Quellen 51, 104–105, 240
–Ozeane, siehe Ozeane
–Temperatur 130–131, 134, 137, 142
–Verschmutzung 180, 190, 197
–Wasserkraftwerke 233, 240–241
–Wolkenbildung 210
Wasserdampf 18, 226
Wasserfälle 180
Wasserkraft 233, 240–241
Wasserkreislauf 208–209
Wasserschwein 163
Wasserspeicher (Pflanzen) 174
Wasserstoff 20
Weddellsee 201
Wegener, Alfred 52, 246
Weichkorallen 137, 141
Weichtiere 78
Weißflügeltaube 174
Weißschwanz-Antilopen-ziesel 175
Weißschwanz-Jackrabbit 178
Wellen
–Ozeane 132–133, 138 f.
–seismische 99
–Tsunamis 100–101
Weltkarte 148–149
Weltraum, Entfernungen 14, 20
Werkzeuge aus Stein 60 f., 66
Westwinde 207
Wetter 200 ff.
Wickelbär 163
Wilderei 169
Wind 200 f., 214–215
–atmosphärische Zirku-lation 206–207
–Rekorde 202–203
Windenergie 233, 238–239
Windgeschwindigkeit 214
Wirbel 201

Wirbellose 78–79
Wirbelsturm, siehe Tornado
Wirbeltiere 34, 80–81
Wiwaxia 31
Wolga (Fluss) 152
Wolken 208–213, 216, 222, siehe auch Wolken-bezeichnungen
Wolkenbildung 210, 218
Wolkenformen 211–213
Wulfenit 71
Würm-Eiszeit 224
Würmer
–Flussmündungen 182 f.
–Ozeane 142
–Tropen 162
Wurzeln, flache 162
Wüsten 17, 160, 172–175, 202
–Ausbreitung 172, 196
–Temperatur 172 ff.
Wüstenrose 70

X

Xenocrinus 33

Y

Yellowstone-National-park 104, 150
Yosemite-Fälle 180
Yukon (Fluss) 150

Z

Zebrafalter 163
Zinn 74
Zinnober 70
Zirrokumulus-wolken 211 f.
Zirrostratuswolken 211 f.
Zirruswolken 211 f.
Zonen
–Klima- 202–203
–im Ozean 134, 140–143
Zooplankton 144–145
Zoroaster-Granit 65
Zweizehenfaultier 163
Zwergameisenbär 163
Zwergbeutelratte 162
Zwergplaneten 14
Zwielicht, Zone des (unter Wasser) 135
Zwölf Apostel (Felsen) 113

Bildnachweis

Abkürzungen o = oben; l = links; r = rechts; ol = oben links; oml = oben Mitte links; om = oben Mitte; omr = oben Mitte rechts; or = oben rechts; ml = Mitte links; m = Mitte; mr = Mitte rechts; u = unten; ul = unten links; uml = unten Mitte links; um = unten Mitte; umr = unten Mitte rechts; ur = unten rechts

AAP = Australian Associated Press; ADL = Ad-Libitum; Alex Lavroff & Associates; AMNH = American Museum of Natural History; AUS = Auscape International; BCC = Bruce Coleman Collection; CBT = Corbis; COR = Corel Corp.; DS = Digital Stock; EGL = Encompass Graphics Ltd.; GI = Getty Images; iS = istockphoto.com; MP = Minden Pictures; N_EO = NASA/Earth Observatory; N_J = NASA/Jet Propulsion Laboratory; N_V = NASA/Visible Earth; NASA = National Aeronautics and Space Administration; NHM = Natural History Museum, London; NHPA = Natural History Photographic Agency; NMNH = National Museum of Natural History; PD = Photodisc; PE = PhotoEssentials; PI = Polar Images; PL = photolibrary.com; SH = Shutterstock; SOHO = Solar and Heliospheric Observaotry; SPL = Science Photo Library; TSA = Tom Stack & Associates; USGS = United States Geographical Survey; WF = Werner Forman Archive

Umschlag

plainpicture, plainpicture/Westend61

Fotos

1um, ur, ol COR ul DS om, or PE 2m PL 3m NASA 5m SH 6uml, omr PE umr, ur, oml, ol COR ul DS 7um, oml, or COR uml, umr, ul, ur, ol PE omr DS 12umr NASA ml SPL 15uml, r SPL umr, ur, mr, l, r N_J cr NASA 16m N_V 17umr, ml, mr, r iS 18mr CBT 21mr SOHO r SPL 23umr, omr, or NASA ur PL 24umr, ul, ur, oml, ol USGS or SH 25u, oml, or SH ol USGS 27r AUS ol CBT 29oml CBT 30ul CBT 32ul CBT 34uml John Long l 36ul CBT 43um SH ur PL 44l PL 45ur CBT r SPL 46ul, ur, ol SH or USGS 47uml, ur, ol, or SH ul, mr USGS 48m CBT 50mr AUS or SH 51l SH ol GI 52ur CBT 54ur SH r iS 55m PL 56u, m, l, r Ad-Libitum 57um, ur SH um PL 58um, ur SPL ul, ur, m, mr Jim Frazier ml, o GI r Robert R Coenraads 59um NHM ul, l Robert R Coenraads m PL ml SPL om CBT ol Jim Frazier 60umr Brian M. England ul, or SPL m PL ml, mr Robert R Coenraads 61ul GI m PL ml, omr SPL oml ADL ol CBT 62um, umr SPL uml CBT umr, m, omr PL m, ml Brian M. England r GI 63m Ad-Libitum m NHM ml, om PL l, r Brian M. England 64u CBT ul AUS l SH 65o CBT 67r, ol iS 69mr Ad-Libitum 70uml, r PL ur NMNH m, r SPL m BCC ml Brian M. England 71um GI uml, m, l, r PL umr Jim Frazier ul, l SPL m, l, ol Brian M. England ml SH 72um or Brian M. England, r AMNH r NHM r Jim Frazier 73uml, oml PL l Jim Frazier l NHM 74or CBT 75ul NHM ur, r WF ml, l Brian M. England or PE 76or SPL 78um, ul CBT umr, omr PL m NHM or iS 79uml, m NHM umr CBT ul SPL ur, ml, oml, or PL ml, mr, ol SH 80um, ul, ur, m CBT 81u, m SH umr AAP ur WF ol AUS 82u SH ul AUS 83umr SH ul Jan Tove Johansson/PEP ol GI 84uml, ul USGS ur NASA oml, ol, or SH 85um, ul, ur, m, ol SH or NASA 89um iS ul SH 90m GI 92ur PL or CBT 93uml, ul, om, ol CBT umr, ur GI or AUS 94om GI 95om GI ol PL 96u GI l NHPA 97ur N_J 98or CBT 99oml AAP ol Gregory Smits 100ul AUS 102ur, or CBT 103um PL omr, ol GI 104um PL 105om, ol, or PL 106m CBT 108m PL 110m SH 114uml USGS ul, ur, ol, or SH 115ul, ur, mr, oml, ol, or SH 118uml SH 119umr, r SH r iS 120uml SH umr iS 121u PL m iS mr NHPA mr SH 122ul SH 123ul, r iS l AUS 124ul SH 125umr iS r AUS r SH omr GI 126ul SH 127ur, mr iS omr PL or AUS 130m GI, 131ul N_V ul, ur N_EO 132m CBT 134um, umr, ur SH 136um iS 137umr PL mr, r, omr SH 138l CBT 144uml GI, ml SH 146uml, ol USGS ul GI ur CBT mr, or NASA 147ul NASA mr GI ol USGS 156o iS 157ul, mr, om, omr iS m CBT m AUS 158omr iS 159ol, or iS 164m SH 168uml, umr, ul, ur, mr SH 170ur MP m SH 172m SH ml PL 173ml, oml, ol SH 176m iS 177l CBT or iS 178um, m, ml, om, or SH ul CBT 179ol SH 180ur iS m, or SH 181ul, ur USGS or NASA 182or MP 183ol SH 184m SH or GI 186u PL 187ol NHPA or iS 188u PL 189mr NASA r PL or SH 190u SH or iS 191ul PL ur SH 192ur GI mr PL or iS 194m iS 196o SH 197mr, or SH 198uml, ur, mr, oml SH ul NASA o PD 199uml, ul, ur, oml, ol, or SH 200u, or NASA 201ol USGS or NASA 202um iS ur SH 203um, ur SH ul iS 205um, uml, umr, ur iS 207or PL 208or iS 209ur PL or SH 210m NASA/EO 212u CBT um PI m SH 213u, o MP um, m, om CBT 214or CBT 217ur NASA 220r GI 221or iS 222mr iS 223ur, or SH 227ul SH ur iS 228um Gerry Whitmont, or SH 229umr MP ul SH ml PL l iS 230ul, ml, or SH ur, ol NASA omr iS 231umr, omr, or NASA ul, ol SH ur USGS 234or iS 236ml PL 238u PL 240u SH ol PD or PL 245um, uml, ul NASA 246um iS m MEPL 247m, mr, l, r NASA

Illustrationen

Susanna Addario 152ml; **The Art Agency** 50u, 53u, 67or, 69ul om, 70omr, 210um ul ur, 211m, 216o, 217uml ul ml or, 218u; **Alistair Barnard** 42ul; **Julian Baum/The Art Agency** 23umr mr; **Andrew Beckett/Illustration** 109m, 196u, 224l; **Richard Bonson/The Art Agency** 86m, 88m, 89umr ur, 129ul r om; **Robin Bouttell/The Art Agency** 30l, 31ur m, 78r; **Anne Bowman** 171r; **John Bull** 17m, 135ul, 137u, 138mr, 141m, 143r, 145m, 159umr, 183ul r, 202uml ul l, 212o, 214u, 220ul, 222um ul ur ml o, 223ul ml; **John Bull/Map Illustrations** 157o, 243m, 35ur m, 37ur m, 225o; **Peter Bull Art Studio** 89umr; **Greg Campbell Design** 163m; **Brian Choo** 77ol; **Barry Croucher/The Art Agency** 195um; **Andrew Davies/Creative Communication** 14o, 19m, 45r, 53o, 63m, 92m, 103m, 116uml umr, 131ol, 137ol, 161om, 162or, 168or, 170or, 176or, 186or, 188or, 189o, 195o, 197ol, 232m mr, 233o, 234um ul ur ml; **Andrew Davies and Map illustrations** 9u, 134om, 168or, 172or, 176or, 246o; **Brin Edwards/The Art Agency** 34ul; **EGL** 177mr; **Simone End** 9ur, 29ul, 137m; **Nick Farmer/Brihton Illustration** 221m, 247ol; **Jesse Fisher** 75ol, 223ol; **Cecilia Fitzsimons/The Art Agency** 82ul ur, 83umr ul; **Giuliano Fornari** 206ul; **Chris Forsey** 55r, 57m, 65m, 87m, 94u, 99uml umr ml mr r, 111m, 208u, 216or, 221um uml umr ul ur, 235or, 237ol; **Mark A. Garlick/space-art.co.uk** 13m, 18ul ur, 19ul, 20uml, 21umr, 22umr, 23omr, 51ur, 204ur, 205ur, 245umr mr; **Jon Gittoes** 52uml, 139m, 162ul ur, 165or, 179m; **Mike Gorman** 91umr ur r omr or, 131r, 156u, 187uml, 189u l, 216u; **Ray Grinaway** 22u or, 28umr or, 68u uml ul m ml l, 69umr ur r omr or, 98m, 99omr, 151mr, 187oml, 237umr ur mr r om omr or; **David Hardy/The Art Agency** 14u, 20omr, 23m, 133ol, 204uml, 205mr; **Tim Hayward/Bernard Thorton Artists UK** 166u; **Steven Hobbs** 245umr; **Phil Hood/The Art Agency** 83uml; **Mark Iley/The Art Agency** 40uml; **Ian Jackson/The Art Agency** 124r, 155r, 187ul, 167o; **Janet Jones** 74ul; **Suzanne Keating** 20l; **Steve Kirk/The Art Agency** 82ul, 83ur; **David Kirshner** 40u, 82m, 83or, 107um, 157umr, 170ul, 174uml ul, 175m, 187um umr ur, 195mr; **Frank Knight** 76u, 83m, 15m ml mr r oml, 17um ol; **David Mackay** 28ul, 29or; **Martin Macrae/FOLIO** 164u, 165m; **Map Illustrations** 72m, 90om, 117m, 118ml, 120ml r, 122m l, 135ml r, 145oml, 148m, 150o, 151ol, 152o, 153m, 154l, 155ml, 165oml, 167ur, 168ml, 172ul, 193ol, 203o, 220ml, 229ol, 245m; **Shane Marsh/Linden Artists Ltd** 191o; **MBA Studios** 140ml, 98u; **Iain McKellar** 67m, 99omr, 174mr or; **James McKinnon** 39ur m, 41ur m; **Stuart McVicar** 38uml ul, 232u; **Moonrunner Design Ltd.** 19umr, 23ur; **Colin Newman** 182ul; **Kevin O'Donnell** 100m ml mr; **Nicola Oram** 38l; **Mick Posen/The Art Agency** 12ul, 27or, 32uml ul, 49m, 52ul ml, 60um r, 61um ur mr, 77m, 78ml, 87l o, 91m, 92ul, 95om ol, 97um, 105u, 107om, 112uml umr ul l, 113uml l, 158m, 177ul ur m l, 180ul, 181m, 244umr or; **Luis Rey/The Art Agency** 97m, 128u, 173u, 192ul, 195ur, 204or, 207ur mr l omr, 214uml m om or, 215u, 219om ol or, 239m, 241ur o; **John Richards** 44mr, 45o, 66m, 101m, 102ul; **Trevor Ruth** 139u, 142m, 153mr; **Claudia Saraceni** 187om omr; **Michael Saunders** 59umr mr omr, 61umr mr or, 63umr mr r, 72uml l, 167m ml, 171m, 236ul, 171or, 173or; **Peter Schouten** 40ml, 42m l, 43o; **Peter Scott/The Art Agency** 26m, 40uml ul l, 169m; **Steve Seymour** 235u; **Tom Stack/TSA** 238o; **Kevin Stead** 28u, 184ul ur; **Steve Trevaskis** 160u, 246ul; **Guy Troughton** 195ul; **Erik van Ommen** 185m; **Glen Vause** 210or; **Rod Westblade** 226or; **Laurie Whiddon** 218or; **Steve White/The Art Agency** 33ur m, 113oml; **Ann Winterbotham** 28o, 29ol